我的骨頭知曉一切

What My Bones Know

A Memoir of Healing from Complex Trauma

史蒂芬妮・胡──著
Stephanie Foo

傅恩臨──譯

致喬伊、凱西、達斯汀和瑪格麗特
謝謝你們成為我的家人

目次

作者的話

給我親愛的複雜性創傷後壓力症候群同伴們——
我知道關於創傷的書可能會觸發你的情緒，讓你讀起來很痛苦，
我自己也曾多次因此掙扎不已。
但我認為，我必須分享自己受虐的童年，
好讓你明白我罹患此症的原因。
本書第一部對你而言可能很不容易讀，但我邀請你至少試試看。

然而，不論你讀到哪裡，卻發現自己需要跳過幾頁，
我也不會對此多說什麼。
還有，即使有點劇透，但我還是想先向你保證：

這本書有個快樂的結局。

序言

「你想知道你的診斷結果嗎？」

我眨眨眼，盯著我的諮商師。她坐在她寧靜的辦公室裡看著我，陽光透過她的薄紗窗簾灑了一地，窗外一片蟲鳴鳥叫，巨型大理石湧出小小的噴泉，我想這景象應該會讓人感到放鬆。辦公室後方掛著一幅裱框的詩〈處事恆言〉（Desiderata）。你是宇宙的孩子，不亞於樹木和星辰；在這裡，是你的權利。

但我並不是真的**在這裡**。我諮商師溫暖的辦公室在舊金山，而我則身處紐約市陰暗、冷到結冰、占六平方英尺的辦公室裡，透過電腦的小視窗與她對話。我之所以知道她辦公室裡的那首詩，以及我不敢相信她到現在才把我的診斷告訴我，兩者的原因是一樣的：我已經當她的個案八年了。

我從二十二歲開始和我的諮商師——我都稱她為莎曼莎——晤談，當時我還住在舊金山，因著非常舊金山的問題而尋求她的協助：我有個 INTJ* 的科技男友。能遇上莎曼莎是我走運，她既辛辣聰明又充滿愛心，總是願意騰出時間在我分手後安排緊急諮商，在我第一次獨自出國旅行之前，她甚至買了一本美麗的皮邊旅行日記送我。我們的諮商內容很快便跳離了男朋友的問題，進而討論我長達數月的憂鬱症，以及我對友誼、工作和家人的長期焦慮。我是如此愛她，所以即便我在二十六歲時橫跨整個國家搬到紐約，我仍持續透過Skype和她諮商。

• • •

我們今天的諮商時間以我抱怨自己缺乏專注力拉開序幕。莎曼莎要我做一些正向想像的練習，並且建議我想像自己身處一個安全的地方，充滿能量和光芒。我心不在焉地依循她的指示，因為我總覺得這種練習有點老套。接下來，就像她每週所做的一樣，她告訴我不要把自己逼得太緊。「我很確定你一定比你所說的更有生產力，」她說，並且忽略我正在翻白眼。「我以前就見過你把自己從這樣的憂鬱裡拉出來，我知道這次你一定可以的。」

然而這正是問題所在。我已經覺得厭倦，再也不想拉了。我想要一個升降機、電扶梯，或者漂浮在空中、帶著彩虹的魔法雲。任何能夠載著我前往情緒穩定的東西都可以，只要能把我給修好就好。

---

* INTJ是邁爾斯．布里格斯性格分類法（Myers-Briggs Type Indicator）中十六種人格類型之一，字母分別代表內向（Introversion）、直覺（Intuition）、思考（Thinking）、判斷（Judging）。

• • •

打從十二歲開始，我便深受焦慮和憂鬱症所苦。多年來，這痛苦如同長著尖牙的怪獸，我與之搏鬥不下數百回。每一次，當我以為自己已經擊敗它了，它卻重新發動攻擊、再次朝著我的喉嚨撲來。但是最近幾年，我開始告訴自己這種戰鬥根本沒什麼。我是說，二十幾歲的千禧世代有誰不覺得壓力爆表？憂鬱不就是人類景況的寫照嗎？在紐約這個神經質首都，有誰**不**焦慮呢？

話是這麼說，然而，直到我滿三十歲之後，我看著我那些反覆無常的朋友們一個個過了三十大關，很快地長大成人。他們表示，他們沒那麼多精力了，所以不再在意其他人怎麼想，開始安於自己的現狀。接著，他們開始穿米色的亞麻長褲並且懷孕生子。我一直在等待那種成熟、昇華後的平靜，但我一個月前剛過三十歲生日，若要說真有什麼不同，我反倒覺得自己比以前更在意了。我在意購物車有沒有歸位、海洋裡的塑膠垃圾，以及當一個好聽眾。我在意自己似乎總是把所有事情都搞砸。我在意，超級在意，而我痛恨這樣的自己。

不過我的朋友倒是說對了一件事：我現在覺得非常累。在地球上活了三十年，我至少大半的時間都處在悲傷之中。

在搭地鐵上班的路上，我盯著應該神經兮兮的人們——他們平靜地盯著他們的手機——同時心想：或許我和他們不一樣？或許我有什麼毛病？而且還是嚴重的毛病。過去一週，我一直在美國醫療資訊網（WebMD）上瀏覽各式各樣的精神疾病，尋找熟悉的症狀，想要找到答案。

現在，就在我和莎曼莎的諮商時間快結束時，在我們講完所有的精神喊話和勵志語錄後，我鼓起勇氣詢問她我在網路上找到的診斷。「你覺得我是躁鬱症嗎？」

莎曼莎笑了出來。「我很確定你不是躁鬱症，」她說，就在這時她才說，「你想知道你的診斷結果嗎？」

我沒有大吼「小姐，我已經找你諮商他媽的快十年了，廢話我當然想要知道我那該死的診斷是什麼」，因為莎曼莎有教過我，什麼是得體的應對。謝啦，莎曼莎。

所以我說：「是的，我當然想知道。」

她下巴的線條看起來漸趨堅決，目光直視著我。「你有複雜性創傷後壓力症候群（Complex PTSD），這源自於你的童年，並且以憂鬱症和焦慮症的方式顯現出來。只要和你遭遇同樣的經歷，就不可能沒有這種症狀。」她說。

「噢對，PTSD。」創傷後壓力症候群。我的童年爛透了，所以我大概心裡有數。

「不只是創傷後壓力症候群，是複雜性創傷後壓力症候群。這兩者的差異在於，創傷後壓力症候群通常與創傷發生的那個片刻有關，而複雜性創傷後壓力症候群的患者則是經歷了持續性的虐待——也就是經歷長期的創傷，歷時好幾年的時間。兒童虐待就是複雜性創傷後壓力症候群的常見原因，」她說。然後她的目光移到螢幕的一角。「噢——我們的時間到了！下星期再繼續吧。」

一關上Skype視窗，我馬上打開Google的搜尋引擎，因為我從來沒聽過複雜性創傷後壓力症候群。令人訝異的是，搜尋出來的結果並不多。我從維基百科搜尋到政府網頁，發現複雜性創傷後壓力症候群和退伍軍人有關。我讀著症狀清單，它非常地長，而且與其說它是醫療文件，倒不如說它就是我的生活檔案：難以調整自己的情緒，容易過度揭露自己並相信不該相信的人，憂鬱且自我厭惡，難以維持關係，與家暴者維持不健康的關係，容易變得具攻擊性，但卻無法容忍他人的強悍。這些都沒錯，這全部都是在形容我。

我越讀越覺得自己人格的每一個面向，都被化約為診斷上的重大缺陷。我當時並不明白自己有多麼病入膏肓，這疾病又是如何完全地占據了我的身分。我想要的事物，我所愛的一切，我說話的方式，我的愛好，我的恐懼，我的痘痘，我的飲食習慣，我喝了多少威士忌，我聆聽的方式，以及我眼目所及的事物。所有的一切——每一件事，全部——都被感染了。我的創傷等於是充斥在我的血液之中，驅動著我腦中的每一個決定。

就是這種無所不在的感覺，造成我幾近瘋狂的悲傷。多年來，我孜孜不懈地為自己打造一個全新的生活，和我成長過程截然不同的生活。然而現在，霎那間，我人生中所遭遇的每一場衝突、每一次失去、每一個失敗和缺陷，都能追本溯源：那個源頭就是我。我絕對不是正常人。綜觀我人生中的種種災難，它們的共同點就是我。我就是教科書裡精神疾病的典型案例。

好吧，這樣就說得通了，我想。我當然會難以專注在我的工作上。我所愛的這些人當然會離開我。當我以為自己可以走進高級餐廳，與那些出身名門、受過良好教育的人一樣並獲得成功時，我當然是大錯特錯。因為這個患有複雜性創傷後壓力症候群的人，這個網路文章中所描繪的人，根本殘破不堪。

我辦公室的橘色牆壁不斷向我逼近。我不屬於這裡，我不屬於任何地方。我試著在辦公桌前多待一兩個小時，急欲證明自己有能力工作一整天，但我卻看不見我的電腦螢幕。我的同事在我的門外笑著，聲音聽起來像胡狼。我一把抓起我的外套衝出辦公大樓，迎向冷冽的空氣，但即使在外面，我也逃離不了。我每走一步，腦海中總會響起一個詞：殘破不堪。殘破不堪。殘破不堪。

十年來，我以為我可以逃離我的過去。但今天我才明白，逃跑沒有用。我得採取別的方法。我得解決這個問題，我得修好我自己。我得再次回顧我自己的故事，這個到目前為止都建立在隱匿、完美主義、虛假快樂結局之上的故事。我必須停止當一個不可靠的說書人。我必須以無所畏懼、一絲不苟的眼光，檢視我自己和我的行為。我必須對我精心打造、隨時會瓦解的人生抽絲剝繭。

我知道我要從哪裡著手。

每一個想要得到救贖的反派角色，都要從他們最初的故事開始。

第一部　利劍

I Am a Sword

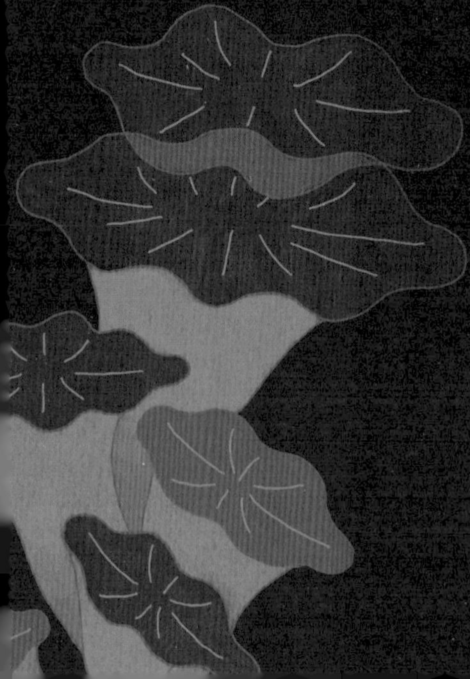

1

只剩四卷家庭錄影帶沒有被丟掉。我將這些錄影帶放在我衣櫃裡最高、最深的角落。我沒有辦法把它們拿出來看——這年頭誰還有錄放影機？不過我依然將它們保存下來，作為我所殘存的童年回憶，說到底，它們的存在是有目的的。

我一直都知道自己背負著過往的記憶在生活，但它們只是一些情緒和一閃而過的畫面：高舉的手、緊咬著的舌頭、驚恐的時刻。在我確認自己的診斷結果後，我發現自己需要明確的細節。於是我借了一台錄放影機，手忙腳亂地處理打結的電線和插頭，然後將一卷帶子推進機器裡。

影片的一開始是耶誕節。我看到一個四歲的小女孩穿著天鵝絨的洋裝，她短短的脖子被巨大的白色蕾絲立領給吞噬了。她留著厚厚的齊眉劉海，綁著雙馬尾辮。這女孩就是我，但我幾乎認不出她來。她的鼻子看起來比我的鼻子還寬，臉也比較圓，而且她看起來很快樂——這實在令人難以置信。但我卻還記得她所拆開的禮物是什麼玩具，而且我每一個都記得。噢，我好愛那支藍色的放大鏡，那本《魔法校車》(*Magic School Bus*)的書，還有貝殼形狀的藍綠色「口袋波莉」(Polly Pocket)——我到底拿它來做什麼？這些東西都去哪裡了呢？

影片跳到了下一段。現在她跪在我們家客廳的地板上，手裡拿著文件夾，裡面裝滿了蔬菜圖片的拼貼畫。她正在展示在幼稚園做的食物金字塔作品，而且我很訝異地發現自己當時有英國口音。「橘子有維他命C。」這個小女孩面帶微笑地報告著，露出兩個可愛的酒窩。我現在既沒有微笑，也沒有酒窩了。

影片跳到復活節，她正在沙發附近爬來爬去，試圖找出塑膠蛋，把她的小籃子裝滿。我所長大的家，看起來也很陌生——它空蕩蕩的，牆壁上也空無一物；我們客廳裡的家具看起來不協調地小。我算算日子，發現那時候我們已經來到美國快兩年了。我們還沒在各個房間擺上中國風的彩繪屏風和從「鄉村雜貨舖」(Country Clutter）買來的廉價小玩意兒，也還沒有裱框的蠟染畫作和直立式鋼琴。我們只有從馬來西亞運來的籐製家具，上面鋪著花卉圖案的墊子，而墊子則薄到無法將蛋藏在底下。

場景又轉換到最後的時光，鏡頭對著我的母親和這名小女孩。她們在我們前院的玫瑰花叢旁，粉紅色和黃色的花朵盛開齊放。我的母親穿著寬鬆的襯衫、牛仔褲，光著腳站在花園裡。她看起來是如此地平靜且充滿自信，影片中的她正在吹泡泡。小女孩追逐著泡泡，上氣不接下氣地咯咯笑著，在草坪上不斷地恣意繞圈奔跑。最後她喊著：「我想試試看，我想試試看！」而我母親有一陣子都沒有理會她。

成人的我已經摩拳擦掌，準備要用這段影片來批判我的母親，來恨她。**她不讓我吹泡泡。她覺得我做不到**。但接下來，她卻將吹泡泡的短棒放在我的嘴唇旁邊。我吹得太用力，使得泡泡水四處飛散。她又沾了一次泡泡水，慈愛地引導我繼續嘗試，直到我掌握正確的方法，一顆泡泡隨著風飛上了天。這景象對我而言既難以承受又意猶未盡。等等——這女人是誰？這是什麼無憂無慮的生活？過去不是這樣的，這不是全部的故事，我還想看更多。但影像戛然而止，就這樣，只剩下雜訊。

・・・

我的家人當初不是逃到美國來的。他們是來過更好的生活的。

當我們離開馬來西亞並定居加州時，我兩歲半。我的父親在科技業工作，他的公司為我們在矽谷的房子付了頭期款，作為搬遷福利之一。對我父親而言，他終於重返美國了。

在我父親的成長過程中，他是怡保——一座產錫的城鎮——最聰明的孩子。他的家境困苦，只要有一點錢，就會被我的祖父拿去賭個精光。我父親和我祖父不同，他腦筋好，而且性格堅毅。他把他數學和英文課本裡的題目解完以後，便跑去圖書館把所有的參考書借出來，然後再把裡面全部的題目都解完。而且，他不是只會唸書的書呆子，他也能夠在橄欖球場上與那些褐色皮膚的男孩們一較高下。他既聰明又廣受歡迎，是個有前途的青年。

然而，當他寫信給美國各大學詢問獎學金的申請事宜時，他們卻告訴他不要浪費時間了——他們不提供獎學金給大學部的國際學生。

於是我父親在美國大學學術評量測驗（ＳＡＴ）中拿下了一千六百分的滿分。在那個年代，這種分數象徵學術上的過人能力，那一千六百分便是他脫離貧窮、離開馬來西亞的門票。他的姊姊嫁給了有錢人家，於是借錢給他，讓他申請美國的大學。他不僅申請學校無往不利，而且還得到了每間大學的全額獎學金。

當我父親看到常春藤名校寄給他的手冊上，學生們總是裹著厚厚的圍巾和外套，背景則是結霜的古老建築或秋天的落葉，這讓一輩子身處熱帶高溫中的他不禁心生畏懼。反觀另一間頗負盛名的加州大學，手冊上印的是穿著背心短褲、在草地上玩飛盤的學生照片。於是他選了這間學校。

「你本來可以活在另一個世界，當一個東岸女孩，」他常這麼說，「不過你只是個加州女孩，都是因為那該死的飛盤。」

大學畢業後，我父親的工作讓他在世界各地奔波，直到好幾年後才回到馬來西亞安頓下來。他在銀行裡認識了我母親，她當時是銀行櫃員。她美麗又迷人，而我父親當時二十六歲——他已經太老了，真的。他母親總是告訴他，他需要趕快成家，所以他們交往兩個月就結婚了。

接著便是我的出生。那一年，馬來西亞的國王因為球僮在他打球失誤時笑了出來，便用高爾夫球桿打死了球僮，卻不需承擔任何後果。這樣的暴力和腐敗讓我父親感到害怕。我們是華人——在馬來西亞，我們不論在種族和宗教上都是被歧視的少數民族。當我父親小的時候，他的舅舅、母親和大姊住在吉隆坡，那時爆發了種族暴動，數百名華人在過程中被屠殺。他的姊姊及時逃出辦公室，在華人社區裡找到了一間安全的房子，於是一家人在那裡躲了好幾天——某個和警察有交情的朋友必須為他們送食物，以防他們挨餓。而外頭，校車上的學童則在上學途中被大肆屠殺。

我的父親了解美國的自由和奢華，他知道留在馬來西亞將會使我的未來受到限制。他知道，若我們留下來，我的工作和教育前景終究有限——我很可能會像他一樣，必須出國才能實現抱負。既然如此，何不趁現在？

於是我們搬進了位於聖荷西的一棟美麗房子，有陽台，有泳池，而且附近也有好的學校（不過我們謊報住址，好讓我進入最好的學校）。我父親為我們買了一台福特休旅車，我母親則買了與之相配的泰波姿（Talbots）毛衣套裝。我父母用我們在馬來西亞的舊家具裝飾新家，但他們卻為我買了一張美式的鑄鐵床架和加大雙人床。這床和他們取名為**史蒂芬妮**的女孩相配極了，不是嗎？他們之所以選擇這個名字，是因為它的意思是「戴著皇冠的人」。

• • •

每逢星期六的時候，我父母會善加利用郊區舒適的地理環境，帶我去創新科技博物館（The Tech Museum of Innovation）、兒童探索博物館（Children's Discovery Museum）或快樂谷公園（Happy Hollow Park）；我母親花了許多時間詢問家長會的其他家長，搜尋我們家附近最富教育意義的活動。當我們玩遍了所有地方後，我們會在後院的泳池旁舉辦烤肉派對，邀請一樣旅居在外的馬來西亞同胞和他們的孩子同樂。我母親會做蜂蜜烤雞招待客人，而且她總會把雞腿留給我吃。

星期六是充滿樂趣的日子，星期天則是修行日。

星期天，我們上教會。我父親會打上領帶，我和母親則穿上有著巨大泡泡袖和花卉圖案的母女洋裝，然後我們在清一色白人的會眾中一起高唱「向主歡呼」。接著，我們會去「新中記麵家」，它是一間越南暨中式餐館，而我總是點一號餐：綜合米粉湯麵。我們一回到家，我母親就會要求我拿出一本黃色線圈筆記本，封面上有我的手寫字跡：**日記（日志）**。某個星期天，她寫下了這樣的指令提示：

> 請寫出你在聖塔克魯茲海灘步道所度過的時光。你做了什麼？你看到什麼？盡可能地把日記寫得生動有趣，從早上的活動開始，以晚上作為結束。字寫整齊！

雖然我只需要寫一頁，但我花了一個多小時才完成作業。當時六歲的我不斷分心——把弄我們的串珠餐墊，用手指去戳牆上那幅祕魯刺繡裡的毛氈駱馬和番茄，在日記的另一頁上認真地塗鴉。但我最後終於強迫自己把注意力放在提示上。

大家好！我一反常態地寫道。通常我會以親愛的日記開頭，但今天我特別想要說點什麼。

> 星期六，我去聖塔克魯茲海灘步道玩。一開始，我們必須去排隊，所以才能買票。一開始，我們去搭洞穴火車，那沒有很可怕。我們穿過時光機，看到山頂洞人在跳舞、釣魚、洗澡還有和熊打架。然後我去搭摩天輪，摩天輪很高，所以媽媽必須陪我一起搭。

旅行。

嗯……我想，我最好加一點刺激的東西，讓媽咪知道我有多麼喜歡她不辭勞苦帶我去的冒險

然後我去玩兩隻青蛙的遊戲。我打死了一隻青蛙，所以得到了獎品！然後我又去玩一個叫做跳床的東西。我在上面翻了一圈！然後我又翻了一次！那裡的小姐說我做得很樣。嗯，我玩得很開心！

為求畫龍點睛，我想我應該讓讀者注意到我的俏皮。於是我註記：嘿！你知道日記的開頭不一樣嗎？我只是覺得這樣很好玩。愛你，史蒂芬妮。

我瀏覽了每個句子，看起來很不錯。於是我請我母親過來。她坐在她的椅子上，把筆記本放在眼前，手裡拿著一枝紅筆。我也就定位——在她的左邊立正站好，雙手在身體前方交握——然後看著她開始批改。她毫不留情地在我的作業上留下紅色的叉叉、圓圈和刪除線。每一筆記號就像揮在我胸口上的一拳，直到我幾乎無法呼吸。**噢不**。**我好笨**。**噢不**。

批改完畢之後，我母親嘆了一口氣，接著在頁面下方寫下她的評語：

不能有兩個「一開始」。你還是寫太多「然後」了。「然後」我去搭摩天輪。「然後」我去玩兩隻青蛙的遊戲。試著用其他的字。我做得很「棒」。非常「棒」。不是「樣」！

最後，她在頁面上方烙下一個大大的成績：**C-**。她轉向我。「在前兩篇日記裡，我已經告訴過你少用**然後**。我跟你說過要寫得有趣一點。你是智障嗎？而且你在日記最後寫這什麼東西？什麼這樣很好玩？我不知道你在寫什麼。」

「對不起，」我說，但她已經去開抽屜了，於是我只能把手伸出去。她把塑膠尺高舉過頭，然後朝著我的手心打下去：**啪**。我沒有哭。如果她看到任何眼淚，她會說我沒有用，然後再打我一次。她闔上筆記本。「你明天重寫一次。」

這本日記的重點在於增進我的寫作技巧，同時也保存了我那經過精心篩選的童年。她希望我在成年之後，會愛憐地翻閱這本筆記本，讓它以深情的回憶充滿我。但如今的我看著這本日記，她顯然沒有達到她的目的。我完全想不起聖塔克魯茲的旅遊、舞龍舞獅，或者某次門多西諾（Mendocino）海灘之旅。我唯一清楚記得的，就是那把打在我的手心上的透明塑膠尺。

• • •

這趟旅行的主題是「成長之旅」，而我們很快就發現，這就是「青春期」的意思。我們的女童軍團從來沒做過這樣的事，我們從來沒和我們的母親一起去住過小木屋。但這次很特別，我們在這趟旅程中經歷了許多第一次。我們那時十一歲，許多事物都在改變。

我們一行人在星期六的下午開車抵達小木屋，晚餐過後，我們整晚都在玩遊戲。所有人一起玩「猜猜畫畫」(Pictionary)的過程中，我們因著媽媽們慘不忍睹的繪畫技巧大笑不已。遊戲結束後，女孩們就到大廳的另一端玩UNO紙牌，媽媽們則留在沙發區聊著媽媽經。相較於其他母親，我的母親看起來魅力十足。許多媽媽用寬鬆的衣服藏起她們鬆垮的身體。幾名英文不流利的亞洲媽媽害羞地彎腰駝背，彷彿不想被別人看到似的。但我的母親坐得像量尺一樣直，而且還對全場的人發號施令，就算她只穿著T恤和高腰牛仔褲，看起來依舊容光煥發。她的肩膀和手臂因著每天早上打好幾個小時的網球而顯得健美勻稱，她的頭髮燙得完美得宜，讓她的頭上彷彿有著一圈光暈。她的聲音有點奇怪——尖銳而顫抖，而且帶著濃濃的馬來西亞混英國口音。我可以聽到她的聲音穿透整間木屋，不過似乎沒有人留意到這點，因為她講完話後，大家總是一陣大笑。男人會覺得她任性、倔強又迷人；女人則會覺得她既慷慨又俏皮——她就是那種會照顧呵護新移民，帶他們體驗韓式烤排骨、瑪格麗特調酒和感恩節大餐的人（不過她總會買一隻火雞，**外加一隻北京烤鴨**，為的就是要和口感乾柴的火雞肉搭配著吃）。

這時候，女孩們已經開始聊超級男孩（'N Sync）了。我說：「我比較喜歡新好男孩（BSB）。」但童軍團領隊的女兒哼了一聲後說：「小寶寶才喜歡新好男孩。」其他女孩點點頭便轉身不理我了。於是，我拉著童軍團裡的一個朋友提早去我們的上下鋪，打算偷偷講一些書呆子的鬼故事。不過在我離開之前，我轉頭看到我母親正在和其他人交換電話號碼並約定某事，其他母親們正吵吵嚷嚷地把自己的名字寫在她的紙上。

隔天，我們整天都在上關於青春期的課。童軍團的領隊們帶了衛生棉和棉條，用圖示說明月經來時該如何處理。接下來便是信任遊戲，以及大家輪流分享跟青春期有關的感受……我確定還有其他活動，但每件事都太尷尬了，所以我選擇遺忘幾乎所有的內容。有一個揮之不去的討厭回憶，就是我們的領隊準備了許多大張海報紙鋪滿地面，讓女孩們躺在紙上，我們的母親則要用麥克筆描出我們身體的輪廓。接著，母女再一起畫出彼此覺得身體會有的改變：胸部變大，腋下和陰部的毛髮。我試著搞笑，讓我的腋下飄出綠色的臭味波浪，脖子上戴著芋貝頸圈，但仍然無法掩飾這項活動有多麼討人厭。我未來的胸部沒有乳頭，因為我們兩人都完全無法忍受要畫出乳頭這件事，所以我的胸前就只有兩個龐大笨拙、帶著葡萄氣味的紫色U字型。

我一直在等我母親嘲笑這活動根本是白人的愚蠢想法，但她從頭到尾都興致勃勃地配合，在笑鬧中揶揄我，彷彿她也是她們的一分子。

在這之後，我們手牽手圍成一圈站著。我的領隊拿出吉他，於是我們便一起搖擺身體唱著音樂劇《屋頂上的提琴手》(*Fiddler on the Roof*)中的〈日出，日落〉(*Sunrise, Sunset*)。多愁善感的歌詞，敘述著女兒怎麼昨天還是女孩，今天竟搖身一變，成了亭亭玉立的女人。

當我們唱歌時，所有的母親都濕了眼眶，輕撫著女兒的頭髮並親吻她們的頭頂，而女孩們則依偎在母親的臂彎裡。我的母親並沒有碰我，反而獨自站在那裡嚎啕大哭。她私下在家裡常常哭——以難看的姿勢彎下腰來啜泣——但她從來沒有在公眾場合崩潰過，這景象讓我驚慌不已。

如果我的成長讓她如此痛苦，那我寧願不要長大。那一刻決定了我往後幾年的行動：當我的月經來潮，我並沒有告訴她，而是在我的內褲裡塞衛生紙，然後把弄髒的衣物藏在閣樓裡。即便她用力拍我的背，咆哮著說我像是鐘樓怪人，我仍然綁起我的胸部、穿著寬鬆的T恤並且彎腰駝背，以免我發育中的胸部被看見。我願意做任何事讓她快樂，讓她知道我永遠都屬於她。這是唯一重要的事。

唱完歌後，我們抱抱自己的母親，她們也擦乾眼淚抱緊我們，接著我們便回到寢室拿行李準備離開了。我母親的臉因為哭泣而仍然紅撲撲的，但我希望她沒有不開心。不知怎地，我希望這怪異的儀式能夠讓我們彼此更親密。

令人遺憾的是，整趟車程都沒有人說話。我焦躁地摳著我乾裂的嘴唇，直到我們抵達家門，將行李從車上卸下來，這時候她才爆發。

「今天早上吃早餐的時候，你糾正琳賽拿刀子的方式，你還記得嗎？你要她用別的方法切火腿，而且還是在她媽媽面前！你為什麼要這樣？」她厲聲說道。「你不需要教別人怎麼做事情！你這麼做根本像個混蛋！」

我不知所措地回答：「我不知道——她刀子拿錯了，根本連火腿都沒辦法切。我想說我可以幫忙？」

「幫忙！哈！」她冷喝一聲。「噢，你幫了好大的忙啊。這趟旅行我真是覺得你超丟臉的，我都快受不了了。你知道你在玩猜猜畫畫時有多好勝嗎？人家看不出你畫的是什麼你就生氣，像個大嬰兒一樣。每個人都覺得很不自在，每個人都盯著你看。光是看著你，我都覺得快死了，我實在很想說，**那不是我女兒**。」

我覺得自己就好像從上鋪猛然坐起、撞到天花板一樣。現在？真的假的？在所有的時間點上，你偏偏選擇在**母女親密之旅**之後？「對不起，」我說。「我沒有意識到這點。」

「你當然沒有意識到，因為你根本沒在思考，你有嗎？就算我一直告訴你**想一想**，但你做事永遠不經大腦，難怪學校裡的同學都討厭你。」

「關於猜猜畫畫和刀子的事，我很抱歉。我只是想……來，你試試這個方法。我不覺得她媽媽心裡會不舒服，她看起來沒有不高興啊，但……」

「噢。」我母親的嘴唇抿成細細的一條線，眼睛也瞇了起來。「你覺得你比我還懂是不是？現在你還跟我頂嘴？」

「我只是想要道歉**！**拜託**！**我很抱歉。我只是想……或許在這個週末之後……我以為或許就沒事了。」

「你一直**讓我丟臉**怎麼可能會沒事？」她厲聲嘶吼。

我知道童軍團裡的其他女孩沒有人此刻正在被咆哮。我想到那些女孩在唱歌時依偎在母親身邊的樣子，以及她們**知道**自己會如何被擁抱著、有多麼安全。但我母親說得也沒錯——其他的孩子不喜歡我。他們說我很奇怪、很**緊繃**。或許我在玩猜猜畫畫時太好勝了？她們真的都盯著我看嗎？我怎麼都沒有注意到呢？我要怎麼知道自己搞砸了呢？還是我所做的每一件事都是個錯誤？我的眼眶開始泛淚。

「不准哭，」我母親大吼。「你哭的時候醜死了。你就跟你爸一個樣，鼻子又肥又扁。**我說不**

准哭！」然後她搧了我一個耳光。我伸手摀著臉，她用力把我的手拽開，一次又一次地打我。接著，她坐下來開始啜泣。「你毀了我的人生，我真希望你從未出生。你就只會讓我難堪，讓我丟臉。」

「對不起，媽咪。真的對不起，」我說。

• • •

我想我母親應該是壯志未酬才會如此。她做事一絲不苟，寧願花整個下午擔任學區的兼職會計志工，敲著計算機填寫報表，但在打理家務和烹飪上卻意興闌珊。有時候，她會問我父親是否能讓她去銀行工作，而他總是駁回她的想法。「你連高中都差點畢不了業！誰會雇用你？」

然而這是我長大成人後的推測——是我看了一些家庭主婦感到無聊的節目情節後拼湊出來的假設，進而將之投射至我父母的婚姻中。當時年幼的我，完全知道為何我母親總是不開心。她非常清楚地指出她的痛苦來源：我。

關於我的童年，我**還沒**提到的一件事就是：被抽打。我母親常常抽打我。她會因為我和她講話時沒有直視她而打我，但若我帶著過多的怒意看著她，她就會再打我。她也會因為我「像三輪車伕一樣」把一隻腳放在椅子上坐著，或者口出俚語「吼，不要森七七啦！」而打我。有一次，她用她的網球拍抽了我半小時，因為我把信箱裡她的《時人雜誌》（*People*）塑膠包裝給拆開了。有時候，她只是稍微處罰我——她會用她的手、筷子或我的玩具打我。有時候，她則會用塑膠尺或籐條狠狠地抽我，直到它們都斷掉，然後再因此怪罪我。「我會打你都是你害的，因為你太笨了！」她咆哮。接著她會仰望天花板對上帝大吼：「我到底做了什麼，才會生到這個不知感恩、沒用的孩子？她毀了我的人生。把她收回去！我再也不要看到她這張醜臉。」

一年中總會發生幾次，我母親厭倦我到一個程度，以至於她認為神應該要永遠把我收回去。她會揪著我的馬尾，把我從樓梯頂端一路猛力地拽下樓。她會在我手腕上方舉起切肉刀，或是把我的頭往後扯，將刀鋒架在我的脖子上，讓冰冷的刀緣抵著我柔軟的皮膚。我會瘋狂地道歉，但她會對我大吼，說我不是真心的，我最好在她割斷我的頸動脈之前閉嘴。於是我會馬上安靜，但她又會說我從來沒有真心地悔改。因此，我又開始道歉，她會接著說我的道歉根本一文不值，加上我的眼淚讓我看起來醜陋至極，所以她覺得我一定得死。於是我又保持安靜，直到她對我大吼，要我講話。我們就這麼坐在那裡，陷入毫無道理的無限循環長達數小時。

我母親的聲音並非一直都那麼顫抖。她的聲音之所以又尖銳又微弱，是因為她長期對我大吼所導致的傷害。醫生說，她的聲帶已經碎裂了，若她不好好照護，她可能會完全失去聲音。但她對此不以為意。

• • •

人們總是問我，在那樣的虐待中長大是什麼感覺？諮商師、陌生人、伴侶。編輯。你現在所說的是事情發生的細節——他們會在頁邊空白處這麼寫著。但那是什麼感覺？

這問題總是令我感到荒謬。我怎麼會知道我當時有什麼感覺？那是多少年前的事了，我當時還那麼小。不過若要我推測，我會說，我應該覺得**他媽的爛透了**。

我大概會因為永遠無法取悅我母親而痛恨她，但我同時也很愛她，所以我想我當時一定也覺得很內疚，而且很害怕。我記得當我被打時，我哭得很慘，不是因為痛——我已經習慣了。我哭是因為她所說的話。當她說我笨、說我醜、說我沒人要時，我會緊咬嘴唇、緊握雙拳，但我從來沒辦法成功地忍住淚水。抽抽噎噎的我，讓她感到噁心，她會因此再繼續甩我耳光。

不過在毒打和痛斥都過去後，接下來就容易多了。我會停止流淚，望向窗外。或者我會拿起《保母俱樂部》（*Baby-Sitters Club*）的書繼續閱讀。我將這一切拋諸腦後，繼續過日子。在某次嚴重的毒打之後，我變得難以平復——我的呼吸變成急促的打嗝，我沒辦法讓它平緩下來，讓肺部得到足夠的空氣。現在回想起來，這或許是恐慌症發作。但我記得我當時只是困惑地看著自己，心想，**好奇怪啊**。**發生了什麼事**？**好好笑**！

然而，我要如何面對這些感受呢？將它們分類？整天坐在那裡想著它們？把這些感受告訴媽咪，期待她會同情我？拜託。我的感受不重要，它們根本毫無意義。若我還保有那些柔軟、脆弱的感受，若我真的去思考我母親時不時就威脅要殺我是多麼地荒謬，我還有辦法每天早上睜開眼睛和她共進早餐嗎？我還有辦法晚上坐在沙發上抱著她、為她取暖嗎？不可能。

若我把所有的空間都拿來承裝**我的**感受，那我哪來的空間維護她的感受呢？她的感受比較重要，因為她的感受影響層面比較大。

我母親的床頭櫃裡總是放著一大瓶綠色的益斯得寧（Excedrin）。她把藥放在那裡是為了她的偏頭痛，而她也把藥當作她的逃生出口。

在我母親經歷最嚴重的恐慌症發作，以及用最兇狠的方式毒打我之後，她會整個人在地上蜷縮成一團，不斷地前後搖晃著。接下來則是一片沉默，連一根針掉在地上都聽得見。最後，她會喃喃地說我毀了她的人生，現在是該做個了結了，她要把所有的藥丸都吞下去。「媽咪，拜託不要！」我求她，而且我試著想出她應該活下去的各種理由，例如我們是多麼地感謝她和她所做的犧牲，她是個多麼好的人，這世界需要她。有時候這招有用，但有時候她會無視我的哀求，將自己鎖在臥室裡。她告訴我，若我打電話叫救護車、讓她活了下來，她會割開我的喉嚨。所以我坐在房間外面，耳朵緊貼著房門，極力想聽見她的呼吸聲，試著判斷何時應該採取必要行動——我應該在何時用我的命換取她的命。

我開始監控她每一次的午睡。我會躡手躡腳地溜進她的房間，站在她的上方盯著她，確認她的眼球在眼皮下轉動，確認她均勻地呼吸著。

不過有一次我錯過了徵兆，不知怎地我搞砸了。結果她來真的，吞下了一整瓶的藥丸。

我不知道她確切在什麼時候做了這項激烈的嘗試，因為實在有太多層出不窮的小事件。我想或許是某一次她消失了好幾天，我父親告訴我，她是去假日酒店（Holiday Inn）來一趟小小的宅度假。然而不久之後，我母親的朋友告訴我，我母親其實是待在精神病院。又或許是某天晚上她真的試圖自殺，所以她吞了一些藥丸，再灌下一堆海尼根，而後昏睡了十八個小時。我和我父親隔天站在她的床邊。「她睡一覺起來就沒事了，這叫宿醉。你去看電視或做點別的事吧。」最後他這麼說，然後便怒氣沖沖地走開了。但我一直站在那裡盯著她好久，最後才躡手躡腳地離開。

不過這事件留下了一些後遺症。吞下那麼多的益斯得寧讓她一直都有胃潰瘍的毛病。每一次當她胃絞痛的時候，她會說都是我的錯。

對於我母親將自己的自殺行為怪罪在我頭上，我應該有什麼感受呢？我沒辦法告訴你。這些感受對一個小女孩來說太沉重了。不過我確實知道的是，每天晚上睡覺前，我都會跪下來一遍又一遍、唸經似地祈禱。「神啊，我求祢——不要讓我當一個壞女孩。求祢讓我能夠讓爹地和媽咪開心。求祢把我變成一個好女孩。」

2

進入中學後，我再也不睡覺了。

我每週有三堂網球課、兩堂中文課，還要練習鋼琴和參加女童軍。這麼多的活動加上學校課程和課業，我通常每天得花上十二個小時才能完成。此外，我還得在剩下的清醒時間裡進行另一項活動：當我父母的調停者。

我那名據說抱負遠大的父親——那位讓自己和家人脫離貧窮、白手起家並取得在美國的光明未來的人——並不是我從小所認識的父親。我只得到那個人的空殼。

我父親每天工作八小時，然後便躲到高爾夫球場去了。他在家的時候，是個心不在焉的幽靈，會盡可能地癱軟在電視機前，直到被要求履行家庭責任而心生厭煩為止。有時候我會想，他的熱情是否被美國的玻璃天花板給澆熄了——像他這樣的亞洲男性，絕對無法晉升到比中級管理人員更高的職位。但若你問他，他會說他的靈魂已經被我母親踐踏在地了。

我不是我母親唯一的發洩對象。她會因為我父親吃東西時嘴巴沒有閉起來、流太多汗、太多話或太少話而大發脾氣。至於我父親這個人，他有時候既不體貼又遲鈍，無法理解她為何那麼不快樂（「你整天都在看電視和打網球，到底有什麼好抱怨的？」）他們為錢吵架：她想要凌志

（Lexus）的車，但他說我們負擔不起。他們因著他帶我們來美國而爭吵，住在一群無知的**鬼佬**之中，他們沒家教的小孩竟直接以名字稱呼她。然後兩人的爭吵會越演越烈，你會看到肥皂盒在空中飛，有人口出可怕的威脅，最後其中一人會憤而開車離去。而我，則會坐在車庫裡，在黑暗中瑟瑟發抖，暗自祈禱他們會回家。

我覺得讓一切事物維持薄弱的秩序是我的責任。當我父母想要在星期天睡懶覺，我會強迫他們起床上教會，好讓神知道我們是多麼想要維持家中的和諧。我會提醒他們要為哪些事情感恩。我會在我母親發現之前，先從地上撿起我父親的衣服，免得她對他大吼大叫。若我母親沒來由地發怒，我會對我父親謊稱是我那天闖了大禍，這樣他就不會跟她計較。我還會為他出主意，慫恿他買禮物安慰她。「那不是她的錯。是因為我很壞，我很糟糕，我很邪惡。」我如此告訴他，而他也聽信了我的話。「你為什麼非得要這樣？」他問。「你就不能乖一點嗎？」

到最後，甚至連我都開始相信自己虛構出來的故事了。所以我的確試著要變得更好，在學校、在其他任何地方，都不要造成別人的麻煩。我不斷自我突破，直到我跑得更快、表現完美無缺，以及成績單上全是「A」等級的評分為止。

但我終究是個孩子。我無法活在一個只有爭吵、談判、事事力求完美的世界。我需要玩耍，我需要釋放。所以，就像我面對其他事情的方法一樣，我**騰出**時間來玩耍與釋放。我只要在上床前吞下偽麻黃鹼（Sudafed）——也就是冰毒的原料，就可以保持清醒了。大多數的夜晚，當我聽到我父母上床睡覺後，我就會溜到家用電腦前，在網路上閒晃到凌晨四點才罷休。我讀了大量的同人小說、在美國線上（AOL）聊天室當鄉民，以及在《星際大戰》留言板上和我**真正的**朋友們聊天。沒錯，每次老師在課堂上放電影，我就想睡覺。沒錯，我幾乎記不起任何中文詞彙，而且有時候當我站起身來時，還會頭暈目眩，感覺快要昏倒了。但這些我都可以應付。我一定得這麼做。

某天晚上當我登入電腦時，我剛好轉頭望向右方的印表機。紙匣裡有一張女性的圖片，因著廉價墨水而印得粗糙模糊。她坐在海灘上，有著金髮、古銅色的肌膚，而且非常裸露，全身上下只有兩堆刻意覆蓋在胸部上的沙子，完美地遮住她的……呃，她的**乳頭**。我趕緊從紙匣中抽出那張圖片並快速環顧四周——若我把它丟進垃圾桶，我母親一定會發現，而且她也很常檢查我的背包，所以放背包也行不通。但我們的書房倒是有幾座七呎高的巨大實木書架，打從我有記憶以來，它們便一直在那裡了。於是我讓那張圖片滑進書架的後方。

我氣壞了。我這輩子總是兢兢業業地維護我母親脆弱的理智，維繫他們的婚姻，所以這件事對我而言幾乎可說是一種侮辱。我父親怎麼可以如此粗心呢？不過沒關係，我可以搞定。我把我自己設為美國線上的主要帳戶所有人，然後再更改他的家長監控模式設定。現在他只能看到適合十三歲男孩觀看的內容了。

幾天後，我母親怒氣沖沖地衝進我的房間。「你把我們所有的錢怎麼了？」她尖聲大吼，然後搧了我一個耳光。**為什麼我父親沒辦法進入他的網路銀行帳戶？我做了什麼？我讓我們所有的錢都沒了嗎？我們要怎麼付帳單？付房貸？我他媽的做了什麼事？**死定了。我沒有想到這點。我真的把所有的錢都清空了嗎？我的呼吸開始變得急促起來，但我不能告訴她我為什麼做了我做的事。

「如果你給我五分鐘，我想我可以解決，」我結結巴巴地說。「我只是在試某個東西。對不起——」

「我沒有要你解決。你再也不准上網，六個月不准用電話，而且禁足六個月。你不准跟朋友見面，也不准看電視或電影。從現在開始，你只能讀書，而不是**浪費**——」她又摑了我一巴掌，「你的**時間**——」她一踢我的膝蓋，我便跌倒在地，「在這些**愚蠢的狗屁**上！」看我躺在地上，她朝我的肚子踹了一腳。「現在就把你的密碼給我！」

網路是我唯一的避難所，若她把它奪走，我不知道要怎麼辦。我當時已經養成習慣，在半夜把玩我們家中的刀子，心想如果用它劃開手腕不知會多痛，並且也曾暗自盤算偷帶一把刀去學校，不知我母親是否會發現。我有次偷偷溜出家門，買了一份《國家詢問報》（*The National Enquirer*），裡面有迪倫．克萊波德（Dylan Klebold）和艾瑞克．哈里斯（Eric Harris）的屍體照片，有時候當一切讓我快招架不住時，我會盯著照片並想像自己把自殺當作最後的反擊。

我覺得我寧願死，也不要讓唯一的安慰被奪走。所以有史以來我頭一次冷冷地說：「不要。」

「**什麼？**」我母親怒吼。「你這無禮的傢伙——你一文不值！你這個醜陋、面目可憎的怪物。我不知道為什麼我當初要生下你！」她不斷對我拳打腳踢——攻擊我的身體、我的臉、我的頭頂。然後她扯著我的頭髮，把我拽出我的房間，一路下樓、轉彎，最後把我扔進書房。我父親正惱怒地坐在電腦前。他抬起頭來。

「她不肯告訴我密碼。」我母親說。

我父親很少打我，但他下手絕不留情。我呼吸急促、氣急敗壞地說：「我可以處理。我不需要告訴你密碼就——」但我話還沒說完，我父親便站起來揪著我的衣服，把我甩了出去。我的背撞上了櫥櫃的門，然後整個人往下滑、跌坐在地板上。接著，他又把我提起來丟向書房的另一端，讓我撞上那些高高的書架，那些背後藏著裸女圖片的書架。他一手抓住書架並說：「若你不告訴我密碼，我就讓書架倒在你身上把你壓扁。」

「不要。」我求他，但我馬上閉上嘴巴，因為他們不喜歡聽到**不要**。**不要**代表頂嘴。**不要**是我沒有權利說出口的話。我傾注全力守口如瓶，他們則是再次逼近我，甩我耳光、踢我、拽我的手腕，場面一片混亂，伴隨著流血的牙齦和一連串的辱罵，直到時間已晚而我們都疲憊不堪為止。現在我們在客廳，他們站著俯瞰我。我精疲力盡地縮在地板上啜泣，心中反覆喃喃自語：**不公平**。**不公平**。**我什麼壞事都沒做**。**我之所以這麼做，是要保護你**。**不公平**。

接著，我父親走向他的高爾夫球袋，抽出一支球桿，它的圓型桿頭比他的拳頭更大、更硬。「**把——密——碼——給——我！**」他大吼，他的臉扭曲變形，完全變了一個人。他舉起球桿，朝著我的頭揮下去，我急忙滾開。我們有一張藤製的椅凳，上面鋪著帶有粉紅色花卉圖案的藍色墊子。它被砸垮了。

球桿卡在椅子中間的裂縫裡。我也垮了。我把密碼交了出來。上床睡覺前，我在枕頭下藏了一把刀，以防萬一。

3

當我閉上雙眼回想我在美國的童年，眼前只會浮現傷痕和發白的指關節。若硬要找出什麼正面的回憶，那大概就是看《美少女戰士》的卡通、穿著印有加菲貓圖案的寬大T恤，玩跳舞機或吃「午餐盒」(Lunchables）的披薩吧。老天，午餐盒的披薩真的很好吃。

然而，當我想到我在馬來西亞的童年，腦海中的回憶卻相當完整。我彷彿被傳送到那裡，整個感官世界在我眼前展開：我上唇的汗水、車水馬龍的聲音，還有那些氣味——汽油味、煎鍋的油煙味，以及叢林中木頭腐爛的濃烈味道。

因為我愛馬來西亞。我愛那順著排水溝一路延伸的殖民風格房屋和店面。我愛掛在攤位和商店外的籐製品，以及在冰箱裡翻找萊姆香草冰棒。我愛在雨季和我的堂兄弟姊妹打枕頭仗——我們蹲伏在暗處，直到閃電在剎那間照亮了彼此的藏身處，然後再狂打彼此的臉。我愛馬來西亞的食物：重口味、油滋滋的淋麵，味道獨特的勁辣蝦麵，怡保特有的圓胖豆芽菜和順口溫潤的海南雞飯——全都用蛋殼藍的塑膠盤子盛著，配上亮橘色的筷子，外加一大玻璃杯的楊協成豆奶（Yeo's soybean milk）或霓虹色的吉家寶汽水（Kickapoo Joy Juice）。我喜歡坐在後座卻不用繫安全帶，我也愛和我的堂兄弟姊妹整天打電動。我愛馬來西亞的語言，我可以像當地人一樣運用自如。它的簡潔（**好啦！**），它各式各樣的驚嘆詞（**我的媽啊！唉呦呦！唉呀！哇靠！**），它從許多語言偷來的字彙（馬來語的 *Tolong!*〔**救命！**〕，廣東話的 *Sei lor!*〔**死囉！**〕，泰米爾語的 *Podaa!*〔**走開啦！**〕），還有它有趣又令人困惑的文法（**好暗！開個燈！就像這樣喔？**）

最重要的是，我之所以熱愛馬來西亞，是因為馬來西亞愛我。

• • •

在我的成長過程中，我們每兩年左右就會來一趟馬來西亞返鄉之旅，寒假的時候會停留幾週，暑假時則會待上一兩個月。我會在出發前好幾個月便開始準備，在午餐時間躺在加州讓人熱到發昏的柏油路上，讓自己習慣這種令人愉快的高溫，屆時我才可以不被它影響，盡情地在熱帶氣候中跑跳。

馬來西亞是清淨之地，它代表喘息和安全。當我父母和家人在一起時，他們顯得輕鬆許多。他們吃吃喝喝、快快樂樂，從不會吵架。他們不需要我小心翼翼地介入，所以我可以自由地當一個孩子。我和堂兄弟姊妹們可以一起跑到屬於我們的祕密魔法世界，除了吃飯，沒有人會打擾我們。我們就像國王一樣。

而我則是王中之王，最高統治者，因為我受到萬眾矚目——大名鼎鼎！——集萬千寵愛於一身。不是總是能多吃一塊蛋糕的那種寵愛，而是在家族聚會時，每個人都會直接了當地說「噢，史蒂芬妮最棒了」的那種寵愛。我的姑姑會告訴她的小孩：「你怎麼不跟她多學學？」他們說我聰明，而且特別彬彬有禮。我幾乎不會惹麻煩，而且每個人都會買我想要的禮物給我。這股風潮的帶頭者是我們家族的女性家長：我父親的阿姨，我們都叫她姨媽。

姨媽其實是我的姨婆，雖然她不到一百五十公分，眼盲的她總是在屋子裡蹣跚而行，但她卻是個性剛烈的老太婆。許多時候，她會一拳揍在桌子上便憤而離席，咆哮著這年頭要找到好吃的紅毛丹怎麼那麼難（姨媽老年時期最在意的事情就是好吃的水果）。而且她最拿手的，就是信手捻來的極端戲劇效果。有一次，她平靜地跟我說著她的童年往事，提到當她小的時候，若你考試考零分，你們家就必須被學校罰錢。我當時嚇了一跳——真的嗎？我有聽錯嗎？「被**罰錢**？」我問。

她面露吃驚的神色，而後整個身體彷彿被鬼附身似地突然挺直，眼睛在她的玻璃可樂罐後睜得大大的，張口結舌，雙手發顫。「**什麼啦！你！**」她對我大叫，通常這種氣勢只有在咒罵殺人犯時才會用上。「**對啦！罰錢！**」然後，就和她剛才突然變身一樣，她的身體又瞬間穩定下來，繼續咯咯笑著講故事。

她就是這樣——十足的怪咖，但她整個人、甚至她的憤怒和傷心，都帶著淘氣的歡樂感。有一次，她在打麻將的過程中放了一個超級響屁，結果因此笑到尿褲子，於是她一瘸一拐地走向廁所，沿路又叫又笑還到處滴尿。

姨媽是全家人的守護者。在我父親的成長過程中，他的母親（姨媽的姊姊，也就是我的祖母）在吉隆坡的一間玻璃工廠找到一份領班的工作，距離怡保幾個小時的路程。於是我祖母在吉隆坡租了一間公寓，她週間住在那裡，週末才回怡保看孩子。當她不在時，姨媽便擔負起照顧姊姊孩子的責任。她一邊從事祕書的工作，一邊把孩子背在背上晃著，甚至還兼做貸款生意。最後，她終於存到足夠的錢，買了兩棟房子給她的姪女們。我父親和他的手足都將姨媽視為他們第二個母親，所以，在我七歲那年，我祖母過世以後，姨媽便晉升為家中女性族長的權威角色，而她則用她的權力來把我寵上天。

每次只要我進到房間裡，姨媽就會把我牽過去並柔聲低語：「**好乖，好乖**。」好有禮貌。好棒。她會從她的湯碗裡舀出好幾顆魚丸給我吃。她也教我如何打麻將並且輕撫我的手。

其他大人也起而效之，紛紛稱讚我的眼睛、我的酒窩。我的姑姑們會特別花時間上市場，就為了買我最喜歡的點心——軟肉乾、咖哩角、黃梨酥，還有十幾種各式各樣的粿。我有個堂妹曾想在長大之後當個藝術家，她的書架上滿滿都是她的素描作品。結果我一出現並開始塗鴉，每個人就聚集到我身邊，稱讚我天分極高。我堂妹氣得奪門而出，好幾天都不跟我講話。

• • •

有一次，我母親帶我去看我們在銀行裡的保險箱。看著收藏在紅色天鵝絨盒子裡的各種貴重贈品，她輕柔地在當中精挑細選。「你祖母把家族裡最好的玉傳給你，有一天，你將會繼承所有的東西，因為你是最受寵的。」她輕聲地說，並且將一條金鍊子戴在我的脖子上。鏈子上掛著一隻實心的金兔墜子，鑲著紅寶石的眼睛。「當你還是嬰兒的時候，她把這個送給你。兔子代表兔年！」

「但是，為什麼我是最受寵的？」我問。「我做了什麼嗎？」

「很簡單，」她說。「你爸爸是家中的長子，而你是他的第一個孩子。所以你自然是最受寵的。」這段話聽起來根本像是譚恩美（Amy Tan）小說中會出現的台詞。

・・・

當我和姨媽單獨相處，我會覺得自己真是最特別的人。傍晚，當每個人都還在睡午覺，我會循著姨媽指間清脆多汁的四季豆梗被掰斷的聲音找到她。我光著腳啪答啪答地輕輕走在大理石地板上，然後坐在籐椅上，就是那種會在屁股上印出精緻花紋的籐椅。我也學著掰斷四季豆。「**好乖的女孩，好乖，**」姨媽溫柔地對我說，「你真是體貼的女孩，只有你會來幫姨媽。」她會告訴我她在怡保的成長故事，例如我不知名的曾祖母，以及她和她的姊妹為了芒果互不相讓。然後她會告訴我一些華人的智慧之語，那些她母親在八百年前告訴她的話。姨媽強調，樂觀是這輩子最最重要的事。

「當天塌下來的時候，把它當毯子蓋，」姨媽跟我說了好幾次，「大事化小，小事化無。有人得罪了你，絕對不要放在心上，讓它過去吧。含淚微笑，吞下你的苦楚。」

我愣愣地點點頭，不過當我的堂兄弟姊妹醒來找我玩時，那些穿著長袍的古代祖先們的黑白記憶和他們有點古怪的諺語，便逐漸被我拋諸腦後了。一直以來，我都以為姨媽在試著讓我對自己的根源有點概念，以確保我心中那個吃著麥當勞的美國人能夠有點像華人。那時，我從來沒想過她或許別有用心——為了給我生存所需的信念。

4

在我十三歲那年，我母親帶我去吃我最愛的鮮蝦水餃麵，並且告訴我：「對不起，但我再也受不了了。我要跟你爸離婚。」這一次，不論我怎麼哭、怎麼求都徒勞無功——她已經下定決心了。「你應該好好想想之後你要跟誰住。」她說，然後她便載我回家，打包完行李就開車離開了。

接下來幾天，我從一大早醒來便狂打電話到她的手機，直到凌晨三點才罷休。這期間她只接過一次電話，那是週間的半夜。「我沒事，不要再打給我了。」她說。她的聲音聽起來自由又奔放，背景聲音很吵雜；我聽到音樂聲。是酒吧嗎？然後她便掛斷了。我又打了一次。沒有人接。一個星期過後，我不再打電話了。

兩個月後，她第一次回到家裡拿些衣服。聽到她的車子開進車庫的聲音，我不禁狂奔下樓。我希望能想聽到她說「你們過得如何？」或「我想念你」，甚至一聲「哈囉」也好，但她一進門便低頭看著門邊的貓砂盆。「我不在的時候，你沒有清貓砂？」她大吼。「你看看，裡面全是屎！我非得做全部的事情嗎？你到底有什麼問題？」她把我拖到廚房，順手抽起一雙筷子便開始打我。當她再次舉起手臂時，我說：「不要打我，不然我不要跟你住。」她僵住了。有史以來第一次，我和我母親之間的權力平衡改變了。我突然從蹺蹺板上跳下來，讓她一屁股跌坐在木板上。她憤而離去，那時我便知道自己已經做出了決定。我內心的某些部分將永遠向她緊閉，不再敞開。我父親的生活一團糟，但他需要我，而且他發誓他再也不會打我了，所以我選擇相信他。這段期間，她沒有我們也過得很好，所以答案很明顯。

幾週後，她又回來了，這次她把我叫進廚房。「史蒂芬妮，」她正式宣布，「我找到一個新老公了。他有一間大房子，如果你跟我走，我們能過得很好。所以，你要跟誰住？跟我還是跟你爸？」

我面無表情。「我要跟我爸住。」

「你會後悔的。」她回答。而這也是我母親跟我說過的最後一句話。

・・・

在她離開後，我父親許多時候都躺在地板上。我照顧他，哄他上床睡覺，吼他起床。他總是無精打采、垂頭喪氣的樣子。當我看著手錶告訴他，若他動作再不快點我就要遲到了，他卻仍舊萎靡不振。我試著用電影、購物或看《魔戒》這種宅宅活動分散他的痛苦，但他總是淚眼汪汪地看著我說：「我浪費了我的生命。」

「不，你沒有，」我握著他的手對他說。「你看，你本來身無分文！你來到了美國！你變得很成功！你有我啊，不是嗎？」

「但我不應該娶她的。我到底在想什麼？為什麼？她搞不好是個同性戀，」他猜測，「或許打從一開始她就背著我偷吃。」

「你本來就沒有很喜歡她。反正你不是總是威脅要離開她嗎？」

「但我絕對不會離開她，因為我們是華人。家族裡沒有人在離婚的，太丟臉了，只有我。」

「哎，你看，你的人生還很長啊。你聰明又風趣，反正你本來就在婚姻中枯萎了，她超無聊的！現在我們要讓你看起來很**酷**。我們去買東西吧！」我說，同時熱切地在他身邊蹦蹦跳跳，扯著他的手。我逼他開車去購物中心，強迫他試穿一整排的湯米巴哈馬（Tommy Bahama）夏威夷衫。看著他在一整排色彩繽紛的鸚鵡和棕梠葉之間轉圈，我不禁拍手叫好。「看看你，多年輕啊！這樣才對嘛！」他聽了咯咯地笑著並掏出他的信用卡。

我們就這麼熬過了接下來的兩年。由於我們必須把房子賣掉，搬到較小的公寓裡，於是我們把所有讓我們想起我母親的東西都丟掉了——結果我們也差不多把東西都丟光了。她所有的陶瓷公仔、所有的家庭相簿、鋼琴、籐製家具、蠟染畫作、柚木箱和裡面所有的寢具，還有《魔法校車》的書。我為我們的新公寓挑了一張皮製沙發、鉻合金的燈飾，以及提基馬克杯，結果整個家看起來像一間十四歲青少年的單身公寓——事實也的確如此。

我幫他創了一個荒謬的電子郵件帳號，而他也毫不猶疑地接受了。當他與朋友和家人發生衝突時，我好言勸說；當他面臨工作上的抉擇時，我提供意見。我甚至和他的朋友一起出席酒吧之夜，他們把我當成噱頭：十五歲的我可以乾掉幾杯烈酒仍保持清醒？在我父母離婚之前，我父親會叫我的小名：**妞妞**。這是形容**女孩**的親暱稱呼。離婚後，他再也不那麼叫我了。我不是女孩，我是他的守護者。

不過這也不全然是壞事。就某些層面來說，這段混亂的時光也是一種解脫。生平第一次，沒有人一絲不苟地安排我們每一分每一秒要做什麼，如同老鷹般監視著我們以確保我們的生產力，或者教訓我們的應對進退。我們大肆揮霍新得到的自由，彷彿不負責任的大學生。我們熬夜看限制級電影，我則退出所有課外活動，開始翹課，戴頸圈、穿迷你裙，變身為滿嘴髒話的小太妹，讓過去藏在內心已久的憤怒與咒罵全都爆發出來。而且我再也不相信神了，我在手腕和文件夾上用麥克筆畫上五芒星。當一個品學兼優的人對我毫無助益，只換來一個破碎的家庭，那我不如反其道而行。

我父親也迎來遲來的青春期。他試著說服我，他一直都是我的好麻吉，他之前只是被咒語變身成青蛙，現在他又恢復王子身分了。

我要他開車一起去舊金山的藝廊和書店，增進我們的文化素養。他帶我去嬉皮聖地海特—艾許伯里（Haight-Ashbury），甚至陪我去逛菸具店，在光滑透亮的玻璃水菸壺前呼上幾口大麻。他告訴我關於他所有前女友的故事，大嘆早知道應該和她們結婚，還有他大學時期和一個名叫「火山」的傢伙一起吸毒的事蹟。過去，我們總是聽著我母親放的抒情搖滾電台，但如今在開車回家的路上，我們會大放平克・佛洛伊德（Pink Floyd）的歌，反覆唱著「嘿！老師！放過孩子！」

不知道為什麼，我開始深情地叫他「狗屎蛋」而不是「爸」。每當我大喊「狗屎蛋！」而他大聲回我「幹嘛？」時，我所有的朋友就會開心地又叫又笑。

我們最珍貴的搏感情時間，就是晚餐時刻。我父親不諳廚藝，於是只要到用餐時間，他就會帶我上館子。當我們吃著奇利斯（Chili's）餐廳的墨西哥薄餅時，通常其中一人會先發難。我們從來不用「媽」這個字，也從不提起她的名字，我們只會用「她」。

「**她**絕對不會讓我吃這個，因為她會說這太油、太多鈉了。每次生病的人都是她，還擔心其他人咧。」他啐道。

「真是他媽的臭婊子。」我罵太大聲了，周圍的人都轉過頭來看著我們，但我們一點都不在意。「你記得嗎？每次只要我吞不下沙拉，她就不讓我吃晚餐。」

「對不起，我不記得，」他說，「什麼可怕的女人嘛。」

「根本就是個賤女人，超級大爛咖！我有告訴過你嗎？有一次我不想吃湯裡面的芥蘭菜，她竟然用筷子打了我一小時！」

他嘖嘖嘴。「我當初若知道就好了，我一定老早就離開她了。」他喃喃自語，我知道他不是真心的，不過沒關係。

• • •

我很快就學到，**憤恨**是傷心的解藥。那是唯一可靠的感覺。憤恨讓你不會在學校裡哭出來，也不會讓你覺得脆弱。憤恨是最有效的方式。它不會卑躬屈膝，它是一股純粹的力量。

若有同學在迴廊撞到我，我會撞回去。有個太妹睥睨地看了我一眼，我知道她在講一些關於我的垃圾話，所以我罵她賤人。她朝我的頭髮吐口水，於是我趁她站在斜坡邊緣時躡手躡腳地逼近，用我的網球拍用力朝她揮下去，試圖讓她滾下斜坡（還好我沒成功）。我朝一個女孩丟顏料罐。有個傢伙在數學課上叫我哥德賤人，於是我轉過身對他說「我不是哥德風」，然後來回賞他好幾個耳光。有個同學把「西元」寫成「東元」，我大力嘲笑他，還叫他智障、蠢蛋，齁拜託，你幹嘛走掉啊？隨便，去你的。

很快地，學校裡的人看到我都退避三舍，還有一堆關於我的流言。有人說我是毒販，是毒蟲，是會在後院殺雞作法的女巫，是跟學校裡每個人上床的妓女。這些傳言沒有一個是真的，不過高中裡有誰會在乎真相？某個神祕的匿名帳號在即時通（AIM）上傳訊息給我，說我是**極端**、**欠扁的神經病**，我回答：「你是什麼意思？欠扁？告訴我他媽的什麼叫**欠扁**。」但對方只打了「笑死，啦啦啦，死賤人，你有病」就下線了。所以，與其想要說服每個人我是普通人，我選擇突顯自己的怪異之處，更加怒目切齒。

我父親的社交生活也沒比我好到哪裡去。他原本就屈指可數的朋友，也因著他喋喋不休地抱怨前妻有多糟而遠離他了。

很快地，我和我父親發現這世上只剩我們兩人了，而我們心中積壓多時的憤恨無處發洩，只能傾倒在對方身上。

5

當我父親第一次告訴我，我跟我母親一個樣時，他等於點燃了我這輩子所有的憤怒。那時我母親才離開兩個月，有時候我覺得自己還聽得到她大吼我名字的聲音。午餐時間，在學校的操場邊，我會倏地站起來東張西望，慌張地尋找她的身影，深怕她來找我算帳。

我不會容忍他如此指控我。「去你媽的祖宗十八代，」我對我父親大吼，「我一點都不像她。你知道她對我幹了什麼事、對我們幹了什麼事。我這輩子都在被她虐待，而你從來沒有保護過我，現在你竟敢……你**竟敢**拿我跟她相比。現在是誰在照顧你這個可憐又可悲的蠢蛋？」

「噢，」我父親回我，「現在我知道為什麼你媽那麼厭惡你了。我知道她為什麼要離開了。」

「好啊，如果你不要我，沒問題。」我厲聲說完，轉身就走。我把腳重重套進我的 Vans 休閒鞋裡，砰一聲打開大門拔腿就跑。我不管自己身上沒帶錢、沒有食物或沒穿外套；我會想辦法，我會找到某個地方、找到人幫我。我是個孩子，人們會照顧孩子，他們應該要照顧孩子才對。我邁開步伐不斷往前跑，至少這是我擅長的事情。

他試著跟上我。我聽見他大喊：「等等，回來，停下來！」但我的腳彷彿彈弓一樣彈射出去，我的腦袋無比清晰，當冷冽清新的秋天氣息進入我的肺部時，我彷彿與夜晚融為一體。我確定我可以就此消失。

然後我聽到他的尖叫聲，那是一陣尖銳刺耳的哀嚎，緊接著：「**我的腳！我的腳！我的腳受傷了！**」他光腳跑在柏油路上。

我又跑了大概半條街。但我很快就放慢速度，而後停了下來。我站在那裡一會兒，望著遠處的街道盡頭，車子在主要道路上呼嘯而過。我們這條街聞起來總是有一股沙漠植物和發熱柏油路的味道。靛藍色的暮光在棕梠樹梢後方緩緩下沉，襯著街道。很快就要天黑了，我到底要去哪裡？

他仍在發出微弱的嗚咽聲。我往回走，只見他兩手抱著腳，死命地壓著。回到家，我扶著他走到樓上的浴室，讓他坐在地板上。「我流了好多血。」他呻吟著。我拿出小護士萬用膏（Neosporin）並要他把手移開，他照做了，一邊呼吸、一邊嘶嘶叫。我仔細一看，他腳上的傷口比鉛筆尾端的橡皮擦還小，根本算不上破皮，也沒有流血。我站在原地瞪著他，要他看我，不過他不敢抬起頭來。於是我把萬用膏砸向他的頭，回到我房間大力關上房門。我拿出一把小刀，在大拇指上劃出一道深深的血紅色長溝。我的眼睛連眨都沒眨。

• • •

高二那一年，我平均每個星期有三個晚上會看到我父親。其他的夜晚，他會在他新女友的家過夜，不過他不是這樣叫她的。「我朋友。」他會這麼說。「這是我從我朋友那裡借來的車。」、「我在幫我朋友看小孩。」彷彿他是對方的好麻吉，只是每天穿著睡衣吃爆米花，夜宿對方家而已。

他知道我不喜歡他約會，因為我告訴過他，我仍然傷得很重，此刻沒有辦法面對另一個母親角色出現在我生命中。因此，他的解決之道就是將我們兩人分開、切割他的生活：一半給我，一半給她。他覺得自己得到了想要的一切，我則覺得自己再度被拋棄了。當他開始搞失蹤，我也開始搞失蹤，而且我開始不吃東西，體重掉到四十三公斤。然而，我最後逐漸接受了這個事實：如今不是他和我一起對抗世界，是我自己單打獨鬥。

・・・

悲慘結局開始的那一天，太陽特別地耀眼。我當時十六歲，即將升上高三，我們正在開車回家的路上。我記不得我們正在為了什麼事情吵架，但我知道情況已經白熱化到危險的程度了——他的眼神開始變得瘋狂，全身大汗淋漓，車子引擎的轉速也越來越快。

「不要這樣。」我警告他，但他只是大笑，而且笑聲越發尖銳詭異。

「太遲了，太遲——了——」他以唱歌的方式說著。他衝過一個停止標誌。再一個。

我知道接下來情況會如何發展。當他第一次這麼做時，我十歲。我父母在新森記餐廳大吵一架，我母親離開了餐廳，一邊賭氣一邊和我一起走回家。我父親開車跟著我們並大吼：「**上車！否則我殺了你！**」他的聲音聽起來野蠻且扭曲，眼睛瞪得像乒乓球一樣大。「去吧。」我母親低聲說，不情願地讓我坐上車，而我都還來不及關上車門，他便油門一踩到底，在學校附近飆到時速一〇五公里。

「我們一起去死。我們一起去死。我要去死。我要帶你一起去死。我再也受不了了。」他的聲音聽起來彷彿是另一個人。我心中隱約被這齣鬧劇搞得有點惱火——覺得他幹嘛沒事學電影裡的人物講話。

「拜託，爹地。」我哀嚎著，但他對我咆哮、要我閉嘴，然後倏地衝向眼前的車水馬龍。四周喇叭聲齊響，同聲宣告我的死刑。但就在最後一刻，他又掉頭轉向，然後重重踩下煞車和油門——左、右、左、右、停下、起步，直到我的頭往前晃又猛然往後撞上椅子。

為了以防萬一，我把每一位神都求過一遍：阿拉、佛祖、耶穌。然後我求耶穌赦免我把所有的神都求了一輪，因為顯然只有一位真神，但耶穌祢應該能理解吧？我僵硬地將雙手向上高舉。若車子翻覆的話，或許我可以因此防止我的頭去撞到車頂。不過等等，人們不是說小寶寶從高處摔下來之所以不會死，是因為他們很放鬆嗎？我應該放鬆嗎？還是應該跳出車外？我該尖叫嗎？死亡難道不是我能解決的問題嗎？

最後我們還是安全回到家了，但我永遠忘不了他臉上的神情，他顫抖的聲音。在他們離婚後再次看到他那樣的狀態，讓我感到心慌意亂。

•
•
•

在我母親離開後，他從來沒有打過我，但他是開車恐怖主義的信奉者。只要我們在他開車時吵架，他就會開始爆汗、顫抖、大口喘氣，連車窗都因此起霧。接著他會重重踩下煞車，力道之猛，使我的安全帶幾乎要把我勒到窒息。或者他會在懸崖邊歪歪斜斜地疾駛，同時狂癲地大笑。「我們一起去死吧，」他帶著微笑如此唱著，「我要殺了我自己，因為我實在太厭倦我的人生了，你這個小婊子，你得跟我一起走。」他這種自殺行為已經不下十來次了；每一次我都會苦苦哀求、低聲下氣、好言相勸，不斷告訴他我們需要活下去的原因。不過，這種情況還是不斷發生。一開始只是偶發事件，然後每一兩個月就會再次發生。到後來，這情況發生得更頻繁了。

不過這一次，在這美麗的夏日，我沒有禱告也沒有驚慌。即使我的心臟怦怦地跳著，但我卻出奇地平靜。我默默地握著門把然後等待著。

最後，他不得不在紅燈時停在幾台車的後方。煞車發出尖銳刺耳的聲音，使我們的身體猛然向前傾。一旦安全了，我馬上以最快的速度推開車門，拔出安全帶，倉皇地逃出車子。而他，就這麼開走了。

我在一個前不巴村、後不著店的地方。在山麓疏落的聖荷西，放眼四周只見丘陵和草地。我沉重緩慢地朝著他剛買的新房子走去，回家的路全是上坡。烈陽炙烤著我的頭頂，但我卻在顫抖。我試著數算有多少次我得為自己的性命求饒，但我數不出來。我不知道自己的運氣何時會用完，最後讓他在闖紅燈時，也讓我們被一台休旅車攔腰撞上。

我盡可能地放慢腳步，不知道回到家時得面對什麼樣的狀況，而且草地讓我不斷打噴嚏。我在路邊的水溝裡看到一台小型的購物推車。嘿，不錯喔。我把它拉出來，一路推回家。

當我回到家時，我打開房子側邊通往院子的木製閘門，將推車推向通道。那時，我才看到一堆之前完全沒有注意到的工具。前屋主把它們堆放在一台獨輪手推車裡，就在一堆木柴旁邊。它們已經老舊生鏽了：一支乾草叉、一把鏟子、一把斧頭。

這些道具實在太完美了。我心想，這把斧頭絕對能好好傳達我的訊息。若他還在生氣，我就可以充滿氣勢地叫他**給我收斂點**。我用手掂掂它的重量，然後從後門溜進屋裡。我父親在刺耳嘈雜的電視機前睡著了，於是我輕手輕腳地上樓回到我的房間。

時間滴答地流逝，從白天進入黑夜。我太過害怕，甚至不敢下樓到廚房翻冰箱，反正冰箱裡八成也沒什麼食物。我什麼都沒吃，也沒有哭，只是怒不可遏地坐在床上，心煩意亂。

我已經面臨死亡太多次了，所以很清楚這種感覺。到了某個程度，你的身體會放棄出自原始本能的恐慌，反倒開始安於一種山雨欲來的平靜。你接受死亡，失去了希望。然後，沒了希望，你的理智也會離你而去。

這也是為何我三更半夜來到他的房間，站在他的床邊俯瞰他。我看著熟睡的他，觀察他微張的嘴巴，他安詳的臉龐。然後我高舉斧頭，讓它能夠劃出一道優美的弧線，弧線的另一端就是他光禿的頭頂。然後我開始放聲尖叫。

他整個人從被窩裡彈起來，努力試著看清我、看清斧頭，以及他可悲的處境，然後在驚恐中大叫。雖然這麼說有點可恥，但我不得不承認，威脅他的性命讓我覺得……滿足。能夠擁有這麼多的權力，能夠感受到如此巨大的掌控權。看著他蠕動著身體，這是我這輩子第一次感到無所畏懼。

「你喜歡嗎？」我用我極為熟悉、一樣冷酷、不動聲色、有如連環殺手的語調平靜地說，這感覺實在太美妙了。「現在角色互換，離死亡如此地近，你覺得如何？現在有人想要殺了**你**，你感覺怎樣？」

他嗚咽著。

「**回答我！**」我厲聲嘶吼。

「不……不好！感覺不好！」他的下巴在顫抖。**還真會演啊**，我想。**當我死到臨頭的時候，可比你有尊嚴多了**。

「我隨時都可以朝你的頭砍下去，把你該死的腦袋劈開，劈到你腦漿爆裂，看著你的眼珠滾到床底下。你喜歡嗎？你要我這麼做嗎？」

「不、不——」

「**要嗎**？」

「不！不要！」

「好，那我們把話說清楚。你**永遠**都不准再威脅我的性命。**永遠**。聽清楚了沒？」

「好。」

「**我說，你——聽——清——楚——了——沒——**」

「聽清楚了！」

「你永遠不准抓著我。永遠不准碰我。你他媽的永遠不准超速。你得**好好**開車。你永遠不准用你的車來懲罰我。你知道從小到大一直活在死亡的陰影下是什麼感覺嗎？就是你現在所看到的，我變成一個他媽的怪物。之所以會這樣，都是**你**害**我**的。」

「好，我知道，我知道了。」

「**幹！我有說你可以說話嗎**？現在你說，你會再威脅我嗎？你會嗎？」

「不！不會！我保證。對不起。我真的非常、非常、非常抱歉。」

「你一點都不覺得抱歉。」

「我求你！我保證我不會！」

「他媽的你最好不會。」我說，然後我放下斧頭，拿在手上。我走出他的房間，猛力甩上門，然後抱著斧頭入睡。

•　•　•

幾個月後，我父親離開了。

他所買的新房子位於一個鳥不生蛋的地方，我要開車四十五分鐘才到得了學校，所以如今我獨自住在窮鄉僻壤。這房子原本對我們兩人來說就已經很大了，他搬出去後，它顯得更空曠了。

這房子的外觀看起來像在二〇〇八年房價飛漲之前匆忙蓋好，像電視劇《發展受阻》（*Arrested Development*）中那種毫無特色的住宅。我把房子內部漆成狂野的顏色：檸檬綠和紫色，並且把其中一個空房間專門拿來丟髒衣服。後院有個壞掉的噴水池，裡面的死水泡著大量耶路撒冷蟋蟀的屍體。有一天，我在外面為一個大型的牛皮紙告示牌塗上紅色顏料，為了要拿來宣傳返校日舞會。當時，剛好一陣大風把告示牌吹進了蟋蟀水池裡，結果讓告示牌變得超噁心。我直接放著不管它。經過一段時間，牛皮紙逐漸爛掉，水也變成不祥的猩紅色。

我父親每星期會趁我在學校時回來幾次，留一盤烤雞或壽司卷在流理台上。但某次，我因為吃了放在外面太久的食物而食物中毒後，便直接把它們都丟了。我有一張簽帳金融卡可以拿來買必需品，但他每天都會查看我的購物情況；不論我買什麼，只要我買的東西超過四十元，他就會打電話來對我大吼大叫。我不想聽他的咆哮，所以除了開車上學的油錢，我幾乎不會使用那張卡。大部分的時候，我都是從商店裡順手牽羊，靠著偷「健康選擇」（Health Choice）微波食品果腹。

有一次我聽到樓下有聲音，以為有人闖入。我套著寬鬆的T恤、下半身沒穿褲子，衝到鄰居家求他們幫我報警。當警察抵達時，他們搜索了我那骯髒雜亂的家，結果只發現衣服凌亂地散落各處，滿地都是冷凍雞肉漢堡的包裝紙，茶几上堆滿了馬克杯和用過的食物塑膠容器，並沒有闖入者的蹤跡。但那夜我仍舊直到天亮都不敢入睡。

在獨自生活兩個月後，如同他們所說的，我開始「擬定計畫」，偷刀片和安眠藥。我大部分的朋友都畢業或搬走了，所以我在學校裡幾乎沒有人可以說話。我的日記中寫滿了我有多想死，並且寫下好幾封遺書和遺囑。在狀況特別不好的夜晚，我會打電話給我父親。他知道最好不要接我電話，所以我會在語音信箱裡留下尖酸刻薄的言語，說他是個無能、肥胖的失敗者；然後我會掛斷電話，數了二十顆藥丸握在手裡，想強迫自己吞下去。有何不可？我什麼時候體驗過生命是有價值的？

我其中一封遺書是這麼寫的：爸——在你找到我的時候，我想我已經死亡超過二十四小時了。因為你沒資格接受我的道別。

6

基於三個理由，我沒有自殺。

第一個理由是，我太懦弱了。我怕自殺失敗，也怕死亡的過程可能會很痛苦。

第二個理由是我僅剩的兩個朋友：達斯汀和凱西。那時，達斯汀的祖母不久前才過世，他很難接受這個事實，我的死恐怕會使他的狀況雪上加霜。我和凱西打從四年級開始就是好朋友了。現在我們是遠距離閨蜜，因為她媽媽讓她搬去了洛杉磯。我們兩個人的日子都很不好過，所以我們立下了生存約定——和自殺協議剛好相反。不過，有時候我仍然會覺得達斯汀和凱西根本不在乎我。你們會撐過去的，我在預備要給他們的道別信裡如此寫道。當你們看見美好的夕陽時，有時候可能會想起我，不過你們會繼續過日子的。

第三個理由是新聞寫作。

我在高一的時候加入了校刊社。我的新聞寫作老師還蠻喜歡我的，這讓我覺得自己很特別，因為他是個脾氣暴躁又挑剔的人，非常難以取悅。那年冬天，當每個人都把稿子交上去時，他把我叫到他的桌邊，說我有「辛辣的幽默感」。他要求我讀一堆大衛．貝瑞（Dave Barry）的專欄，然後花時間和我一起剖析它們的結構和技巧，手把手地指導我寫了好幾篇諷刺學校行政體系的專欄文章。在我高三那年，他指派我擔任校刊主編。那天，在我的日記裡，我沒有寫下任何喜悅的情緒，只覺得鬆了一口氣——**感謝神，我當上主編了，所以我不用自殺了**。

高三的學期中，我擔任兩篇每月專欄的主筆：校刊的總編輯專欄和當地一份報紙的「青少年現場」（Teen Scene）專欄。我在報社的職位表面上是實習生，但實際上很多時候該報的新聞頭條都是我寫的。在這些新聞中，我報導了一則我所在學區的重大金融醜聞，這醜聞事件使該區損失了上百萬的經費。

聖荷西的《水星報》（*Mercury News*）並沒有報導這則醜聞，《舊金山紀事報》（*San Francisco Chronicle*）則是不想碰。我是唯一在追這條新聞的記者。我參與了每一場預算會議、振筆疾書地做紀錄，並且訪問了老師、家長、學生、閃躲推託的學區主席和督學等好幾十人。在每個人離開後，我會走到主講者的桌子旁，搜刮學區為董事會成員所預備卻沒被動過的墨式烤雞連鎖店「瘋狂烤雞」（El Pollo Loco）的餐盒。回到車子裡，我把好幾份餐點狼吞虎嚥地吃下肚，搞得我的座位上到處都是萵苣絲。我並沒有太擔心脂肪含量的問題，因為這是我幾天來唯一可以吃的東西。

參加完那些晚間的會議後，我會在九點回到家，接著坐下來撰寫我那兩篇報導——以教師工會為主題，一篇是寫給的校刊的報導，另一篇則是為保守派週刊而寫的嚴謹、多疑版本。接著，我會開始寫我的數學、物理和英文作業。清晨六點，我開車到學校，熬過那些小考、學習單、小題大作的瑣事，然後在一天的課程結束後，開始進行我的編輯工作——將版面設計定稿，提醒曼蒂以那些在我看來有點矯情的美工圖檔加以點綴，把珍妮的稿子退回去二審。我在傍晚六點回到家，癱在床上沉沉睡去，而後在半夜醒來開始寫我的作業，一路工作直到清晨六點。

在這過程中，我發現了新聞報導的力量所在——它不僅是撥亂反正、改變世界的利器，這股力量同時也讓我痛苦欲絕的大腦轉變為正常運作的機器。我喜歡新聞報導的許多面向。我喜歡它，因為人們認為這是我擅長的事。我喜歡它，因為它讓我有理由去摸索這個世界，如同探險家深入叢林蒐集標本一樣。我喜歡，因為新聞報導就像拼圖，你將證據按重要程度依序放在眼前，這個倒金字塔便成為一股對抗混亂與注意力渙散的最佳利器。我可以想辦法將感受、不公義的事件，甚至悲劇與人物形塑成某件有意義的事，某件我可以掌控的事。

• • •

週末，當工作做完、我也沒有截稿壓力時，反倒是我最痛苦的時候。從來沒有人邀請我去哪裡，反正我的出現只會讓人掃興。若不是要討論文章或已精心設想好要提出什麼問題，我就不知道如何與人對談。於是我追劇，一集又一集地看著《六呎風雲》（*Six Feet Under*）和《慾望城市》（*Sex and the City*）。我去二手商店買衣服，然後用我在「麥可斯」（Michaels）手工藝店偷來的材料改造衣服，將毛衣的袖子變成暖腿套，將毛巾變身為腰帶。我的思緒彷彿一盤散沙，耳中出現不明的噪音，幻想著死亡，然後在眼淚中入睡。然而當我一早醒來，知道是星期一，便滿心感恩地面對堆積如山的工作。

是新聞報導讓我擁有人生中第一部作品集——一種自我價值的指標。雖然我的學業成績平均點數（GPA）只有2.9，但是新聞報導——尤其是我的主編身分——讓我進入了加州大學聖塔克魯茲分校（University of California, Santa Cruz）。也是新聞報導，讓我得以站在高中畢業典禮的講台上。

畢業典禮在市中心的大型體育場舉行，成千上萬的家長和親友在我們周圍不顧形象地為我們歡呼喝采。但我的父親不在其中。

每個人都因為畢業帽和畢業袍而飄飄然，多愁善感的我們變得胸襟寬厚，擁抱著老朋友，同時也淚眼汪汪地原諒我們的敵人。但我的眼睛從頭到尾沒有一絲淚水。我聽到其他同學說：「帥啦！我們終於畢業了，我們挺過來了！」對我來說，我是真的挺過來了，不誇張。**我本來不應該在這裡的**，我若有所思、茫然地看著我的同學對頭頂上的超大螢幕綻放笑顏。**我應該要死的**。

後來，當我們魚貫走出體育場時，我那搞怪的高一英文老師向我跑來，交給我一個信封。那是她在開學第一天，要我們寫給自己的信。

我高一時的字跡看起來比現在更稚氣。這封信寫在從「熱門話題」（Hot Topic）筆記本撕下的內頁上，上面還有骷顱頭的浮水印。上面寫著：

> 你得到的學位很不錯喔。不客氣。《麗諾爾》（*Lenore*）漫畫第八集。墮落體制樂團（System of a Down）。恐怖攻擊。你大概好幾年沒想過這些鳥事了（或者昨天才想過，隨便啦）。總之，不論你現在如何，你是一個什麼樣的人——希望你成了一個比現在更好、更聰明、更……

呃……成熟（嘻嘻）的人。打從四歲開始，你已經進步很多了，不論是好是壞，我都為你驕傲。

終於，我流下了眼淚。我父母是否以我為傲並不重要。我以我自己為傲，這是最重要的事。

因為**我**做到了。我靠著我自己的努力，站在現在這個地方。

7

成就，是我的日常，我的安慰。大學時期，我是趣味新聞的編輯，未滿十九歲便在不同的國內雜誌社實習與撰稿，在大三時開始教授性別和宗教課程，只花了兩年半便以優異的成績從大學畢業。我之所以提早畢業，是因為我想要開始當記者。既然我知道自己要什麼，也有足夠的文學技巧，那我何必選修文學理論呢？

但我之所以提早畢業，同時也是因為沒有人希望我繼續留在校園裡。在我的工作領域中，我學到許多關於訪談、故事架構、政治和人物的知識技能，但我仍然沒有學會如何善待他人。

在加州大學聖塔克魯茲分校，我活得像是剛從牢裡被放出來的女孩。我喝光餐廳裡所有的金箔肉桂酒，還偷拿好幾袋雞塊。若我想要坐在講堂的中間位置但有人擋住了我的去路，我不會小心翼翼地從走道向人說聲借過，而是直接跳到桌上，一路大搖大擺地走到我要的位置上。為了要成為趣味新聞最受歡迎的作者，我極盡所能做了許多愚蠢又無禮的舉動。為了寫某篇文章，我穿了一套裸色連身衣，然後用麥克筆畫上胸部和陰毛，宣稱自己是激進女性主義者，到校園裡各個咖啡廳試圖免費討東西，作為父權壓迫的賠償。當某個書店店員在後面追著我，堅持女性主義不等於我可以免費拿走煙燻肉乾條時，我對她大叫：「好女人，醒醒吧！這不只是零食！這是男性統治的陰莖象徵！」然後我便落跑了。

然而，雖然我變得更有勇氣，我同時也變得更憤怒了。例如，我在大學裡便第一次親身經歷到厭女情結和種族歧視，而我很難淡然處之。有個白人在派對上問我，亞洲女性的陰道是否是歪的；另一個人則告訴我，要我笑的時候不要摀著嘴，否則看起來像個被動屈從的日本高中生。有一次在校內壘球賽上，某個傢伙跑經三壘時摸了我的屁股一把，我抓起金屬球棒便追著他跑，揚言要敲碎他的腦袋，直到我的隊友把我擋下來為止。我瘋狂地胡亂揮舞著，嚇壞了周遭的人，在過程中也傷害了他們。我告訴自己，我需要這麼做才能捍衛我自己。我告訴自己，**我不是女孩。我是一把利劍**。

而我所做過最令我羞愧的一件事，發生在我最要好的大學朋友被診斷出卵巢癌的時候。癌症。她甚至還沒滿二十一歲。

她是和我一起共患難的朋友。雖然我們兩人都對性一無所知，但我們卻一起合寫性愛專欄。（你覺得自己陰吹很尷尬嗎？下一次放一把雨傘在床邊，每次當你發出噗噗聲時就把雨傘在他眼前打開，他就不會注意到了！）我們一起在羅斯百貨（Ross）順手牽羊，一起上健身房。雖然我們未成年，但我們一起混進酒吧，然後在檢查證件時躲在桌子底下。在KTV裡，我們穿著相配的超短牛仔褲高唱〈自由鳥〉（*Freebird*），在歌曲結束時，她會把我拋到空中，而我則努力拍動雙臂。然而當她真正需要友情時，我卻把她晾在一邊。

在她的診斷結果出來後，我應該在她身邊的。我應該要煲湯給她喝，每天對她噓寒問暖，帶她出去散步，偷可愛的鞋子給她，並且傾聽她的恐懼。我應該將所有時間都放在她身上，當一個傾聽者。相反地，我去她的公寓，看見她撫摸著自己修短的新髮型時，我卻躺在沙發上喋喋不休地說著自己現在才發現種族歧視爛透了。我沒有接住她的痛苦，反倒在這段慘澹時光中，要她承受我的痛苦。

幾個月後，她的病況緩解了，某天她的男朋友來敲我的門。「很抱歉，但我不得不告訴你：她不想再跟你說話了。」他說。我猝不及防，完全不知道為什麼會這樣。我哭泣，我乞求。「但我很愛她！我做錯了什麼事嗎？我要怎麼辦？」我問。

「她說，要你改變是不公平的，因為你就是你。你應該到其他地方做你自己。」他說，然後他們兩人都解除了我與他們在臉書上的好友關係。後來當我試著去看她的臉書時，我看到她發了一張她和我拍的大頭貼，我們兩人的動作表情都很誇張搞笑。照片的標題是：**我得經歷化療，但真正的癌症其實是照片中在我旁邊的那個人**。

賤女人，我當時這麼想。在這殘酷的世界，你果然不能相信任何人。

• • •

不用多說也知道，在我大學二年級結束那時，我在學校裡的敵人比朋友還多。周遭的人紛紛遠離我的生活，讓我不禁覺得自己的人生彷彿壞掉的唱片，不斷地轉呀轉，發現自己又回到了原點——看著人們的背影離我而去。

我當時的自我覺察尚不足以讓我跳脫這個循環，所以我再次考慮吞下安眠藥，然後灌下我一直放在床尾的那瓶威士忌。到了早晨，我又加選了五學分的課，好讓我自己保持忙碌。

直到兩年多後，我才明白為何事情會演變至此。某天晚上，我躺在畢業後所住的小小舊金山公寓裡，大夢初醒，發現問題或許不在其他人——不是人性問題或人的背叛行為。或許**我**才是那個問題。

我剛滿二十二歲時，和我的一群朋友去ＫＴＶ慶生。有個傢伙過來跟我搭訕，我說他媽的閃邊去。結果他亮出他的警徽並說：「這是跟警察講話的方式嗎？」那天晚上演變成一片混亂，有人哭泣，有人把我的手架在我背後，免得我被逮補。我的憤怒又讓我惹上麻煩了。是我的錯嗎？惹我暴怒是那警察活該嗎？問這些問題也沒有意義了。重點是，事情落幕後，我的朋友們緊閉雙唇，眼中流露出疲憊。為什麼和我共度的夜晚總是得以災難劃下句點呢？

一直到此刻，在我造成這麼多破壞之後，我才意識到這一切都是我咎由自取，我之所以有這些行為，是因為我也曾是這些行為的受害者。我的憤怒，反映出兩個用自身憤怒自焚的人。我知道我已經很惹人厭了，然而若我再繼續下去，我就會變成他們。

但我要如何學習放手？畢竟憤怒一直是我的動力來源。我的憤怒就是我的力量，我的防護罩。沒有了它，我會不會變得傷心又赤裸呢？

到最後，我決定讓自己脫離憤怒的泥沼。徹底的饒恕，是我擺脫這個無限迴圈的唯一機會。

所以，我逐一列出我過去所憎恨的人，然後告訴自己，我無法明白他們處在什麼樣的掙扎中。同時，我也試著從他們的角度看事情，接著給予他們祝福。

後來有一次，當我在墨西哥快餐店時，某個喝醉酒的傢伙插隊到我前面，點完餐便毫無自覺、踉踉蹌蹌地走了。我整個人被對他大吼的渴望燃燒著，我想要罵他是可悲、粗鄙的**禿子**。不這麼做，就好像在碗底留下一大口飯沒吃完，又好像沒付錢就偷溜出餐廳一樣——事情未完成、公義未被伸張。然而，這麼做又能成就什麼呢？於是我決定放手。我用強硬的手段讓自己趨於正常。

在我宏大的饒恕之旅中，我甚至打電話給我父親，請他帶我去舊金山吃飯。整個晚上，我努力耐著性子傾聽他談論他在不動產買賣過程中的新發現：一封羅斯福總統（Franklin D. Roosevelt）的親筆簽名信、一張上好的波斯毯。我試著在對話中提到我自己的成功故事，同時也試著不要對他的置若罔聞感到失望。

在我決定放下憤怒的幾個月後，我開始和我的諮商師莎曼莎進行晤談，學習如何去愛。一點一滴，她教導我良好溝通的基本法則。更多地傾聽，而不是大吼大叫。以平靜、穩定的音調堅定自己的立場。帶著她教我的技巧，我練習把我的憤怒當作麵團加以捶搗，使它變得扁平。在練習好幾百次後，這變成一種本能反應——我的眼神渙散，我的聲音逐漸平和，我漂浮在靠近天花板的地方，遠離衝突。我放手了。

• • •

莎曼莎幫助我看見這循環之所以不斷發生，是因為我在複製我母親所教導我的行為——她的聲音仍在我的腦海中。於是，我頑強地抵抗並將她抹去。我不再事事要求完美，我能夠讓衝突和平收尾，我學習如何更有效地傾聽，我提倡仁慈更甚於報復。

神奇的是，這些方法有效。我的交友圈變大了，當中包含了一群可愛又忠實的朋友。我可以在週末的夜晚輕而易舉地找到可參加的派對，我總是受邀的對象。每個人都會來參加我舉辦的屋頂派對，當歌曲播放到液晶大喇叭樂團（LCD Soundsystem）的〈我的朋友們〉（*All My Friends*）時，我被幾十隻手臂緊緊地環抱著，俯瞰著舊金山開心地又叫又跳，跟著歌曲大聲唱著——那時的我們甚至太過年輕天真，絲毫未覺這是一首悲傷的歌。

當歌曲結束時，我的朋友們放開我，醉醺醺的我東倒西歪地走向欄杆。我家屋頂有著絕美夜景，能夠一覽市政中心和海灣大橋，我望著銀河般的閃亮燈海，覺得自己彷彿是王公貴族。在那個時刻，我認定自己已經戰勝了過去。靠著十足的決心，我**贏得**了這些愛。終於，我痊癒了。

• • •

當我告訴人們我的人生故事——我在童年時期被虐待、被遺棄，但我現在挺過來了——他們總是不疑有他。他們怎麼會不相信呢？每個人都喜歡快樂的結局，而且我的履歷完美極了：我有朋友，很不錯的公寓，可愛的衣櫥，還有退休金。當然，我還有我的事業。沒有任何事物比我的事業更能為我的痊癒增添可信度了。

當我們說某人很有**韌性**時，我們指的是他們在面對患難時適應良好——他們很堅強，在「情感上很強韌」。但我們到底要如何測量一個人的情感強韌度呢？

當科學家和心理學家提出那些關於韌性的研究案例時，他們的個案不會是一個克服了個人慘況、如今擁有驚人自我調適能力的家庭主婦。他們會研究那些生存下來並成為醫生、老師、諮商師、勵志演說家的人——也就是社會中的耀眼之星。根據這些個案建構出的說法，韌性不是某種無法準確測量的內在平靜，韌性其實就是成功。

所以，**我**當然他媽的超有韌性啊！我就像虔誠的美國清教徒，不斷地用工作拯救我自己。

我在二〇〇八年經濟大衰退時畢業，同儕之中沒有人找得到工作。我得到幾個無薪的印刷業實習機會，而我任職的報社則不斷在縮編。幸運的是，我愛上了一個故事分享廣播節目，名叫《美國生活》（*This American Life*）。每一集節目都讓我又哭又笑，所以我決定製作屬於我自己的Podcast，並稱之為《讓我上美國生活》（*Get Me On This American Life*）。我從分類廣告網站Craigslist上找到搭便車的機會，去參加成人娛樂博覽會和中世紀戰爭展演，試圖讓我的故事更時髦，有一天能夠引起《美國生活》的注意。

不過他們太忙了，忙著經營地球上最大、高達十五個聽眾的廣播節目。然而我的蹩腳節目卻得到《未審先判》（*Snap Judgment*）的青睞，這是一個位於奧克蘭（Oakland）的新興故事型態公共廣播節目。一開始，他們雇用我為有給職的實習生，我第一天上班，就預備了二十個故事提案。到職三個月後，我已經扛起節目一半的工作量了，所以他們聘用我擔任製作人。

在《未審先判》，我每週工作五十至七十個鐘頭，週間和週末都是如此。而且每到星期三，也就是節目播出的前一晚，我那天會工作二十一個小時；如果順利的話，我到凌晨四點都還會待在辦公室，不順利的話，則是早上七點。我做平面設計、網頁內容和剪輯短片，而且還製作出數百個故事。

從無到有，我協助打造出這個節目。我們本來只在兩個電台播出，到後來發展到二十個，甚至兩百五十個。每週有超過五十萬人聽我講話。一步一步，我爬上灣區的塔頂，成為舊金山上流社會的一員。我能夠得到各場著名表演、慶典和活動的免費入場券，而我會在這些場合中，把開胃菜偷偷打包、塞進我的皮包裡。我受邀至山坡上的豪宅和歌劇院，知名人士會和我握手，說他們是我的粉絲。

看到了吧？**這就是韌性**。這就是我所謂的**痊癒**。

8

雖然有很多人愛我，我也能夠去愛人，而且我既成功又快樂——甚至還向莎曼莎提出不需繼續諮商的提議——但還是有一些……不協調的地方。大部分的時候，情況都很不錯，真的。只是，有時候我會有一種**感覺**。

早上七點，我在我的公寓中醒來，昨晚未卸的妝在枕頭上印出了痕跡。我當時二十五歲，全身上下都是亮粉，因為前一天我從早到晚都泡在一個超讚的音樂祭裡，結束後我還到朋友家把所有口味的「斷片酒」(Four Loko)都嚐了一遍，同時欣賞幾個留著八字鬍的老兄在廚房餐桌旁吸笑氣。

然而此刻是早晨，沒有音樂聲，只有一片寂靜，這讓我的腦袋有點轉不過來。我試著回想前一晚發生的好事，和老朋友一起跳舞，和新朋友掏心掏肺，想著我手裡拿的媒體貴賓通行證。**證據，證據，這些都是證明我價值的證據**。**我超屌，我超強，我沒事**。**我沒事**。

但我總覺得不踏實。我似乎忘了某件事，總覺得某件已經發生的事情將要摧毀我。我搜索枯腸，想要找到危機的來源。**我昨晚到最後喝太醉了嗎？我有說錯話嗎？我是不是開玩笑開得太過火、玩過頭了**？在無盡地懷疑自己半小時後，我跳下床查看電子郵件，雖然是星期天，但能完成點工作也不錯。我就這麼消磨了幾個小時，一邊不時瞄著時鐘等它走到十點鐘——這已經是大家可接受的社交時間了吧？然後我發簡訊給我朋友：「昨晚超好玩的！你們平安回到家了嗎？宿醉齁？天啊我想不起來昨天怎麼結束的！我有說什麼蠢話嗎？」

當我等待回覆時，我的腦海中思緒翻騰，感覺頭都要爆炸了。我沖了個澡，指甲不斷在桌面上敲著，不時來回踱步，腦中的嗡嗡聲越來越高亢，直到一個小時後有人醒來回了我：「天啊，昨晚簡直太神奇了，我永遠忘不了！蛤？什麼蠢話？比平常蠢的話嗎？科科，開玩笑的啦，愛你。」直到此時，我才覺得自己彷彿把一團在我胸膛裡瘋狂亂竄的蜜蜂用力吐了出來。直到此刻，我才能夠把我所謂的**恐懼**全數呼出。

當我在編輯某個棘手的故事、在派對上出言不遜，或者向我朋友承認自己不知道波斯在哪裡，而她對我扮著鬼臉說「伊朗」，彷彿我是世界級蠢貨時，那種恐懼就會出現。其他人似乎都不會被這種情況所影響，他們在失敗中空翻一圈便穩穩落地。然而當我犯錯時，這種恐懼感就會緩緩爬進我的視線，讓我一整個小時、甚至一整天除了自己的錯誤，什麼都看不到。話雖如此，但通常這種時候我只要灌個威士忌或好好睡一覺就沒事了。

然而，我總覺得還是有個更大的東西——這恐懼會在出其不意的時刻、某些天或某幾個月裡擴張蔓延，當我踢水前進時，它化身為一片巨大的陰影潛伏在我的腳下。我將頭探進水面下，試圖指認出恐懼的來源，但每當我浮出水面後，卻只能一如往常地猜測：**我一定是太懶了**，或者**我在工作上犯了錯**，或者**我花太多錢了**，又或者**我是個壞朋友**。然後我使盡全力、多管齊下，以求滿足這頭巨獸。

若我在餐廳裡，我會分析每項餐點的營養成分，並且為了一塊錢的差異糾結不已。若我點了一個漢堡，我也無法享受它的美味，因為我會擔心它的脂肪含量、它所造成的溫室氣體排放量，或者我是否吃進足夠的纖維。我在我的衣櫥門上掛了一個計分板，當我接了更多案子、創作出更多藝術作品、有更多故事被選進節目裡時，我就會為自己貼上一張獎勵貼紙。我總是、總是想要表現得**好**。然而在恐懼最猖狂的時候，不論我做了什麼，我永遠都不夠好。

巨大且黑暗的恐懼開始吞噬毀壞我生活中的每一件事物。我不知道要如何餵飽它——我不知道它到底要我做什麼。我會沒來由地哭泣，我的頭髮一撮撮地掉落，我不知道自己是否該遠離我所愛的人，免得他們被我所傷。因為那份恐懼告訴我，我就快要把所有事情搞砸了。它很快就要發動攻擊了，它要掠奪，它要殺戮。

有時候，這恐懼**真的**發動攻擊了——而且通常和男人有關。我和男性約會時，總是充滿自信地和對方打情罵俏。然而只要我們正式交往，恐懼就會像耳鳴一樣嗡嗡地響著。通常交往沒幾個月，我便會對我們的關係抱持悲觀的想像：男朋友不耐煩地看了我一眼，我便開始快轉到我倆的結局，例如五年後我們的愛情消磨殆盡、只剩下對彼此的嫌惡等悲慘的家庭場景。為了要平息這些惱人的預言，我不斷要對方一次又一次地肯定我，在每次看著鏡子時說：**呃，我的皮膚好差。你怎麼會愛我？噢，我實在很蠢，你應該直接把我甩了。你還是喜歡我，對吧**？冀望能釣出對方的讚美。

我要對方支持我，即便昨天才見面，今天我仍想到對方家裡去。然後我又會因為自己變成一個黏人精而失去理智，把對方推離我身邊。我自己搞失蹤好幾天，然而當我出現時，又會指控他們拋棄我而心懷怨恨。

到最後，所有的男友都對這種猜謎遊戲厭倦不已。他們嘆氣並說：「我已經告訴你幾百萬次我愛你、你很美麗了。為什麼你還要我一說再說？」我會心懷歉意地說，或許這和我的成長過程有關。他們聽了看起來很洩氣，其中一人還指著我掛在房間裡、用不同顏色字母寫著的標誌大聲唸出「一切都將過去」。他想知道，當初我又怎麼有辦法讓他信以為真，認為我擁有那些力量和樂觀。我不是一開始就告訴他，我已經克服一切了嗎？只要我覺得男人打算要遠離我，我也會開始遠離對方，所以我才能當那個決定者，那個推動分手的人。然而，一旦他們告訴我，他們真的要離開我了，我又會變身為不顧形象、苦苦哀求的可憐蟲。

我曾有個男友很熱愛賽博龐克和後末日小說。（畢竟我們住在舊金山，我童年時期對科幻小說的癡迷，讓我成了一個反烏托邦的做夢女孩。）我們會寫故事給彼此，一起去戶外用品店ＲＥＩ購買末日求生必需品，還到奧爾巴尼燈泡（Albany Bulb）的碎石灘上穿著戰靴、拿著大砍刀拍攝末世災難照。我把頭髮剃了一半，因為他說我這樣很辣。我們交往不到一年的時候，他第一次帶我去靶場，我很興奮地發現自己是名神射手：我所有的子彈都正中人體靶紙的額頭。一個星期後，這傢伙把我甩了。他說，我令他心生畏懼；他怕有天我醒來會把他的腦袋給轟了。

我崩潰了。整整三個月，我只喝了一堆尊美醇威士忌和一盒玉米片——我一天只吃一小把，然而即便是如此少量的食物也讓我想吐。我的體重急速下降，肋骨像是層層階梯，脊椎骨彷彿鋒利的貝殼，從我的皮膚下方呼之欲出。

我以為我已經解決問題了，我成天對著自己喃喃自語。**我以為我已經變成好女孩了**。我反覆檢視自己的記憶，試圖搞清楚我這個人可怕、腐爛的核心，怎麼有辦法悄悄地侵蝕滲透，突破我全力設下的防線。我質疑自己口中所說的每一句話、我的一舉一動。我到底要怎麼自處？

這份恐懼日漸龐大，幾乎要把我生吞活剝。某天在我下班回家的路上，它的攻擊讓我無法招架，使我不得不躲進市政中心旁陰暗的窄巷，靠著濕濡的牆面氣喘不止，在悲傷與恐懼中動彈不得。

但我與之對抗。我面對它的方式，就和我面對每一波恐懼浪潮的方式一樣。我在星期五晚上加班直到半夜，並在星期天早上七點進辦公室。耶誕節和元旦，我也去工作。有時候，我會一邊工作一邊任由淚水滑落我的臉頰，模糊我的視線。我一瓶又一瓶地灌著健怡可樂，跑去韓國熟食店買兩條烤肉紫菜飯卷，一整天就只靠它們果腹，然後再完成更多的工作。我檢視電子信箱、剪輯影片、編輯我的音樂清單，然後發訊息給每一個人，詢問哪裡有派對可以參加。我告訴自己，一切都很好，我的人生棒透了，我一點都不傷心，然後我又多寄了幾封電子郵件，每晚多灌一點威士忌、把我床邊一整排酒瓶都乾了，好讓自己可以在凌晨兩點入睡。我像擰毛巾似地擰著我的身體，咬緊牙關、漲紅著拳頭，緊握兩端用力地扭絞，從齒縫中擠出「我沒事我沒事我沒事」，直到有一天我醒來，看到書架上多了新的榮譽獎章、我夢寐以求的新成就，然後——終於——一切**都會**沒事的。一切都很完美。至少那天是如此，或者那個鐘頭是如此。然後，恐懼的觸手又會再度出現在我視野的角落。然後，我又要重新來過了。

9

這樣一來，我才能說服自己，這份恐懼其實對我有好處，它是讓我極度敬業的最大驅動力。因為這份恐懼，二〇一四年我得到了我夢寐以求的工作：《美國生活》雇用了我──它是規模最大的故事型廣播節目，擁有數百萬名忠實聽眾，辦公室牆上放滿了皮博迪獎和艾美獎的獎盃，它有名到連《週六夜現場》（*Saturday Night Live*）和《波特蘭迪亞》（*Portlandia*）都諧仿它。我只花了四年，就從《讓我上美國生活》到真的在《美國生活》工作。當我得到這份工作時，我不禁欣喜若狂地尖叫，舉辦了一場盛大的派對，而後便搬到紐約當我的公共廣播巨星了。

・・・

一開始，我在紐約的生活蠻辛苦的。我沒有足以抵禦寒冬的外套或襪子，我也不知道如何辨識黑冰，所以常常滑倒、跌得屁股開花。二十六歲的我，通常是我社交圈裡最年輕的人。而且奇怪的是，突然間，我不再是那個辦公室裡最認真工作的人了。我不懂紐約客到底是怎麼活的，他們工作一整天，下班後去喝酒、去日曬沙龍，回到家都已經三更半夜了，卻還是有辦法隔天一早起床繼續工作。在酒吧裡，每個人詢問對方的第一個問題總是「你是做什麼的？」若你告訴他們你事業有成，他們會裝出一副不在乎的樣子。不過，如果你只是普通人，那他們可就真的不在乎了。每個人都有自己的正職工作、自己的兼職工作，以及自己的談話圈。他們都穿著要價不菲的黑色迷你裙洋裝，並戴上展現自我的幾何形狀珠寶單品。在紐約，我只是平凡無奇的無名小卒。這表示我更難餵飽那隻恐懼怪獸了。

• • •

在《美國生活》，我什麼都做一點。我預備故事提案，協助節目規畫，報導和敘述故事，編輯其他人的作品，另外也做了許多音效設計。我在剛到職的第一個月裡製作了一個超屌的故事，同事還告訴我，我製作的配樂棒透了。這是我特別引以為傲的技能。我在《未審先判》時就已經累積了好幾百份混音作品，並且以我的速度和音樂品味聞名。

然而後來，我被調到另一名主管手下做事。他才聽了我的故事五秒鐘，就一臉嫌惡地說：「你有聽到嗎？」他問我，然後再播放一次。「你聽得出來這卷帶子的聲音太早出來了嗎？它提早了零點二秒。聽得出來嗎？」他又播了一次。

「應該是吧。或許吧？我會注意的，抱歉。」我說。

「你聽不出來？你是有什麼問題？」他又播了一次。「你聽不出來？我以為你很會混音？這裡需要留白。不對，不對，不對。」他一次又一次地播著。

「好的，我馬上處理。我很抱歉。」我說。

「呃啊，這樣不行，」他喃喃自語，似乎沒聽到我講話。他又把同一段播了四次。「這不好。太早出來了，根本太早了。」我不斷道歉，直到他決定找出下一個錯誤，也就是幾秒之後。他又一直停留在那個錯誤——我把音樂做得太大聲了，多了兩分貝。

我的帶子只有十分鐘長，但他花了一**個半小時**才播完，而且從頭到尾都在不斷地告訴我，我是個聾子。當我哭著逃出他的辦公室時，他看起來很訝異。

那天之後，這名主管似乎就此認定我是個能力不足的員工。不管我在會議上說了什麼，他會直接忽視我或厲聲說我錯了，其他製作人只能用同情的眼光看著我緊咬嘴唇、蜷縮在我的座位上。要發言需要極大的勇氣，但若我悶不吭聲，他又會問我為何沒有發表意見；又或者，若我緊張地絮叨自己的想法，他就會惱怒地嘆氣並打斷我，轉頭詢問他喜愛的某個記者同事：「你覺得呢？」有時候他們會附和我的想法，他就會讚美他們一針見血、說到重點。**我的表達能力沒有他們好嗎**？我暗自納悶。**我所用的字不夠艱深嗎**？**我不夠風趣機智嗎**？我試著模仿他們——那些常春藤名校畢業、出身良好的記者們。但我是失敗者。一年過去了，我開始被排除在重要故事的編輯群外。我問同事我是否能旁聽，但他們緊張地向我道歉。「你不要告訴別人是我說的，因為X說他不想要你在場，」他們其中一人如此告訴我。「他說你太常持反對意見了，你會拖累整個編輯速度。」

「但是——真的嗎？我覺得我百分之九十的時間都贊同他啊，而且其他人都比我強勢多了。」我說，不過我同事只是聳聳肩。「抱歉，」她說，同時跑向會議室，「我已經遲到了。」

另一天，一名來自馬來西亞獨立雜誌的攝影師來為我拍照，因為他們要撰寫關於馬來西亞傑出女性移民的專題報導。我主管直接把那位攝影師掃地出門，他說我「不適合代表公司的品牌形象」。

這一切只讓恐懼更加壯大。我為什麼是如此糟糕的代表？或許是因為我不夠風趣，不夠專業，不夠見多識廣。我試著腳踏高跟鞋、穿著褲裝，讀更多的書，承擔起更多工作，加班到更晚，更早進辦公室。當他告訴我，我的故事很糟、很無聊、很平淡時，我會竭盡所能爭取到底，讓我的故事可以播出。一次又一次，它們大受好評——許多聽眾會在推特上留言，表示他們聽著我的故事感動落淚，我負責的節目是他們的最愛，是他們一整年裡所聽過最好聽的內容。我製作的短片讓我們贏了一座艾美獎。我在哥倫比亞大學教課。然而，這一切卻沒有帶來任何改變。

所以我試著讓自己更討喜。我講更多笑話，讓自己說話的音調更平穩、更深沉。我改變自己在娛樂、音樂和故事上的品味；我開始聽**他**喜歡的東西，藉此找話題跟他聊天。我在他工作壓力大時買甜點給他，在他抱病上班時調製牛角椒飲料給他喝。完全不管用。某天，我走進他的辦公室時他正好背對著我，我說：「嗨。」

「哈囉！太好了，我正想要問你，」他邊回答邊轉過身來。「噢，是**你**，」他冷笑一聲。「幹嘛？」

即使那片恐懼在我腦袋後方不斷擴大，是個揮之不去且歇斯底里的存在，但它卻帶來一些正面的副作用。我的確變得更嚴謹了，我的工作成果提升了，我成了更好的編輯，而且我對於自己創作出來的每份作品都驕傲得不得了。在另一個知名節目想要挖角我之後，《美國生活》為我加薪。如今在那些過去我不敢高攀、舞廳裡辣妹成群的名人派對中，我可以用昂貴的雞尾酒將這份恐懼給溺死。在回家的路上，我將臉頰靠在計程車冰冷的車窗上，調高耳機音量好讓我保持清醒：**出身底層，我們走到了這裡**。

• • •

恐懼還送了我另一份禮物：它讓我離不開Tinder和OkCupid。它在我耳邊低語：我的容顏正在老去，黑眼圈越來越深，我最好在人老珠黃以前盡快安定下來。因此，我趕赴一個又一個糟糕的約會──一年半裡高達五十次。我想出各種技巧，好讓我的約會經驗值能夠極大化。我改寫我的個人資料不下上百次，一下用臉部正面的照片，接著又換成只有後腦勺的照片。在親身赴約前，我會在Skype上先來個線上約會，好讓我可以快速剔除噁心的人，同時也省了請對方喝啤酒的錢。

某一天，我在Tinder上和一個抱著耶誕樹的可愛傢伙配對成功了。喬伊打從一開始就是個開誠布公的人。我們在當地的酒吧第一次約會後，他**每一天**都傳訊息給我，不玩把戲，全心全意。他邀請我參加所有的活動。令我訝異的是，他從一開始就毫無保留地告訴我，他愛我的鼻子、我的手指、我的腦袋。他愛我總是在發掘新的事物──長生不死的倫理、非洲未來主義、中國的塞車現象──我們可以一邊吃著印度捲餅，一邊花好幾個小時辯論這些主題。由於他過去的軍人背景，以及他現在身為演講和辯論老師的身分，他對一切人事物都有令人感到著迷且分毫析釐的觀點。

我愛喬伊似乎對每個人都能夠展現寬大的同理心。我愛他那對我而言帶著異國風情的皇后區口音，還有他說「你好嗎？」和他對培根蛋起司三明治店店員說「嘿，老闆！」的樣子。我愛他多年前曾在阿富汗經營一個廣播電台。我愛他現在正在閱讀阿亞德．阿赫塔（Ayad Akhtar）和沃森．夏爾（Warsan Shire）的著作，尋找合適的段落給他黑色與褐色皮膚的學生在比賽時朗誦。我愛他為老婦人開門，撿起地上的垃圾，並且至少一週一次和他的父母共進晚餐。所以，我當然要把我瘋狂的內心世界埋藏起來，假裝我是他理想中那個無比理智的女孩。

我們交往進入第三個月後，某天他以饒有興味的眼神看著我說：「我覺得我還是說不上來你到底哪裡怪怪的。」

「什麼？我怎麼了？」

「我不知道，」他皺起眉頭，「但我確定一定有哪裡不對勁。我還是**不知道**你是怎麼回事，什麼讓你沒有安全感？哪些事讓你焦慮？我想要認識你**好**和**不好**的一面。」他坐在我對面的沙發上，炙熱的眼神幾乎要在我頭上燒出洞來。

「可是，如果你發現你無法承受呢？如果你厭惡我壞的一面呢？」

「這樣也好，不是嗎？若我們確認我們的確無法接受彼此的缺點，那我們就好聚好散，不要繼續浪費彼此的時間。告訴我究竟是怎麼一回事，所以我才能真正回答你的問題。」

合情合理，明智實際，同時也讓我害怕不已。我不知道要如何脫身。我說我想再來點威士忌，所以他為我倒了一點好酒。

「好吧，你想知道？你**真的**想知道？好喔，那我就告訴你。首先，我有被拋棄情結。正如你所見，我媽離開我，我爸也是，然後每個人都離開我。」

「嗯，我有些朋友也有類似的情況。這真的很不容易，不過我希望你明白，這些失去都不是你造成的。」

「當然，隨便啦。而且我需要不斷地被肯定和保證。我非常沒有安全感，而且很難相信別人。還有，我有時候會太過投入工作。」我滔滔不絕地傾訴著，彷彿永無止盡，我把我覺得最羞恥的事情全都攤出來講，那些我原本希望至少還能再隱藏幾個月的事。他從頭到尾都不動聲色地聽我說，這讓我感到驚恐，我想他根本在誘導我自掘墳墓。最後，他在短暫的沉默中吸收了我所有的弱點，然後點點頭。

「好，講完了嗎？好，沒問題。」

「你說『好，沒問題』是什麼意思？」

「我是說，沒問題，這我可以的。」

「你怎麼知道？或許這根本行不通。」

「我不知道，聽起來有許多創傷、遺棄和憤怒，但你的問題顯然是我可以處理的。謝謝你告訴我。能知道你的問題是好的，我認為我們可以一起面對。」

「但你可能會對此厭倦。我是說，我還是會努力收拾我自己的爛攤子啦，我保證。」

「當然，我很高興你會這麼做，謝謝你。」他聳聳肩。「但是，你要知道，就算你永遠無法克服某些事情，也沒關係。」

就算你永遠無法克服某些事情，也沒關係。在這半小時裡，這個我認識不到三個月的男人，做了一件這輩子從沒有人對我做過的事：他接受了我所有的罪，然後就這麼原諒它們了。他沒有要求我努力不懈地求進步，也沒有對我下達最後通牒。他宣稱過去、現在的我都已經夠好了。這股力量太過強大，讓我震驚到說不出話來。喬伊是恐懼的相反詞。

• • •

兩個月後，他邀請我搬去和他同住。在我們交往一週年的時候，我真的搬去他家了。他總是談論著我們的未來、我們的孩子。我過去交往過的人當中，從來沒有人考慮要結婚，他們甚至不想規劃八個月後的旅行。喬伊則是想要知道四十年後當我們去老人中心時，應該參加哪一個社團，他認為像在推圓盤的沙狐球運動應該很適合。

不知怎地，我發現自己竟然過著完美的生活：我有夢寐以求的工作、理想情人，還住在一間透過朋友騙來的租金管制大公寓。我們有一台破車，而且買得起上好的橄欖油。我們兩人的漫畫收藏集結起來，堪稱一座可觀的圖書館。我們到動物收容所，打造出快樂的小家庭：我、他，以及一隻調皮的貓。

當然，還有那份恐懼。

沒錯，它還在，而且每天都讓我心頭為之一沉。不過，我想我們——我和那恐懼——可以共存。就某方面而言，我今天所擁有的一切也是靠它而來的，不是嗎？這一切——甚至如今所達到的平衡點，都是拜它所賜。喬伊說，就算你永遠無法克服某些事情，也沒關係。對吧？

我應該可以這樣過下去。

如果我沒有失去那讓我相信一切都沒事的確據。

如果我沒有失去工作的話。

10

那是二〇一七年的年底。每天早上我走進我的辦公室，把外套掛起來之後，我會坐下來，開始哭泣。我不太確定自己到底是怎麼回事，如果真要追根究底，我倒是有諸多懷疑——我的無能和無用、種族歧視、民主制度的崩盤。然而，在這天早晨，與其試圖釐清恐懼的主要來源，我決定不浪費時間，我必須像正常人一樣冷靜，上班，做事。於是，我開始在推特上瀏覽推文，這過程就好像游過一叢叢擋路的巨型海藻，辛苦地撥開那些受訪者對於末世的預言，以及我們總統極度愚蠢的推特所引起的愚蠢熱門報導，繼續心急如焚地尋找撫慰人心的貓咪影片。

貓咪和掃地機器人——我開始覺得被療癒了。貓咪和貓頭鷹——與其覺得無以名狀地傷心，我只覺得內心已死。貓咪與牠的主人團圓——噢，幹。我又哭了。回到首頁。胖胖的絨毛絲鼠。胖青蛙。胖巴哥犬的胖下巴。一個小時過去了。我盯著我貼在電腦螢幕下緣的便利貼，我在上面寫著我所能想到最樂觀的想法：**其他人也不快樂**。在這充滿無盡痛苦的世界裡，怎麼會有人能夠真的快樂呢？

我告訴自己，五分鐘後我就要開始工作了，然後是十分鐘，接著不知不覺就快中午了。我去買了午餐和健怡可樂，因為吃了我才有力氣工作。我打開某份我正在寫的草稿，花了一兩個小時東修西改，看了一段某人被警察開槍的影片，然後匆匆關掉它。我覺得沒那麼累了，但下班時間也差不多到了。我起身，抓起我的外套，離開辦公室。

•
•
•

這一年很漫長。二〇一六年的大選週，我太忙於報導這些新聞，因此幾乎沒有時間去思考發生了什麼事……所以對我而言，川普在一月的就職就像天上掉下來的炸彈一樣。那個週末，我和兩名最要好的朋友到我們最愛的餐館，點了漢堡和薯條。

「我知道美國本來就是個種族歧視的國家，我一點都不訝異，」其中一名朋友說，「但我想，我們在這之前並不知道種族歧視有**多嚴重**吧，現在感覺上他們根本不希望我們在這裡。」我們三人都是移民。

「要記得，川普並沒有得到多數票。」我另一個朋友加入話題，同時在把番茄醬擠在薯條上。「希望我們在這裡的人比不希望的還多。我們屬於這裡。」

「但我也曾遇過那種完全不認識半個移民的人，像在喬治亞州的偏鄉地區，」我說，「他們不知道我們是否屬於這裡，因為他們根本**不認識**我們。我覺得我們應該和他們接觸，讓他們知道我們也是人，我們也有相同的掙扎，製造雙方對話的機會，讓事情不會總是非此即彼。」

我的朋友們同時沉默了下來。餐廳裡其他顧客的叉子在盤子上發出的叮叮聲，這時吵得令人難以忍受。在安靜了一會兒之後，我其中一名朋友緩緩地說：「史蒂芬妮，你把太多責任放在有色人種身上了。這場混亂並不是我們造成的，而且這種情緒勞務太過沉重了。或許這是其他人的責任，但我不覺得這是我的責任。」

「我同意，」另一個人說，「若有些人在情感上並不這麼覺得，那我覺得也沒必要把這變成每個人的責任。這樣可能不太健康，甚至很危險。」

我現在不能退讓，我現在充滿幹勁。「現在這是每個人的責任！」我大聲地說。「不然我們能怎樣？打內戰嗎？我們不能把自己封閉在小圈圈裡，不去彼此對話！這是我的責任也是你們的責任。我們一定得這麼做，不做的代價太高了！」

這是我和這兩名朋友最後一次吃早午餐。從那天起，她們再也不回我的簡訊和電話了。我錯了。她們其實**不需要**做些什麼。

但我仍信守當初的承諾，努力開啟對話。我花許多時間在電話中與警察、邊境巡警、前三K黨成員和白人優越主義者對談。在與一名公開的白人優越主義者對話的過程中，我竭盡所能地尋找一絲一毫的人性。然而，到最後他坦言：「你看起來是個超級和善、聰明的女性，此刻我很高興能跟你對話。不過當種族戰爭發生時，我還是會毫不猶豫地轟掉你的腦袋。」這場**對談**對美國的種族關係真有幫助啊。

後來我發現，讓白人優越主義者上廣播節目，對我自己和有色族群的聽眾而言都是一種情感上的恐怖行動，而且等於積極地宣揚三K黨的目的。然而，猛烈地批判種族上的不公義，似乎是我的主管們唯一想聽到的主題。我提出的其他關於人生樂趣與人性弱點的提案，若沒有容納反主流的政治視角，他們就一點興趣也沒有。每個人都不停地在談論這種新聞報導的重要性，就連天殺的超級盃廣告也不例外。於是我也信以為真，腦中不斷想起蜘蛛人的名言：「能力越強，責任越大。」我每一天、一整天都盯著新聞，試圖找到可以解決所有問題的理想政治敘述，但我的主管卻推翻了我的每一個提案。

• • •

二〇一八年初，我的焦慮症達到高峰。

一月的時候，我在與人相處時開始變得怪裡怪氣的。某個朋友舉辦了一場燉鍋派對；她用荷蘭鍋煮出一堆肉和豆子，同時邀請了一大群熱情的派對咖。我買了酸奶油法式洋蔥沾醬和一包混合乾香料，擺在松露起司沾醬和波特酒雞肝醬旁邊，霎時顯得黯然失色。當眾人的話題從《魯保羅變裝皇后秀》（*RuPaul's Drag Race*）（我從來沒看過這節目），到回憶起紐約極富盛名的史岱文森高中（我在加州長大），進而討論法國品牌 Le Creuset 的荷蘭燉鍋（是喔，我的廚具都是在路邊撿來的）時，我試著插進幾個關於亞洲人的笑話，不過沒人覺得好笑。自覺被懲罰的我，默默走到起司沾醬和雞肝醬旁邊，結果一不小心吃了超出社交禮儀的標準量，也超出了我對乳糖的耐受度。最後，我只能獨自在僻靜的角落讀著傑米·奧利佛（Jamie Oliver）的食譜，同時對著牆角狂放屁，直到喬伊打算要離開為止。一直到我們上床睡覺後，我仍久久無法平息，羞恥、後悔和一肚子的屁讓我倍感壓力。好個荷蘭鍋派對啊。*

在《美國生活》任職期間，我有個習慣，那就是闖進同事的辦公室，問他們能不能陪我下樓抽根菸，聽我抱怨我那苛刻的主管。但最近幾次當我這麼做時，我看到我同事的臉色一沉。我這才意識到，我讓他們感到精疲力竭。我應該把自己的負面情緒藏好，不過，我也沒什麼正面的話可說。於是我放下我的百葉窗、不再跟任何人說話，選擇自己吞下這些苦楚。有一次，我強迫自己和同事出去，結果發現自己從頭到尾都在哀怨地發牢騷，活像一列停不下來的火車。

我開始在每天搭地鐵來上班時邊聽《每日新聞》（*The Daily*）邊哭泣。我的恐慌症發作時間越來越長，每一次的啜泣也越來越劇烈、越不受控。

• • •

二月的某一天，我的主管把我叫進他的辦公室。他告訴我，我在上個星期的節目裡犯了一個小錯誤：我沒有把某一段電音配樂換成他比較喜歡的電音配樂。「你很粗心，」他說，「你總是出這種錯，不注意細節。你得加把勁，然後步調放慢一點，否則……」他搖搖頭。否則怎樣？他會炒我魷魚嗎？那個節目本來就不是我負責的。是因為其他人不知道如何操作Pro Tools這個軟體，導致我

＊ 譯注：荷蘭鍋（Dutch Oven）同時也是俚語，意指在床上放屁，並把棉被蓋上讓別人聞到味道。

到最後一刻才臨危受命接下節目的製作。而且，我最近已經接二連三地擔任節目的主要製作人——這工作需要一連幾週高強度、一絲不苟地協調整個團隊。他之所以要我接下這異常高壓的工作職責，是因為每個人都知道我實在他媽的太能幹了——因為我對細節的追求有著不屈不撓的執著。我總是克制自己不在他的辦公室裡發飆，但這一次，我的憤怒如同海嘯席捲而來，再也無法按捺。

「我再也幹不下去了。」我爆出一聲大吼，而且雖然我知道他瞧不起他人落淚，我還是無法抑止眼眶泛出的少許淚水。「我做的每件事都是錯的。你根本濫用職權，把我視為理所當然。辦公室裡的每一個人都知道你恨我，好幾個同事都表示他們很**同情**我，因為他們看到你是如何對待我的。天啊，你有想過這有多羞辱人嗎？被每一個人**同情**？總之，我受夠了。我不需要再忍受你。我不幹了！」

「呃，我們冷靜一下。」他邊說邊向後靠。這是他破天荒地第一次感到不知所措。「我不恨你，如果我給你這種印象……我很抱歉。我很抱歉我對你很苛刻，只是因為……我很難相信你，因為……我承認，或許我……呃……或許我剛開始對你有不好的印象，但現在已經沒有了。只是，你剛來的時候有點格格不入，打從你一加入這個節目開始，你就很……**不一樣**……和其他員工不一樣。」

「你為什麼都對其他製作人比較好？」我開門見山地質問他。

他竟不假思索地回答：「因為**他們**是很優秀的記者。」

現在輪我準備反擊了。我的憤怒取代了心碎，剛好足以讓我忍住下一波的淚水。「我不知道要怎麼在一個完全不尊重我的人底下工作，」我設法說出這句話，「抱歉，我要辭職。」

我走回我的辦公室，然後盯著這個小房間，裡面滿滿都是東西。維他命、零食、衣服、暖氣、毯子——我真的把辦公室當成我第二個家了。我盡可能地把東西胡亂塞進一個大箱子裡，雖然當時是下午兩點，但我直接把箱子扛了回家，然後爬上床。「不一樣。」我和其他員工太**不一樣**。這是什麼意思？那我到底應該要怎樣？

另一名主管當天晚上打電話給我，求我回去。他告訴我，我那個混蛋主管同意要對我好一點，而且他會跟我道歉。我極富才華，是可貴的人才——他只是個笨蛋。難道我不能再給他一次機會嗎？於是，隔天我又回到辦公室，接下來的日子也是。然而每天晚上，我都從我辦公室的抽屜裡挖出一些東西放進我的包包，一次一根口紅，慢慢地把辦公室清空。

二月中，我強迫自己再參加最後一場辦公室派對，不過大部分的時候我都站在角落聽著其他人說話。他們又來了：玻璃杯叮噹響，燦爛的笑容，帶著奶油黃的歡樂光芒從酒吧散發出來。充滿活力的輕鬆氣氛包覆著一種脫節感。或許其他人的確也對這世界的景況感到憤怒，但在現實生活中，他們會看著電視節目哈哈大笑。在Instagram上，他們做著杯子蛋糕。他們也會記得回覆別人的電話。每個人……通常都過得不錯。如果其他人也像我一樣會焦慮和憂鬱，那麼為什麼只有我會每天在地鐵上哭泣呢？我為什麼沒辦法和別人一樣？為什麼那份恐懼總是緊纏著我，讓我所到之處總是留下一片瘡痍呢？

• • •

二月二十八日，我終於在打給莎曼莎進行諮商時，得到這些問題的答案了。

11

「你想知道你的診斷結果嗎？」莎曼莎爽朗地拋出這個問題。螢幕裡，她的臉宛如發光的月亮。而且，當她說出「複雜性創傷後壓力症候群」這串字詞時，語氣是如此地輕描淡寫，所以我也聳聳肩地回應——噢，好喔。若這問題真的那麼嚴重，她就不會等了八年才告訴我，對吧？能有多糟呢？

因此我在諮商結束後，上網查詢了一下。我點開了維基百科的頁面，還有美國退伍軍人事務部的網站，看到了一長串的症狀清單：罹患複雜性創傷後壓力症候群的人通常難以保住工作，也不善維持與人的關係。複雜性創傷後壓力症候群患者的依賴性很強。複雜性創傷後壓力症候群患者總是處處覺得被威脅，為人強勢。他們可能會成為酒鬼、毒蟲、具暴力傾向、衝動、不按牌理出牌的人。

大部分的症狀都符合我的現況。但其中一項特別明確且讓我毛骨悚然的症狀是，複雜性創傷後壓力症候群的患者終其一生都在「不停地尋找一位拯救者」。他們怎麼會知道？不知為何，維基百科的這項敘述一語中的。每一次當我遇上某個看似聰明、穩定、和善的人，我內心總是不禁暗忖，他們是否就是我的答案？他們是不是那個能夠突破我心防的新閨蜜？那個能夠讓我覺得被愛的人？我覺得這是我怪異的基本人格特質，沒想到這原來竟是一種醫學上的症狀。

它們不僅是症狀，其實聽起來更像一種指控。科學家和醫生為什麼不乾脆直接寫：**複雜性創傷後壓力症候群患者是一種可怕的人類？**

好吧。不過現在你知道了，我試著告訴自己。**知道是好事。現在你可以解決問題了。痊癒總是要先從診斷開始**。

不過話說回來，死亡也是從診斷開始的呀。噢，天啊。

我的手指瘋狂地在電腦鍵盤上敲打：「真實故事」＋「複雜性創傷後壓力症候群」。我心想，**我會找到故事的，我會找到一大堆這樣的故事**。

「罹患複雜性創傷後壓力症候群的名人」。我想要知道自己並不孤單。「我從複雜性創傷後壓力症候群中痊癒了」。我想要知道自己是可被治癒的。「複雜性創傷後壓力症候群」＋「現在很快樂」。我想要看到像我一樣的女性，有辦法保住工作、煮晚餐、沒有毀了子女人生的女性；領養大小便失禁的狗狗、有很好的先生、訂閱《反璞歸真》雜誌（*Real Simple*）的女性；從劇變中生存下來、蛻變成無私且惹人憐愛的女性。

但搜尋結果沒有出現罹患複雜性創傷後壓力症候群的名人，至少我找不到任何一筆相關資料。網路倒是告訴我，芭芭拉·史翠珊（Barbra Streisand）顯然因為自己在某一場表演中忘記歌詞而罹患了創傷後壓力症候群。「真實故事」的搜尋結果也好不到哪裡去。我在留言板上找到深受複雜性創傷後壓力症候群所苦的人向讀者求救，期望為他們的痛苦找到解決之道。「我從複雜性創傷後壓力症候群中痊癒了」則只有兩筆搜尋結果，一條是無效的連結，另一條則是連到一個奇怪的古詩部落格。

當然，這一切都無法鼓舞人心。這根本連蛛絲馬跡都談不上，完全沒有人在熱烈討論這個病症的任何議題。

我縮在辦公室昏暗的橘色燈光中。這些症狀是如何具體呈現在我生活中的呢？我在水深及腰的記憶深潭中尋索，從我破碎的過去中打撈發生過的事件並一一檢視：對我的主管大發脾氣、在派對上喋喋不休地述說自己的問題、不斷去敲同事的門、手持球棒在棒球場上追打一個傢伙。我環顧四周，滿目瘡痍，都是因為我。**不一樣**。這就是我不一樣的原因。我想到一句關於創傷的名言：**受傷者恆傷人**。我再也不想傷害別人了。

•
•
•

那天，我提早離開了辦公室，隔天也是如此。在那裡的每一分每一秒，都讓我覺得自己彷彿是一隻混進主日禮拜儀式的吸血鬼，任何時候都有可能化為一團火焰自體燃燒。一部分的我覺得罪疚，因為我將自己芝麻蒜皮的創傷帶進這個充滿知識分子的豪華空間。然而，另一部分的我又覺得自己被這個空間背叛了，因為我為我的事業投注了如此多的心力，讓它成為我身分認同的好大部分，總是選擇將夜晚獻給工作而錯失和朋友的聚餐，導致關係枯萎。我之所以付出這一切，是因為我以為這會讓我受人尊敬。然而看看現在的我，我仍然是那個瘋瘋癲癲的青少年，不同的只是我穿著J.Crew的褲子。

三月的時候，我讀了一點心理治療師彼得・沃克（Pete Walker）所寫的書《第一本複雜性創傷後壓力症候群自我療癒聖經》（*Complex PTSD: From Surviving to Thriving*）。他在書中經常提到他所謂的「逃類型與強迫型防衛」：「當他／她沒有在忙著做事時，他／她就是在擔憂和計劃要做什麼……這種類型的人同時也容易對興奮物質成癮，還有他們最愛的成癮行為：工作與忙碌成癮。嚴重受創的逃類型者可能會惡化成嚴重的焦慮與恐慌疾患。」[1]

或許，工作不是我的救贖，而是一種症狀。

• • •

我無法再忍受這種長期的羞辱、不斷舊事重演並恐懼未來。我得找到另一個明白這種感受的人，以證明這樣的人生其實有其出路。於是我試了另一個可靠的網路技巧，希望藉此找到我需要的故事。

我在社群媒體貼文：「有沒有人曾被診斷出複雜性創傷後壓力症候群？」沒有人按「讚」。我只在推特上得到這種回文：「我得google才知道這是什麼😵不過我沒有……依我看到的內容，這很不妙欸😞」[2]在我近乎絕望時，我終於收到了一則回應。有一位不太熟的朋友私訊我——她是一名優秀的記者，我在幾年前曾短暫與她共事過，我都稱呼她萊西。「複雜性創傷後壓力症候群萬歲！要診斷出來其實超級複雜的，但一旦我們知道如何處理後，我的人生就完全改變了。我真的開始痊癒了！」

我驚愕不已。萊西？萊西是簽約作家，有時候還會上電視。她有一頭秀髮，住在國內高級地區的高級社區，我辦公室裡的人都很尊敬她。「你絕對想不到，知道你有這病症我有多麼如釋重負，」我激動地打字回覆她，「我以為每個得病的人都是一團糟。我一直活在惡性循環中，但你看起來好極了。」

「我並沒有好極了！沒有人好極了。但我想告訴你，我已經好很多了。我知道我永遠都得不斷面對這個病症，但我進步很多，而且我現在可以處理許多方面的問題，這是多年前的我無法想像的。」她給了我她的電話號碼。

我和她用簡訊聊了幾分鐘。我和她沒有熟到讓我可以和她分享我最深的恐懼，而且我也不想要讓她覺得有負擔。但是從她充滿歡愉、驚嘆的簡訊內容可以看出，至少，我是有可能生存下來的。總之，這表示有另一種可能，一條出路——如果我能找到的話。

萊西說，這條路既漫長又艱辛。基於我正重新學習如何當一個人，這話聽起來頗有道理。我想要學習如何快樂，如何堅強和獨立，好讓我能夠成為他人的後盾，而不是總把我的憂鬱放在舞台中心。我想要學習如何成為一個更好的朋友、伴侶、家人，並且投身於長期的關係中。我想要成為不會讓人逃離的女人。如果在層層創傷、痛苦與工作狂熱之下，我還有一些好的特質，那我得找出哪些還有救。

萊西說，以她自己而言，若要這麼做，會需要時間和空間。在一天當中長途步行，練習去承受那些難以對付、痛苦的新瘡疤。有能力在她覺得招架不住和傷心的時候停下寫作。「最重要的是學習如何好好照顧自己，善待自己。」她告訴我。於是我清楚自己該怎麼做了。

就在隔天，四月一日，我正式提出申請，告知一個月後就要辭去這個我過去夢寐以求的工作。我告訴我的主管：「現在，痊癒就是我的工作。」

第二部　怪獸

I Must Not Be a Monster

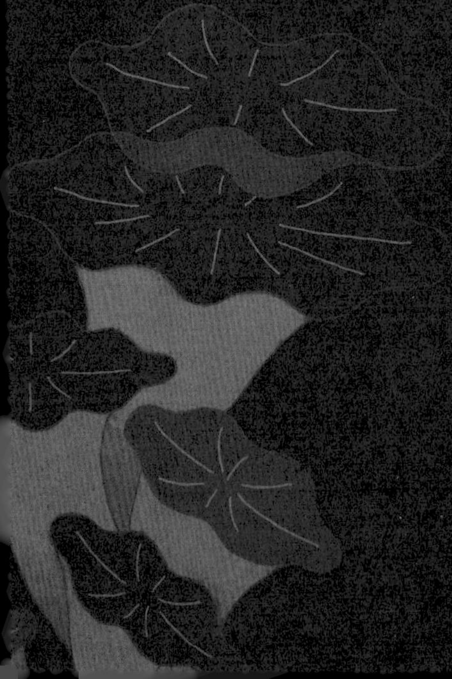

12

我常常幻想可以撒手不管一切，任憑自己精神崩潰。我帶著扭曲、嫉妒的狂熱心態觀賞《女生向前走》（*Girl, Interrupted*），在看到名人們進入精神療養院時覺得羨慕不已。真是有資格、有特權啊，可以就這麼把人生隨手一拋，不用工作、不再假裝，直接**分崩離析**。要讓我已被悲傷吞噬的大腦徹底瓦解，然後成天在修剪整齊的草坪上哭泣、進行治療、在寂靜的冥想中邊喝檸檬汁，這是多麼遙不可及的事啊。一切都是因為住院費用。

我沒有錢可以入住那種高級設施，裡面有修剪得宜的草坪和全職的心理治療師。然而，在不斷工作十年、挑選最便宜的主餐，以及從二手店買東西後，我終於存到足夠的錢，讓我可以好幾個月不用工作。終於，我也能夠這樣崩潰。

我知道對大部分的人而言，這是一項極大的特權。我也知道，我手邊其中一本創傷後壓力症候群的書一開頭就說，你在得知診斷後絕對**不要**辭掉工作——倖存者若想痊癒，他們需要條理和目的。

不過，其他書也說了，若你仍處在危險中，那就無法從創傷後壓力症候群中康復。若你並不安全，你便不能說服自己其實是安全的。我的工作環境每天都讓我覺得備感威脅，因此我必須離開。此外，我也告訴自己，我很專注，我會有條不紊、有目標。或許，當我把痊癒視為我的全職工作，我就會比以往更有生產力。幸運的話，我會完全痊癒，而且可以在二〇一八年底成為某個新興的創傷友善podcast公司執行長。所以，一開始我便做了任何優秀記者都會做的事：我開始進行研究。

• • •

認識複雜性創傷後壓力症候群並不容易，因為它不算是正式存在的病症。「複雜性創傷後壓力症候群」可說是個新興的名稱，於九〇年代由精神病學家茱蒂絲・赫曼（Judith Herman）所提出。它之所以不存在，是因為它並沒有被正式列入《精神疾病診斷與統計手冊》（*Diagnostic and Statistical Manual of Mental Disorders*，簡稱DSM）中，這手冊基本上就是心理健康界的聖經——如果裡面沒有寫，那就表示這不是真的。在一群心理健康專家的努力下，複雜性創傷後壓力症候群被納入了二〇一三年所出版的第五版手冊中，但這本手冊背後的無名審核者——一群在我想像中穿著連帽斗篷、圍著被獻為祭品的孩童喃喃吟唱的精神病學家——卻認為它和創傷後壓力症候群太相像了，沒理由加上「複雜性」，沒必要將兩者區分。然而，值得一提的是，美國的退伍軍人事務部和英國的國民保健署皆承認複雜性創傷後壓力症候群為正規診斷。

基於此，目前並沒有太多複雜性創傷後壓力症候群的文獻探討。現存的文獻通常艱澀枯燥，充滿了科技宅男的好意和溫情。不過因為我求知若渴，所以我買了一小落相關書籍。雖然每一本書的封面都是模糊的印象派畫作，配上毫無吸引力的字體，但我克服重重阻礙，一頁一頁慢慢地啃著這些書。

這些書教導我，當我們經歷長期的創傷經驗，我們的大腦會將這些發生在我們周遭、造成最大威脅的事件儲存起來，將它們編碼寫進我們的潛意識中，標註為危險來源。

舉例來說，假設你被車撞了。大腦會將朝你衝來的車子的進氣壩、尖銳的煞車聲儲存起來，同時猛然釋放出壓力化學物質如腎上腺素和皮質醇，提升你的心跳速度和血壓，讓你的焦點縮小至砰然巨響下的撞擊、痛苦和救護車聲。然而，同時間你的大腦其實正在潛意識裡吸取成千上萬的細瑣刺激物：霧濛濛的天氣、路口的Krispy Kreme甜甜圈店、那台車子的顏色及廠牌和型號、那個帶著中西部口音的肇事者、他的藍色金鋼狼T恤。然後這些刺激物和被撞而痛苦的強烈連結，便深深地烙印在你的大腦裡。

這些關聯連同車禍那天所產生的對應情緒，都被儲存在你的大腦裡，但它們通常不會完整地被儲存。因此，你的大腦可能不會以有邏輯的方式編寫Krispy Kreme和車禍事件的連結，它可能只編碼為：**Krispy Kreme。危險**。

結果就是，當你看到淋滿糖霜的甜甜圈或藍色的金鋼狼T恤時，你可能會覺得不自在，但卻不知道為什麼。你的大腦辨認出攸關生死的警示圖形，並且反射性地釋放它認為合宜的情緒反應。這種反射或許會以強烈的方式呈現，例如恐慌症；也有可能是較輕微的方式，例如突然覺得很暴躁。你可能會突然覺得你女朋友今天早上說的那些有點蠢的話惹到了你，然後你便傳訊息責怪她。當然，這一切都不是合理或理性的，因為你的大腦並不是在試圖理性思考，它是在試著救你的命。

若有人拔出槍來靠近我們，我們不應該愣在原地、花時間思考槍的廠牌和型號、槍的運作原理、它的口徑和所使用的子彈為何，以及它會造成多大的殺傷力。若我們看到槍，我們只需要知道一件事，而且是馬上就需要知道的事，那就是：**趴下**。**快閃**。**快跑**。

我們所認為的情緒爆發——焦慮、憂鬱、大發雷霆——不總是微不足道的情緒弱點。它們可能是用來保護我們的反射行為，使我們遠離大腦編碼所認定的威脅。而這些威脅的編碼，就是許多人所謂的**觸發點**。

不，擁有觸發點並不代表你是片脆弱的小雪花，這代表你是人。每個人都有觸發點，或者終究會有觸發點，因為每個人都會歷經某種形式的創傷。它可能是前男（女）友那令人惱怒的無情凝視，或者是你祖母死前幾個星期，她身上所插的呼吸器的聲音。因為觸發點而導致情緒反應，是完全正常的現象。只有在創傷極為嚴重，以至於其觸發點導致像恐慌症、惡夢、昏厥和身歷其境等症狀——也就是情緒反應讓人身體虛弱時，這種觸發現象才會被認為是創傷後壓力症候群。

這也是為什麼在創傷診斷的世界裡，複雜性創傷後壓力症候群尤其悲慘：某人多年來一次又一次——上百次、甚至上千次地歷經創傷。當你受創那麼多次，意識與潛意識裡的觸發點將變得無窮無盡且無法找出原因。若你因為上百種錯誤而被打，那每一個錯誤對你而言都是危險的。若許多人都讓你失望，那所有人都將變得不可信。這世界本身就是一種威脅。

• • •

在讀完這些段落後，我放下書本盯著牆面好幾個小時，試圖釐清這些敘述對我的具體意義為何。我開始細數一些對我而言顯而易見的觸發點。不論何時，當我看到憤怒的男性時，我會對他們極度惱火——我的主管、我的男友、喬伊、路上的某個傢伙。每次只要喬伊嚼著他的臉頰內側，或者以某種方式將下巴一沉，和我父親牙關緊閉的樣子如出一徹，我就會勃然大怒。我會突然大罵：「幹嘛？你是怎樣？你有什麼問題？」許多時候，他會訝異又迷惑地看著我。

「你在生氣。」我堅稱。

「我沒有生氣。」他生氣地說。「你為什麼覺得我在生氣？」

「我的直覺！我很會觀察人。」我說。

接著，我開始讀另一本書，書中出現了一排照片，每張照片都是同一名女性、但臉部表情有所不同的特寫鏡頭——從傷心逐漸轉變為憤怒。在威斯康辛大學所做的一項研究中，研究者將這些照片展示給未曾歷經過家暴與曾歷經過家暴的兩群孩童看。[1]相較於在正常家庭成長的孩童，歷經過家暴的孩童認為這些照片中有更多張臉孔代表憤怒威脅，因為連臉上最細微的一絲不快，都能讓他們心中的警鈴大作。

喬伊真的在生氣嗎？還是因為我是個疑神疑鬼的瘋子，所以才將他額頭上那小小的突起闡釋為憤怒呢？到底何者才是真的？

若我連皺眉都會解讀錯誤，那我還會錯誤解讀哪些事情呢？我必須處理潛意識裡上百萬個觸發點，所以我的大腦到底在害怕哪些不該害怕的事物呢？

我環視我的客廳。我的 Gelly Roll 筆？我在十三、十四歲時常用這種筆。鹵素燈？以前我們家也有這種燈。以前我們家客廳還有一張國王企鵝的大海報，我常在這張海報前被揍。他媽的現在連企鵝都變成潛意識觸發點了嗎？我上網搜尋「國王企鵝」，然後看著牠們的圖片，這些在南極堅忍不拔、搖搖擺擺的動物，牠們胖胖的，好可愛。但我應該對此感到焦慮嗎？所以，到底牠們是觸發點，還是我已經被這些令人緊張的創傷書籍觸動而焦慮不已了呢？到底哪個才是真的？

不過這一連串的疑問，倒是點出了要從傳統創傷後壓力症候群和複雜性創傷後壓力症候群痊癒的細微差異。

如果我罹患的是傳統的創傷後壓力症候群……假如說，被車撞上是我生命中重大的創傷時刻，那我可以學習將觸發點獨立出來並加以解決，有可能是靠著暴露治療法：刻意每天都經過 Krispy Kreme，在安全的保護機制下穿越那個十字路口。

不幸的是，我並沒有單一的重大創傷，因為我有上千個創傷。所以說，我焦慮的抓狂行為並不像這些書中所述，並不是「暫時」的。我不是只有在看到憤怒的臉龐或某人從高爾夫球袋中抽出球桿時，才會有這些抓狂行為。我的抓狂可說是一種持續、固定的狀態。

啊。那份恐懼。

那無窮無盡且為數眾多的觸發點，使得複雜性創傷後壓力症候群比傳統的創傷後壓力症候群更難痊癒。根據這些書的觀點，我們這種固定狀態使得我們有更多的狀況。

・・・

貝塞爾・范德寇（Bessel van der Kolk）的著作《心靈的傷，身體會記住》（*The Body Keeps the Score*），可說是複雜性創傷後壓力症候群患者的聖經。雖然我對范德寇的著作內容採保留態度，因為據稱他自己就是個施暴者，[2]但這本書在幫助我了解複雜性創傷後壓力症候群的基本概念上，是非常重要的入門書。在書中，范德寇提到他在研究中分析三個群體：童年時期受虐的成人受害者、最近遭受家庭暴力的成人受害者，以及最近遭遇天災的成人受害者。[3]這三個群體都呈現出某些創傷後壓力症候群的症狀。然而，天災的倖存者（通常是遭遇單一創傷事件）和童年受虐的倖存者（通常是複雜性的創傷）卻呈現截然不同的症狀。「童年時期受虐的成人經常無法專注，並且抱怨自己常處在易怒且躁動的狀態，同時充滿了自我厭惡。在親密關係中，他們在溝通上面臨極大的困難。」范德寇如此寫道。「他們對許多事情出現記憶斷層，常涉及自我毀滅的行為，並且有許多醫療上的問題。這些症狀在天災倖存者身上相對少見。」

換句話說，複雜性創傷在受害者身上創造出一貫的防禦性格——也就是人格上的怪僻。即便在創傷後壓力症候群患者中，這些性格也是獨特且可怕的。這似乎暗示著我們有我們自己的文化。美國人是個人主義者。華人則傾向認同集體主義。法國人既浪漫且熱愛起司。那麼複雜性創傷後壓力症候群患者呢？他們是小題大作的自我毀滅者，讓人無法愛他們。

我懷疑這種對於資料的暗黑解讀，是否只是我「自我厭惡」的大腦用黑色眼鏡在看待這些科學研究。不過話說回來，有一本書就形容在童年早期受創的受害者是「自己和他人的重擔」和「許多人寧願避免的雷區」。

我怎麼可能讀到這些文字卻不覺得被羞恥感連續重擊呢？我何嘗不想保護每個人，不被這些有害的特質壓傷呢？

在我閱讀的過程中，腦海中浮現最扭曲和混亂的想法是：複雜性創傷後壓力症候群的概念已經烙印在我的個性裡了，而我不知道我與創傷後壓力症候群之間的界線在哪裡。若複雜性創傷後壓力症候群是一系列的人格特質，那我性格中的一切是否都是有害的？我所有的過去都是有害的嗎？我得將它們全部棄如敝屣嗎？我的診斷讓我開始質疑每一件我所喜愛的事物——包括人蔘鮑魚湯，在派對上滔滔不絕，以及在開會時塗鴉等。我無法辨識哪些部分在病理學上是有問題的，而哪些部分本身是健康的。

我已經試著將關於我母親的一切抹去了。她的拿手菜是義式脆餅，我現在絕對不碰。我將花束中的黃色玫瑰抽出來丟掉，因為這是她最喜歡的花。我再也不說任何她常掛在嘴邊的話。然而，我看到了一張她的照片，發現我的手、我的肩膀，都是遺傳自她。要讓複雜性創傷後壓力症候群從我身上消失，似乎和換一副鎖骨一樣不可能。為了痊癒，我真的必須拋棄一切造就出我的事物嗎？

我在書中翻找這些問題的答案。這些書裡滿滿都是**如何不去成為有創傷的人**，鉅細靡遺地列出我們所有的錯誤和失敗。但我的問題是**要如何成為一個人**……相關的解決之道只占了整本書最後的十或三十頁。書中有時會穿插快樂的故事，例如某個受虐、發展遲緩的孩子因為得到了合宜的治療，所以逐漸復原，最後得以在表現上和同儕並駕齊驅。但這些書總是拿孩子當案例。它們堅稱，孩童的大腦更有彈性、恢復得更快。至於成人——就沒那好運了。書上說，或許可以試試看瑜伽。例如《心靈的傷，身體會記住》就建議幾種不可思議且昂貴的治療，例如眼動減敏與歷程更新療法（EMDR）和神經反饋療法；然而即便如此，范德寇仍提醒讀者，這些療法在當時只對少部分的人有用。

我想在這些書中找到希望，但我只看到一片迷茫。有些時候，我唯一能抱持的希望就是，我其實不需要擔心這痛苦會持續太久，反正我很快就會死了。

13

從一九九五年至一九九七年，位於加州的凱薩醫療機構（Kaiser Permanente）針對超過一萬七千名病患發放問卷，評估他們在童年時期的受創程度。問卷內容包括病患的父母是否曾在心理或生理上虐待或忽略他們，以及他們的父母是否離婚或有藥物濫用行為。在這項名為「負面童年經驗」(Adverse Childhood Experiences，簡稱ACE)的研究中，[1]病患在填寫完問卷後，會得到一個介於零到十分之間的ACE分數。分數越高，表示這個人的童年創傷經驗就越多。

這項研究的結果既讓人震驚又再清楚不過：童年創傷越多，成人時期的健康狀況就越差，而且他們患病的風險不是只有高出幾個百分比而已。ACE分數高的人，罹患肝病的機會是平均的三倍，罹患癌症或心血管疾病的機會是平均的兩倍，肺氣腫的機會則是四倍。[2]他們成為酗酒者的比例是平均的七點五倍，受憂鬱症所苦的機會是四點五倍，而且企圖自殺的比例高達十二倍。[3]

科學家已經知道，壓力確實會帶來傷害。壓力化學物質如皮質醇和腎上腺素適時地充斥我們全身是健康的——若沒有適量的皮質醇，你是無法在早晨從床上爬起來的。但若這些化學物質分泌過多，就會成為一種毒害，並且改變我們大腦的結構。壓力和憂鬱會使我們的身體精疲力竭，童年時期的創傷則會影響我們的「端粒」。

端粒就像是蓋在DNA長鍊末端的小蓋子，防止DNA散開。隨著我們年紀增長，這些端粒就會變得越來越短。當它們最終消失時，我們的DNA就會開始鬆散，增加我們罹患癌症的機率，讓我們容易感染疾病。基於這個現象，端粒和人類壽命是有關聯的。而且研究指出，童年時期曾遭受虐待的人，他們的端粒明顯比較短。[4]

最後，這些研究聲稱，ACE分數為六或更高者，他們的壽命將低於平均**二十年**。這表示他們的平均壽命為六十歲。[5]

我的分數就是六。

三十歲的我，人生已經過完一半了。

・・・

我從二〇一八年開始研究這些事情。要知道，兩年後、也就是二〇二〇年，最初ACE研究的共同主持人羅伯特・F・安達（Robert F. Anda）以文章及YouTube影片發表聲明，表示ACE在測量童年創傷的方式上相對粗糙。就流行病學而言，測驗分數的確相當有幫助——讓人們可以了解童年創傷在公共健康上的整體重要性。[6]然而安達強調，ACE並不是測量個人壽命或健康結果的好方法，因為每一個分數都會受到各種不同程度變項的影響。舉例來說，因著極度頻繁的創傷事件而在ACE得到一分的人，可能和目睹更多樣創傷事件、但不常親身經歷而得到六分的人所受的創傷程度是一樣的。正如下述圖表所示，當中有許多重疊的部分。我們可以清楚看出，測驗分數較高的人，的確面臨較大的風險。但分數並不是明確的決定因素。

ACE分數也沒有考量孩子是否擁有良好的資源，例如是否有成人提供他們安全、慈愛的關係，或者是否有心理治療師教導他們以更好的方式面對壓力。即便創傷後壓力症候群在男性和女性身上會呈現出不同的症狀，但這些分數也沒有將性別差異納入考量。在安達的文章中，他提出警告：將ACE分數作為個人篩檢工具有幾個風險，包括ACE「可能帶來汙名化或導致歧視……造成個案在生理上對於有害壓力產生焦慮，或者將個人的風險錯誤分類」。[7]

• • •

當我在二〇二〇年讀到這些資訊時，我如釋重負，但在對此一無所知的二〇一八年，我感到極度焦慮和被汙名化。我對於自己將近的死期無

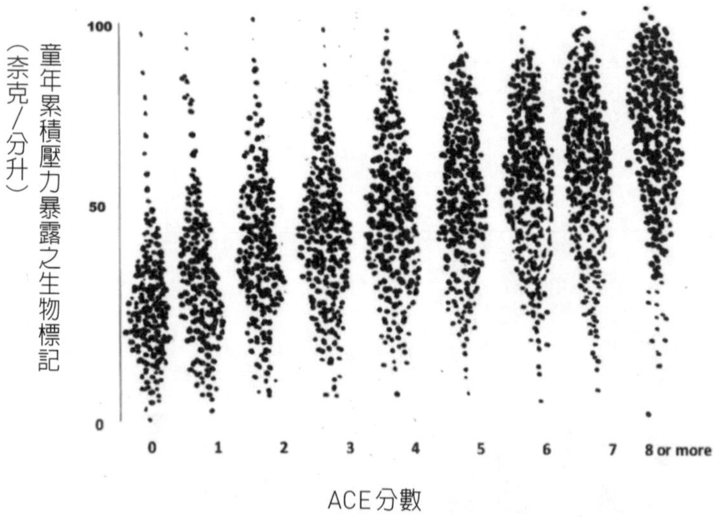

累積壓力暴露之假設性生物標記與ACE分數之關聯

比執著，就像被宣判了死刑一樣，歷經了一場小型的存在危機。我覺得備感壓力、驚慌害怕，以及生氣——應該說是憤怒。我的未來，好幾年的時光就這麼被偷走了，我原本可以將這些時間用來攀登馬丘比丘、照顧孫兒女或用立體彩繪法畫公雞母雞。

而且，ACE分數不是唯一讓我覺得自己身體有病、支離破碎的訊息來源。隨著我繼續閱讀關於創傷在生物學上的影響，我的悲傷也不斷擴大。所有的表格、曲線和圖表都在不斷告訴我，我有持續性的腦損傷。

腦部掃描顯示，童年時期持續受虐的病人和未曾受虐的病人，他們的大腦看起來不一樣。[8] 受創的大腦通常會有腫大的杏仁核——這部分的大腦通常和產生恐懼有關。這就說得通了。但研究結果還不止於此：對情緒虐待的倖存者而言，大腦中和自我覺察、自我評估相關的部位，是萎縮且扁薄的。

童年時期遭受性虐待的女性，體感覺皮質區顯得較小——這部分的大腦負責儲存身體的感覺。經常被人大吼的受害者，對聲音的反應可能會因此改變。創傷可能會讓大腦中負責處理語意、情緒、記憶提取、解讀他人情緒、注意力和語言的部分萎縮。無法在夜間得到充足睡眠，可能影響發展中大腦的可塑性和注意力，同時提高日後產生情緒問題的風險。然而，對我而言最可怕的部分是：兒童虐待通常和前額葉皮質變薄有關，這部分的大腦主管穩定度、決策、複雜思考和邏輯推理。

大腦**的確**有其變通之道。有些沒有杏仁核的人，完全不會感到恐懼。有些前額葉皮質萎縮的人，其實非常有邏輯。大腦的其他部分能夠進行補償作用，以其他方式彌補失去的功能。然而整體而言，看著這些研究舉證歷歷，仍然讓我覺得難以承受。

大腦皮質的厚度和智商有直接關聯，這項事實特別令我感到備受威脅。就算我不夠酷、不和善、不夠有魅力，但我喜歡自己至少是腦袋靈光的、聰明的。這些研究似乎在告訴我，不論我現在多聰明，我都無法像未曾遭遇這些事情前那麼聰明。問題又來了：**就是因為這樣，我的提案才無法通過嗎？是因為這樣，所以我的主管才從來不甩我嗎？就是因為這樣，我才被晾到一邊，做些枯燥乏味的工作嗎？**

擔任我父母的照顧者，讓我活在掌控一切的錯覺中——我相信只要我夠警覺，就可以防止災難發生。但這些健康狀況證明我錯了。若真要說，正是警覺心摧毀了我。

• • •

當我在《美國生活》工作時，我的同事大衛．克斯藤鮑姆（David Kestenbaum）報導了一則故事，探討究竟有沒有自由意志這種東西。在這故事中，他談到他的一個朋友在溜冰時撞到頭部，造成短暫的失憶。他朋友躺在擔架上時，曾問旁邊的人發生了什麼事。他的妻子說：「你跌倒撞到頭了。」然後他回答：「這可不是離開溜冰場的好方式。」但沒過多久，他已經把整段對話忘了。於是他又問了一次發生了什麼事。他的妻子不斷告訴他，一次又一次，他也不斷說著同樣的笑話：「這可不是離開溜冰場的好方式。」、「這可不是離開溜冰場的好方式。」這是短期記憶喪失症的常見症狀，病人一次又一次地重述同樣的故事、笑話、問題，用著同樣的字詞和語調，就像錄音機不斷倒帶、重新播放一樣。

總而言之，我們的大腦和大部分基礎細胞的運作軌跡差異不大：**刺激，回應**。我們的大腦是以特定方式訓練出來的機械性物體，若你輸入某種刺激，就會不斷得到同樣的回應。在大衛的故事裡，他談到量子力學和機率如何證實這項發現——我們的大腦迴路並沒有預留任何隨機的空間，我們不會容許任何程式命令之外的不同結果。而且，他訪問了一名神經學家羅伯·薩波斯基（Robert Sapolsky），他寫了一整本關於該主題的書，名為《行為：暴力、競爭、利他，人類行為背後的生物學》（*Behave*）。薩波斯基向大衛解釋肌肉運動的過程：「肌肉運動，表示你運動皮質裡的神經元命令你的肌肉這麼做。這個神經元之所以會發射，是因為它在幾毫秒之前接受到其他無數神經元的訊息輸入。而這些神經元之所以會發射，是因為它們在幾毫秒之前接受到其他無數神經元的訊息輸入，以此類推，一路回溯。請你指給我看，在這迴路中有哪一個神經元、哪一個離子或途徑會突如其來地被激化、決定做出無法用物質世界定律解釋的事情？指給我看，有哪一個神經元能出於自由意志而形成某種蜂窩式網絡？這世上沒有這種神經元。」[9]

在讀過這一切關於我大腦的文章後，我重聽了大衛的故事。這似乎和我所學到的相符：我的大腦是一台可預測的電腦，而我的童年經驗寫成了它的程式，不會跳脫編碼的程式。刺激，回應。刺激，回應。若輸入X會得到Y，事情就是如此。屢試不爽。

當然，這個前提有一個問題：其他孩童的程式設計師以愛和仁慈編寫他們的大腦程式，我的程式設計師卻邪惡至極。我的程式碼是有缺陷的。

我的第一個直覺反應是：刪除這個錯誤。完全從系統中移除這可怕的程式碼。過去的計畫又短暫浮現了：一氧化碳和安眠藥。但這也有它的後果。我之前為了痊癒所做的努力或許沒有讓我完全康復，但它們讓我與這世界有了連結，在情感上和專業上使我成為人際網絡中的一分子。我有真心關心我的朋友，敬重我的學生們。當然，還有喬伊。若我砍斷了這片網，我將留下一大塊殘缺，傷害我周遭所有的人。而我之所以不斷努力嘗試，就是為了不再傷害其他人。

我想我還是得進行這項不可能的任務。該死，這是什麼任務啊——我得對抗我的命運。

14

如果我現在所面臨的困境，在於我受困於「刺激，回應」的迴圈而無法改變回應……那我或許可以改變刺激。或許我可以改寫我的大腦。

辭掉工作是重要的第一步。將自己從主管對我發飆的壓力刺激中移除，表示我再也不會有隨之而來的不當反應。我再也不需要一天到晚把同事拉出辦公室、要他們陪我抽菸。我再也不需要每天晚餐時向喬伊抱怨我的主管。我再也不需要一天到晚想著自己是史上最差勁的廣播製作人。所以，這一步的確帶來一些成效。

接下來，我致電給神經科學家暨心理學家麗莎．費德曼．巴瑞特（Lisa Feldman Barrett），她同時也是《情緒跟你以為的不一樣》（*How Emotions Are Made*）的作者。她告訴我，我們身體的新陳代謝資源是有限的。我們需要特定數量的睡眠、飲水和營養，才有辦法思考、學習新事物、分泌適量的荷爾蒙。若我們沒有得到這些休息和養分，我們的身體就會「產生赤字」。

但我們不見得總是知道自己在哪方面處於赤字狀態。我們不是《模擬市民》（*The Sims*）遊戲中的人物，可以透過螢幕下方的長條圖看到自己的饑餓、休息和無聊程度。巴瑞特說，當我們脫水的時候，我們不一定會覺得口渴——我們會覺得精疲力盡。當我們覺得肚子怪怪的時候，我們的身體其實不太知道自己是經痛、肚子痛，還是需要上大號。我們也可能不會意識到自己的肚子其實痛了很長一段時間。這不只是創傷後壓力症候群患者特有的狀況，這情況其實很常見，我們每個人每天都會歷經這種身體的解離。若我們覺得自己心情很差，不見得是因為某件事情觸發了我們，有可能只是新陳代謝呈現赤字而已。我們的身體可能其實在吶喊著「我要吃FUNYUNS洋蔥圈餅乾」，而我們卻將自己又怒又餓的情緒投射於某個在電梯裡滿身大汗、呼吸太大聲的可憐蟲身上。

但巴瑞特說，創傷後壓力症候群的確會讓這種傾向變得更糟。它影響著身體的各個系統，讓它們一片混亂。我們可能會心跳加速，肺部呼吸更用力，身體的收支狀況變得更容易失衡。當這種情況發生時，我們對於這些赤字的反應就會變得特別大。

當我問她要怎樣才能成為一個更好的人時，她回答我：「確保你得到充足的睡眠，確保你有好好運動，確保你吃得健康。」當我回答她，這聽起來似乎還不夠時，她仁慈地對我說：「你要知道，你只能承擔你所能承擔的責任。而且，有時候那份努力比成功與否更重要。」說完她自己也不禁笑出聲來，「這實在是非常典型的猶太媽媽會說的話！」

所以，改寫我大腦的第一步：用足夠的氧氣和營養來供應它。我採取一種激進的飲食法，需要吃進大量的鷹嘴豆義大利麵和青花菜。我下載了一個手機應用程式，讓我能夠在城市裡的各個據點上健身課程——皮拉提斯、拳擊、高強度間歇訓練——每週三堂課。我的手提袋裡裝滿了堅果和果乾，而且不斷用我的超大水瓶咕嚕咕嚕地喝水。我戒酒、戒菸，而且是說戒就戒。我每晚都睡滿八小時，帶著Fitbit運動手環讓我無法作弊。

這些努力在某些方面的確有幫助。我的體力好多了，我覺得自己的腿更強壯、更有力了。運動能夠暫時提振我的情緒，但我還是極度缺乏心理能量。我可以提著大包小包的蔬果跳上地鐵站的階梯，但卻常常無法讓自己從沙發上起身去寄封電子郵件。

某個春日時分，當我走在粉色棉花糖般的櫻花樹蔭下，正要前往地鐵站時，我就這麼硬生生地被突如其來的焦慮感困住了。我很確定我忘了某件事：我忘記關瓦斯爐了嗎？我原本應該打電話給某人嗎？我錯過看診時間了嗎？腦海中的指責是如此強烈，讓我不禁猶豫我是否該轉身回家。然而，即使我不知道是什麼觸發了我或發生了什麼事，至少我很確定：這股焦慮並非來自我的身體。基於我所做的努力，我知道我睡得好、吃得好，也很健康。這股焦慮一定來自我心中的某條暗巷。

我想，**好吧，我最好鼓起勇氣走進去，尋找它的源頭**。

15

格雷琴·施梅爾澤（Gretchen Schmelzer）在她溫柔的傑作《擁抱受傷的自己》（*Journey Through Trauma*）中，於第五頁堅稱：「你們當中有些人可能會去尋求心理治療：找精神科醫師、心理師、社工、諮商員，或者神職人員。有些人則可能選擇參加某種形式的團體治療。但一開始我想先把話說在前面：為了痊癒，你需要尋求協助。我知道你會想要在這個論點中找漏洞——試著找出你可以獨力面對的方法——然而關於這點，你需要相信我。如果有任何你可以獨力解決的方法，我一定早就找到了。說到找漏洞，沒有人比我更努力。」[1]

在我得知自己的診斷後，我也曾經試著找漏洞，至少某段時間是如此。

• • •

在我開始意識到複雜性創傷後壓力症候群所涉及的層面有多廣後，我對莎曼莎感到很憤怒，覺得為何她沒有早點告訴我。我認為這不應該是一個祕密。從一開始到現在，當我們在談及我的心理健康時，我的診斷應該是當中的關鍵要素。

我寫信給莎曼莎，告訴她我的感受，並且問她為何沒有更明確地跟我談到複雜性創傷後壓力症候群。她向我解釋，在我們第一次的晤談裡，她就**已經**提過了——但那已經是八年前的事了。我們的第一次晤談對我而言既陌生又新奇，我想我一定忽略了那幾個字的差異：**複雜性**。至於為何她未曾再提起，莎曼莎說，只要我處在憂鬱狀態，她就不想再提起我的診斷，以免增加我的負擔；只要我覺得快樂，她就不想因此讓我覺得烏雲罩頂。她堅稱她是在保護我，即便這是出於愛，但如今在她看來這可能是個錯誤的決定。

我感謝她的解釋和她多年來的協助。我很感激她的愛和支持，但我知道我不能再見她了。對我來說，這種缺乏溝通的狀況近乎欺騙，所以我需要新的諮商師。

我知道優秀的諮商師可以為我指出痊癒的方向——因為多年來我在莎曼莎的協助下獲益良多。我知道，若我找到對的諮商師，我在他／她的辦公室裡就會感到安全。

但我真的、真的很不想去做這件事。

找到一個人，然後向這個人報告你最瘋狂、最嚴重的不安全感，並不是什麼令人愉悅的事。而極度愚蠢的美國健康照護官僚體系，則讓這件令人討厭的事變成一項酷刑。

在美國，如果你是中產階級，你得按照他們的規則耍猴戲：你打電話給你的保險公司，確認哪些心理治療師有在保險給付名單上，然而選擇通常寥寥無幾。名單上大多是有證照的臨床社工師或諮商輔導人員。他們可能很好、很有幫助，但他們的學歷或經驗通常不如心理師和醫師。在更進一步探究之後，你會發現有些心理治療師其實並不接受你的保險，其他則是時間都排滿了。而且就算他們的確有時間，他們也不見得願意治療你。根據一項研究，低收入黑人收到診所回覆預約的機率，比中產階級的白人低了百分之八十。[2] 此外，即便心理治療師在理智上會告訴你，憤怒對於處理創傷是一種有益且正常的情緒，但他們寧願不要在電話中聽你表露不悅。好幾位心理健康專家告訴我，心理治療師們常會避免接到憤怒的個案，因為他們看起來充滿威脅性或很可怕。

心理治療師們喜歡接到YAVIS型的個案，也就是年輕（Young）、有吸引力（Attractive）、表達能力好（Verbal）、聰明（Intelligent）且成功（Successful）的個案。[3] 他們喜歡溫順型的個案，那些想要知道自己的內心世界如何運作、渴望深入探索的個案；那些已經讀過《紐約客》關於心理學的文章，熟悉**後設認知**、**一致性**這種相關詞彙的個案。如果你只是個喜歡看《酒吧五傑》（*It's Always Sunny in Philadelphia*）的路人甲，那就祝你好運囉！

就算你真的很幸運，找到了一名有證照、有空檔的臨床心理師，這名心理師八成會是白人（美國百分之八十六的心理師是白人）。若你是有色人種，這並不是什麼理想狀況。不過算了，隨便啦：你只是需要收到正式的診斷以申請保險。你很確定你有複雜性創傷後壓力症候群，但他不能開出這種診斷，因為這不在《精神疾病診斷與統計手冊》（DSM）裡。你的保險只會給付列入DSM的症狀，以決定給付多少次的諮商費用。舉例來說，遇到焦慮相關的症狀，大部分的保險僅會給付六個月的諮商費用，憂鬱症則是十個月，彷彿過了這段時間，你就**應該**要有所進步。複雜性創傷後壓力症候群不在DSM中的另一個後果是：這名心理師並沒有受過如何提供治療的相關訓練。他說他不認為這是真的診斷，所以他請你填寫一些問卷，看看你是否罹患一些他可以處理的症狀——或許是躁鬱症之類的。這實在讓人很難有信心，於是你離開了。

歷經一番網路調查後，你發現一名有色人種的女性精神科醫師似乎很不錯，她的專業在於治療複雜性創傷。她在網站上的簡介特別能引起你的共鳴——彷彿她真的了解你。但她不收你的保險（精神科醫師是所有醫療服務提供者中，最少和保險公司合作的一群——比例約為百分之四十五。[4] 而且許多時候，資歷最豐富的那些人是不和保險公司合作的。）你也不能怪她。你從網路上得知，即便診所租金和行政支出不斷攀升，但保險公司已經長達二十年沒有更新心理治療師的給付費率了。若單靠保險公司的給付費率執業，他們平均每年可以有五萬美金的收入，[5] 這不算太差，但若你是真正的**醫師**，這樣的收入其實並不多。所以這名優秀的女性醫師說，每次四十五分鐘的晤談，她的收費是兩百五十美元。如果你每週見她一次，這些費用就跟你的房租一樣多。**我願意花多少錢讓自己快樂**？你可以問問你自己。**值得我每個月花一千美金嗎**？**值得我寧願負債也要快樂嗎**？拿著這筆錢，你可以每個月去一趟邁阿密來個豪華度假之旅，或許這樣一來你也會很快樂。

你回到那名不相信你的診斷的心理師那裡，心想他是你唯一的選擇了。他將你診斷為重度憂鬱症。然而，即便你已經持續見他好幾個月了，你的狀況似乎也不見好轉。你開始認為這是你的錯——你無可救藥，壞得太徹底了，沒辦法治癒。當你最終不再繼續治療時，你覺得自己是個失敗者。

或者，就算你神奇地繼承了一筆好幾千美元的遺產，好讓你可以去看任何你想看的心理治療師，這過程也不見得是容易的。你可能會發現自己拒絕某位完全沒有問題、能力足以勝任的心理治療師，只因為他的臉讓你覺得焦慮不安；或者他似乎過度武斷；又或者她不小心將寄給所有個案的信件副本寄給你，而不是使用密件副本的方式，導致每位個案的電子郵件地址都曝光了，所以現在你不確定自己還能不能相信她。這些離開心理治療師的理由並非不合理，畢竟你想要找到一個你可以信任、和你頻率相通的人。就像約會一樣（不過沒有涉及任何酒精、性愛或樂子），找到你的真命天子／女是需要時間的。而且，也就像約會一樣，即便找到完美人選是個激勵人心的目標，但這過程本身是如此令人洩氣，以至於你會懷疑到底值不值得這麼做。

• • •

我在大學時代就遇過幾位糟糕的諮商師。一個打著領結、想要和我調情的男性。一個每聽到我的童年經歷就不斷嘆氣的女人，彷彿我是狄更斯筆下的悲劇主角。還有一個精神科醫師想要讓我吃百憂解（Prozac）。當我引述《美麗新世界》（*Brave New World*）的字句「我想要知道何謂熱情！我想要有刻骨銘心的感受！」時，這名精神科醫師回我：「我想這股熱情可能是化學物質不平衡。」

然後，我很幸運地找到了莎曼莎。不過現在，我需要一名新的諮商師。

相較於十九歲的我，三十歲的我找諮商師的功力還是一樣。我在Google搜尋欄輸入「複雜性創傷後壓力症候群」、「諮商師」、「紐約市」，然後選了第一個搜尋結果，一個保證能在三個月內治癒任何人的男性諮商師。他一小時的收費是兩百美金，但基於只需要十二次，這條件看起來似乎不錯。結果我只去看了他一次。在那一個小時裡，他幾乎沒在聽我說話。他講話的時間是我的兩倍長，而且每次只要我一講到關鍵的創傷字眼就會打斷我，用黃金獵犬追飛盤的熱情解釋這是某種病症：「噢，我知道了！你依賴你的男朋友，好讓自己保持穩定：那表示你們彼此依賴共生！過度黏人！啊！不過當他遇見你的時候，他的狀況也不好，所以你也幫助他對吧？這表示你總是被一團糟和可憐的人吸引！」我不管這治療是否只需要三個月，但我不想要每一次的治療都覺得自己在錄《危險邊緣》(*Jeopardy!*)這類的益智節目，每次他都還沒有聽清楚題目就搶著作答。我付了那筆昂貴的總額，接下來的兩個月都在試著從他抨擊猛烈的病理分析中恢復，在安靜的時刻對我自己吶喊：**依賴共生！黏人！你只愛殘破不堪的人！**

另一名諮商師，我也只去看了她一次，因為她正好相反：太安靜了。在我們的晤談中，她幾乎沒有回應任何我所說的內容，只會不斷地問我：「你對這有什麼感覺？」哎，也太無聊了吧。這我在家裡也可以做，而且還免費。

還有一名女性諮商師在諮商過程中看似稱職，但她當天下午誤撥電話給我，留下一封很長的語音信息，內容是她和孩子冗長的溝通過程：「不行，除非你把房間整理乾淨，不然媽咪不會給你任何東西。不行，你必須自己去便便，媽咪不會陪你去。」結果這孩子占了上風。我再也沒有回她電話。我承認這對她並不公平，但我不覺得我有辦法走進她的辦公室，假裝沒聽過她費力地和孩子為了便便爭辯。

同時，我發現在我所讀的資料中有證據顯示，傳統的談話性治療對複雜性創傷後壓力症候群可能不是特別管用。在《心靈的傷，身體會記住》中，貝塞爾．范德寇表示，談話性治療對那些歷經「幾乎無法用言語描述的創傷事件」的患者可能毫無益處。有些人對於自己的創傷經歷過於解離和疏遠，以至於談話性治療無法發揮效果。他們可能無法觸及自己的感受，更不用說要將感受表達出來了。對另外一些人而言，他們可能處於被激化的狀態，以至於無法去回想這些痛苦的回憶，而且回想本身可能反倒讓他們再次受創。一項研究指出，大約有百分之十的人在被迫談論他們的創傷後，他們的症狀反倒變得更嚴重了。

有百分之四十至六十的人會中途退出治療，而且大部分的人諮商不到兩次就退出了。許多統計顯示、甚至直接指出，以技巧為基礎的談話性治療對創傷後壓力症候群是無效的。認知行為治療（Cognitive behavioral therapy，簡稱CBT）是一種談話性治療，其教導病人揚棄負面行為模式，同時策略性地練習正面的行為模式，是目前被廣泛接受為治療創傷後壓力症候群的一種方式，但它的統計數據卻糟糕透頂。一項研究顯示，在七十四名病人中，有八名病人在CBT的介入下情況得到改善，而完全沒有接受任何治療的病人當中仍有四位的病況有進步。[6]

儘管如此，我那罹患複雜性創傷後壓力症候群的朋友萊西提到，她的諮商師讓她獲益匪淺。她說她的諮商師幫助她重建生活，設下界線並讓她得以好好照顧自己。

這又讓我想起約會了。這過程看似糟糕至極而且根本在浪費時間——直到你找到了對的人。然後所有的努力、所有的抱怨和哭泣——一切都值得了，對吧？

我真心希望這一切都是值得的。

16

在《心靈的傷，身體會記住》中，貝塞爾・范德寇提到一種治療方式，稱為眼動減敏與歷程更新療法（Eye Movement Desensitization and Reprocessing），簡稱EMDR。這是一種奇怪的回憶催眠過程，讓病人一邊左右移動眼球、一邊重溫過去的創傷。這看起來實在太簡單了，甚至有點愚蠢，但范德寇對之大力讚揚。他提到一個只接受了四十五分鐘EMDR治療的病人向他表示：「他覺得和我晤談真的讓他很不舒服，所以他絕對不會向其他人推薦我。然而他表示EMDR的確成功解決了他父親對他的虐待問題。」**成功解決！**根據范德寇的敘述，「即使病人和心理治療師之間沒有信任關係」，這種形式的治療仍然是有幫助的。不過他也強調，EMDR對成人時期才發生的創傷比較有效，在童年創傷倖存者身上的治癒率只有百分之九。然而到了這個地步，百分之九總比完全無望來得好。我無法忽略百分之九這個信號燈。

我找到了一個位於紐約市、並且願意收我保險的EMDR治療師。她在金融區，就在華爾街附近，但她的辦公室差不多就和加油站的洗手間一樣大，給人的觀感也是如此。環視整個房間，到處都是紙張，而且四周堆積了好幾呎高的紙製文件夾，雜亂無章地塞疊著。她的冷氣上汙漬斑斑，而且吵得不得了，所以她在地上放了兩台從一元商店買來、大約十五公分高的粉紅色塑膠電扇，讓我們腳邊的熱空氣可以不斷循環。「艾蓮娜」是名身形嬌小、看似單薄的女性，頂著一大圈蓬鬆的灰色捲髮。她不斷地乾咳，而且每個診都會遲到幾分鐘。但她每次收費只要三十美元——既然我不需要喜歡她，這樣就夠了。

第一次晤談時，我簡要地敘述我的暗黑人生故事，艾蓮娜則不斷在筆記本上沙沙地寫著。「哇，」她說，同時搖搖頭，「你經歷了好多事，而且以極強的韌性翻山越嶺，你真是不簡單。」我喜歡她不帶同情的語調，同時認同我所歷經的一切有多嚴酷。我雖然對她不甚滿意，但尚可接受。接著她向我說明治療的基本要點。

EMDR是在一九八七年時，由心理學家弗朗辛・夏皮羅（Francine Shapiro）所發展出的治療法。她發現當她在森林中漫步時，那些令她煩惱的思緒便在她左看右看、觀察周遭路徑的過程中被驅散了。後來她便進行多項研究，她會在病人面前移動一根手指，引導他們看向左或看向右，同時請他們重溫最痛苦的創傷。她的研究指出，接受EMDR治療的受試者「主觀認為自己的痛苦指數有明顯降低，同時對正面信念的信心有明顯增加」。[1]

在EMDR的圈子裡，EMDR療法被稱為「處理」（processing），專家們強調，處理**並不**等於談話。談話讓我們明白自己為何會成為如今的樣子，但這樣的知識是不夠的。另一方面，處理卻能讓我們真正逐漸接受自己的創傷並解決它——以更健康的敘述方式重寫大腦中的回憶。這對我來說很抽象，我不知道這代表什麼意思，但聽起來的確很不錯。

沒有人完全清楚EMDR是如何達到功效的，以至於讓人難以對它產生信心。其中一個理論認為，EMDR在模仿大腦於快速動眼睡眠時處理記憶的方式。其他研究則認為，這些轉動眼球的動作會耗損我們的短期記憶，沖淡過去鮮明的痛苦經歷，讓人能夠清楚重溫這些過程。不論這些理論是否為真，許多研究紛紛得到真實的結果：不知為何，這個怪異的過程出乎意料地有效，能夠幫助病人從創傷中恢復。

自從夏皮羅發明EMDR以來，這些年來科技已經進步到不只是搖擺手指了。現在有EMDR亮燈裝置，有點像是掛在街角商店的啤酒廣告招牌，上面的LED燈會輪流閃爍。對於像我這樣的人——也就是在EMDR過程中喜歡保持閉眼的人——現在也有讓你握在手中、會震動的觸覺感受器，同時配合左右輪流播放聲音的耳機。

在艾蓮娜位於曼哈頓的辦公室裡，她將EMDR的觸覺感受器和耳機交給我。它會在我左耳播放一陣聲音，我左手中的感受器也隨之震動——然後再換右邊。艾蓮娜強調，這不是催眠，我完全能夠控制自己的感官，並且在任何時候都可以隨意暫停或改變療程。接著，她拿出一張印著一連串問題的工作表，她一邊逐題詢問我，一邊用她已千瘡百孔的鉛筆記下我的回答。

「你是否曾發現自己身處某個地方，卻完全不記得自己如何抵達該處？」

「否。」我回答。

「你是否曾發現自己穿著某件衣服，卻完全不記得自己是如何穿上的？」

「否。」

「你是否曾發現自己能夠在遠處看著自己，彷彿你在看著自己的人生電影？」

我知道艾蓮娜在做什麼。她想知道我**解離**的程度有多嚴重。當我剛發現自己罹患複雜性創傷後壓力症候群時，雖然我有當中的許多症狀——憂鬱、攻擊性……等等一大堆——但我同時也慶幸自己並沒有出現當中少數的幾個症狀，它們主要都和解離有關。「解離是複雜性創傷後壓力症候群的常見症狀，」我讀到。「解離的呈現方式包括情境再現、靈魂出竅、出神、失憶，以及遺失某段時間的情況。」[2]我的確對周遭環境不是太敏銳——是啦，我常常被地毯的邊緣絆倒，但「解離」這個詞對我來說好像太強烈了。

解離的極端形式，被稱為解離性身分障礙（Dissociative Identity Disorder，簡稱DID）。由東妮·克莉蒂（Toni Collette）主演、Showtime電視網播放的短命影集《倒錯人生》（*United States of Tara*），使得這種障礙為主流社會所知。任何時候，這齣戲的主角塔拉只要被觸發，她就會轉換至另一個不同的人格——有完美主義的家庭主婦、會酗酒的越南裔男獸醫、風騷的青少年。每一次只要她變身，她就會完全失去知覺，而當塔拉回到自己的體內時，她卻完全無法想起她的「分身」幹了什麼好事。

我沒有這種情形。我不會失去知覺。若真要說，對於自己能夠記得那麼多的創傷，我反倒覺得挺自豪的，我依然能清楚記得童年中最暴力的那些時刻。

艾蓮娜又問了幾個問題後，我打斷了她。「聽著，我在很多方面都一團糟，但我不覺得我的解離程度有那麼嚴重。」

她有耐心地點點頭，但仍然問完了表單上的所有問題。我則明確地在每一個問題後回答

「否」。

接著，艾蓮娜說，我們應該在ＥＭＤＲ的過程中，選定一個合適的回憶。這回憶應該要是我認為必須處理的早期創傷。我對此有任何想法嗎？

我檢視著腦海中的資料庫。「嗯，」我說，「有很多。例如，有一個跟高爾夫球桿有關……」

我描述了那個事件和當中血腥暴力的細節。

她在耐心地聽我說完後問道：「從一分到十分，十分是最令人困擾，你覺得這段回憶有多困擾你？」

面對你父母想要殺你，你要怎麼為這種感覺打分數呢？我猜這種瀕死經驗應該自然有九分吧。然而，當我思考這件事時——當我想像那隻高爾夫球桿朝著我的頭揮來時——我卻一點感覺都沒有。「呃，大概是二吧？」

艾蓮娜抬起頭來。「兩分？」

「對啊，我已經想過很多次那段經歷了，我猜。我想我已經處理過它了，因為它真的沒有太困擾我。我常把這件事說給其他人聽。所以，我也不知道，現在當我想起這件事，我並沒有很惱火。」

「好，好吧，那我們來處理一些真的很困擾你的事吧，」她說，「某件會引起你強烈情緒的事。」

「嗯……是常常會想起的事嗎？我想或許是……有幾次我父母試圖在開車時殺了我，他們會在懸崖邊急轉彎，威脅要同歸於盡。」

「那你會給它幾分呢?」

「三分?大概吧。」

「你說你沒有解離的症狀,但這倒是個奇妙的現象。」艾蓮娜小心翼翼地說。「當你在形容某些自己歷經的可怕事情時,你的情緒平淡到不太尋常。」

「或許我已經處理過這些回憶了!我已經諮商了十年,所以它們不是什麼我從未告訴過任何人的祕密。我這輩子已經跟人講過這些故事無數次了,例如我的前男友、諮商師。所以,或許在敘述過程中,我已經思考過它們如何影響我,並且學會一些新事物,然後……釋懷了。」

「好,這也有可能。」艾蓮娜承認,她看起來有點煩躁且心存懷疑。「但我們仍需要找到某件讓你困擾的事,所以我們試試別的方法吧。你還記得第一次被虐待的事情嗎?」

「嗯……呃,不記得了。我還太小。我還依稀記得當我五歲,或許更小的時候……我媽用衣架打我,不過她之後有跟我道歉。這也是我印象中她唯一一次她因為打我而跟我道歉。」

「這段回憶有多困擾你?」

「一?二?這不是太清楚的回憶。或許我甚至不應該試著處理這些受虐的回憶,因為我想不起有哪一次的挨揍真正困擾我。或許我應該將重點放在……像是遺棄方面的問題。我的確有嚴重的遺棄情結。或者我總是覺得自己是個失敗者……」

又一個懷疑的眼神。艾蓮娜溫柔地說:「我想,一般來說,越早越好。早期的創傷對性格的影響也比較大,但這必須取決於**你**。當你想到第一次被遺棄時的感覺——當你母親第一次離開你時——從一到十分——」

我重重朝著沙發向後一躺，誇張地把頭往後仰。「呃。一分。」

「好，看來我們的時間到了。」艾蓮娜說。「未來這週你可以思考一下，哪段回憶真的**會**攪動你的思緒？若下次你有真正想要處理的問題，我們可以將全部的時間都用來使用觸覺感受器。」

• • •

我之後在研究EMDR和治療的過程中，才發現你可以用EMDR處理發生在**任何時間點**的回憶。你可以處理任何想深入探究的回憶，甚至是最近的回憶也可以，因此重點不在於從記憶中打撈出最痛苦的創傷經驗。事實上，有些人主張，深入記憶趕出最害怕、埋藏在最深處的腐屍爛骨，把這作為治療複雜性創傷後壓力症候群的開場，其實是個糟糕的主意。你可能會在記憶的排水溝裡找到一個殺人小丑，而他可能自此開始便成為你每天揮之不去的夢魘。你也可能挖出某些有害的觸發點，使你的病況變得更糟或難以面對，導致你乾脆退出治療，再也不回去了。這也是為什麼許多創傷治療師會在病人開始挖掘一些最根本的創傷**之前**，先協助他們建立穩固的應對機制。這樣一來，如果你在大腦的地下室裡發現了小說《牠》裡的跳舞小丑潘尼懷斯，你能夠有足夠的技巧來對付他。

然而，我開始與艾蓮娜進行諮商那時，並不知道這些。那時我走出她的辦公室，站在滿街穿著Brooks Brothers西裝的人流中，心想，**我到底要怎麼找到這東西**？我覺得我在工作上的恐慌症很困擾我。我覺得我一名最要好的朋友在去年離我而去，也很困擾我。但我的童年受虐經驗已經是老掉牙的歷史了。不過，或許在我大腦中的某處仍存在著某些不常提到的受虐經驗，是我創傷歷史的B面。或許**這些經驗**會讓我覺得痛。

在搭乘地鐵回家的路上，我的大腦忙亂地搜尋過去的創傷事件，彷彿一隻手在充滿垃圾的抽屜裡翻找，抓出一台釘書機，然後再抽出一隻蒼蠅拍。摩比人玩具（Playmobils）事件那次呢？不，那次頂多只有三。那麼在馬來西亞的時候，關於我的作業那次呢？女童軍那次？如果我真的覺得困擾，我應該會血脈噴張、心跳加速才對。在我對著男朋友滔滔不絕，同時發現他那嗯哼嗯哼的回應方式其實是對我不耐煩時，我可以感覺自己的腦袋正在冒煙。基於此，回顧起自己生命中最暴力的時刻卻毫無反應，或許還真的**有點**奇怪。在地鐵上，我閉上眼睛想像刀子、燒傷和藤條。然後我張開雙眼、檢視自己的全身。他媽的我覺得好極了。若真要說有什麼問題，我只是覺得有點餓。

我試圖為此找出某種解釋。或許是因為我沒有仔細地記得這些事件，所以我才不會因此而感到困擾？當我想到每一個事件時，我可以記得當下的情景、感受、畫面，有時候我還可以記得這件事持續了多久。但即使是長達幾小時的毒打，我也只記得過程中的幾句話。我記得我母親的手、她的身體，但我不記得她的臉。我不記得她卸妝後是什麼樣子。我不記得她哭泣的時候是什麼樣子。或許，為了要回到某段特定的回憶、讓它清楚到足以困擾我，我需要再次觸發我自己。這下子，我很清楚要怎麼做了。

17

第一次看到《親愛的媽咪》(*Mommie Dearest*)這部電影，是我十四歲時在沙發上隨意轉台看到的。隨著電影的劇情發展，我慢慢地在地板上匍匐……後退，退到走廊……然後再退到樓梯上，最後我是縮在遠遠的角落把電影看完的。看完電影後，我得在床上躺一會兒，因為我在螢幕上看到的一切，是如此精準地反映出我的生活。那時我母親已經離開我們好幾個月了，然而當我看到這部電影時，她彷彿又回來了。上一個世代的白人演員菲・唐娜薇（Faye Dunaway）詭異地詮釋了我母親的話、她的表情、她如鬼魅般的白色面膜。我將自己蓋起來瑟瑟發抖，直到我的身體終於明白我母親並沒有真的回來為止。

因此，在一個陽光燦爛的星期六，也就是我做第二次EMDR治療的前兩天，我下載了《親愛的媽咪》。我想我乾脆點起蠟燭、在我的筆電下面畫個五芒星算了，因為我母親的靈魂就是我要召喚的惡魔。我按下了播放鍵。

這部電影打從一開始色調就很昏暗，而且充滿了不祥的感覺。我睜大眼睛，在每一幕畫面中尋找線索。電影大部分的時候都充滿了好萊塢的腥羶八卦風格，不過還是有幾個片段觸動了我的敏感神經，例如當菲・唐娜薇飾演的瓊・克勞馥（Joan Crawford）在游泳池裡變得太過好強，一心要和她的女兒克莉絲汀娜（Christina）競爭時。當她堅持克莉絲汀娜不能被寵壞時。當她執著於乾淨整齊時。不過當我看到最著名的一幕，不禁感到背部一緊：金屬衣架。我知道，這完全呼應了發生在我身上的事。

當瓊發現金屬衣架時，她不是只有大吼或碎念而已，而是歇斯底里地尖叫，每一個字都刺耳到一個極致，每一個音節都長達好幾秒：「**不——准——用——金——屬——衣——架——！**」我還記得她的手，以及那無法招架和混亂的感覺。我還記得金屬衣架在空中咻咻揮舞，抽在我皮膚上的感覺，但……我卻不記得我母親的音量。若她真的對我吼叫到聲帶都破裂了，那應該會跟電影中的情況一樣。很大聲，我在紙上寫著。真的有那麼大聲嗎？

接下來的情節完全就是瘋了。瓊用金屬衣架抽打她的女兒，接著便把她丟進浴室裡，狂亂地將肥皂粉灑得到處都是，而且從頭到尾都不斷尖聲吼叫。事實上，影評們在評論這一幕時，他們形容唐娜薇的嚎叫太過誇張且裝模作樣。羅傑・埃伯特（Roger Ebert）表示這部影片讓他「覺得毛骨悚然」且不舒服。唐娜薇自己也說，她後悔接演這部電影，認為自己的演技就像「歌舞伎表演」。但這對我來說卻再真實不過了。

我最熟悉的金屬衣架那一幕，出現在電影快結束時。瓊將克莉絲汀娜獨自留在浴室裡，而克莉絲汀娜坐在那裡，仍然驚嚇得說不出話來。當你被揍得屁滾尿流時，你不會有餘裕思考不公義或心存懷疑，你只會一心想活下來。你要如何讓怪獸平靜下來？設法控制他們的怒氣嗎？但當一切都結束後，正是在這樣的靜默中，悲傷會悄悄爬上你的心頭。「耶穌基督。」克莉絲汀娜喃喃自語，這令我想起許多次完全一樣的情景。當怪獸離開後，你所得到的片刻寧靜讓你可以審視現場的滿目瘡痍——到處都是肥皂粉，蕾絲洋裝散落滿地——同時心想你的人生到底是在**搞什麼鬼**？然後你得讓自己冷靜下來，清理這一團混亂，並且假裝什麼事都沒發生過。

我在看這部電影的時候並沒有哭，恐慌症也沒有發作。我謹慎地記下心得，闔上我的電腦，然後去另一個房間找喬伊。「我們得走了，不然派對要遲到了。」我吱吱喳喳地說。但我不斷地思考那高分貝的嘶吼聲。我得處理這個問題。

・・・

星期一，我回到艾蓮娜的辦公室，有備而來。「我想我找到相當困擾我的回憶了！」我一屁股坐在她的沙發上，自豪地宣布。「我看了《親愛的媽咪》，還蠻令人神經緊繃的。所以我想要選一個**我媽**用金屬衣架打我的故事。」

「我很高興你找到了你要的故事，不過我記得那部電影蠻沉重的……」艾蓮娜說，她的聲音越來越小，同時拉開一個黑色的塑膠袋。她交給我一副九〇年代風格的耳機和兩個觸覺感受器，它們在我手中看起來像兩個小型的長形蛋。「好，我再說一次，這**不是**催眠。若你覺得不舒服而想要停下來，你可以告訴我。但若有個安全的地方應該有幫助，在你覺得不舒服時，可以撤退到這個視覺想像的環境。你可以閉上眼睛，然後想像一個美麗、平靜的環境嗎？它可以是這世上的任何地方，只要你覺得安全就可以了。」

我閉上雙眼。我總說有兩種人，森林人和沙漠人。森林人樂於照顧人、充滿養分，但他們容易躲在他們的樹叢後面。我是沙漠人。剛烈、辛辣、令人難以忍受，但是真心誠意。在沙漠裡，你總是知道你要面臨什麼狀況，因為所有事物一覽無遺。在那乾燥的空氣中，你可以在十英里外就看到風暴來襲。

「我在沙漠裡。」我說，想像著自己在新墨西哥的白沙地區，眼裡所見是萬里無雲的晴空，腳踏白色細沙。

「很好。現在，仔細留意沙漠中的聲音和氣味。」

白沙地區沒有聲音。那是我所到過最安靜的地方，安靜到一個程度，你甚至可以聽見椿象細微的腳步聲。那裡也沒有任何氣味，大概只有粉塵和臭氧吧。一望無際。

「現在，我要你想想你的拯救者。這個人會保護你。你相信誰會照顧你？」

穿著白色T恤的喬伊在我眼前出現了。他站在那裡對我微笑。

「好，」她說，「現在我要啟動機器了。」我感覺到左手中的蛋在嗡嗡震動，同時間我的左耳也聽到短暫的嗶聲。接著是右邊的蛋在震動，伴隨著右耳的嗶聲。它們並不會讓人分心——就只是在那裡震動和嗶嗶叫而已。「我要你想著金屬衣架，並且留意接下來發生了什麼事。」

嗡嗡，嗶。嗡嗡，嗶。聲音和感覺開始退去，我在腦海中看見我的衣櫃，以及有著褐色和橘色的呢絨地毯。我想像有件花卉圖案的花邊洋裝躺在地上，還有一件牛仔褲被丟在一旁。我看到我自己，大約六歲，有著大大的眼睛，留著齊眉的厚劉海，穿著一件T恤和綠松色短褲。然後我看到了她。她有點像是我母親和菲・唐娜薇的綜合體，手裡拿著金屬衣架正在咆哮。她正在抽打年幼的我，而成年的我則站在一旁，眼睜睜地看著。紅色的鞭痕逐漸出現在年幼的我的大腿上。

我母親大聲斥喝著。「我要跟你講多少次才會把這些掛起來？你為什麼沒辦法好好對待好東西？我們為什麼要花這些錢讓你糟蹋？你是什麼女兒啊你？」

「我不知道。我有試著記得，只是我忘記了。對不起——」年幼的我說。

「你在回嘴。你根本不覺得抱歉！你在找藉口！你好大的膽子！」她的聲音大到令人無法忍受。成人的我因著目睹這場面的細節而不禁往後一縮——這場景比以往更加生動清晰。

艾蓮娜將機器暫停。我睜開眼睛，帶著幾近驚訝的眼神看著她，心想她怎麼會在這裡。「發生了什麼事？」她問道。我簡單敘述了我腦海中所播放的電影。「好，」她說，「那我們現在繼續，將注意力放在**你根本不覺得抱歉**。」

觸覺感受器又開始震動了。

「你根本不覺得抱歉。」我媽說。「你從來不覺得抱歉，你這麼做根本就是要折磨我、傷害我。你和他一模一樣。你跟他一樣有又大又扁的鼻子，愚蠢的表情。我光是看著你就想吐。」她在說我父親。

「但是我**真的**很抱歉。」年幼的我說。「你那麼關心我，你帶我去上網球課和鋼琴課，你在學校當志工，你那麼支持我，我很感恩。媽咪我愛你。」

我的天。我到那一刻才恍然大悟：我必須不斷地乞求我父母相信，他們是被愛的。身為他們的孩子，那竟是我的主要工作。角色應該顛倒過來才對。

震動暫停。我睜開眼睛，雙頰布滿淚水，但我的呼吸很平穩。「我沒想到會這樣。」我試著冷靜地說出這句話。我並不信任艾蓮娜和她爛巴巴的一元商店電風扇！我根本不太相信這個過程！搞什麼鬼？發生了什麼事？

「好，」艾蓮娜說，「現在，派喬伊去把年幼的你從這狀況中救出來。」

震動開始。眼睛閉上。強壯的喬伊。我想像自己站在一邊，看著他一個箭步衝上前，用他飽滿結實的大肌肉一把拉起年幼的我，遠離我的母親。「你得跟我走。」他說。接著他對我的母親咆哮：「這令人無法接受。停下來。你不能再傷害她了。」

年幼的我開始哭泣。「不要！那是我媽媽。你在做什麼？你是誰？不要讓我離開媽媽。」

「你必須離開，你不應該受到這種對待。你必須離開。」

「我不能離開。他們需要我。我必須保護他們。」

「不，你不需要。」喬伊將年幼的我抱得更緊。「你不需要解決一切問題才值得被愛。我愛你原本的樣子。你可以搞砸事情，你可以隨心所欲地做任何事而且仍然值得被愛。」

年幼的我極力掙扎，試圖從他的懷抱中掙脫，甚至把他的手咬到流血。最後，喬伊伸直雙臂把她舉著，直視她的眼睛對她說：「**他們不愛你**。」他指了指我的父母。「他們沒有給你應得的愛。他們被自己的慘況和傷痛完全淹沒，到一個程度之後，他們就是無法給你所需的愛。」

震動停止。我仍在不停地流淚。

在我總結腦海中的故事後，艾蓮娜問我：「小史蒂芬妮想要離開了嗎？」

「不想。」

「你可以再派另一個人來幫忙嗎？」

「我不知道。」

「成人的史蒂芬妮如何？小史蒂芬妮可能認得你。」

喬伊消失了。我往前踏了一步，然後在她身旁跪了下來。「聽著，」我說，「我知道你為什麼想留下來，因為你不知道除此之外還有什麼樣的愛。但我向你保證，這世上還有不一樣的愛，你會遇見能夠愛你的人，他們會給你父母無法給你的愛。」

小史蒂芬妮以憤恨的眼神看著我說：「但這些人都離開你了啊！」

她彷彿搧了我一個耳光。我開始感到生氣。愛之深、責之切的時間到了。我指著我的父母。

「但**他們**也都離開了啊。」我說。

她似乎相當震驚。不知為何，她還不知道這件事。

「是真的。」我大吼，現在我聲音變大了。「他們在幾年後都拋棄你了。你為了救他們所付出的努力、所有的調解、盡心竭力，都不會得到任何報償。他們一點都不感謝你的付出，也從來沒有跟你道謝。」

我看到她的心意逐漸堅決，我知道她相信了我的話。是該把她拉出來了。

震動停止。艾蓮娜再次讓我回到現實。我告訴她所發生的事。她說：「但若她走不了該怎麼辦？你可以給她留下來的話所需要的技能嗎？」震動開始。

我實在很希望她能離開，現實中的我為她感到害怕而不斷哭泣。我竭盡所能地提供她所有理性的訣竅和方法，例如她可以如何減少衝突，但她已經在這麼做了。

「我只是要你知道，你並沒有做錯任何事。要記得，終究**會**有人愛你的，我保證。」我說。「還有……我要你知道你有多麼**強大**，你很警醒，你有高明的交際手腕。你只是個孩子，但你是凝聚這個家庭的核心。不論有沒有你，這兩個有害的大人壓根兒都不會快樂的。若真要說，是你讓他們沒那麼不快樂了。他們的悲傷不是你的錯。」

我將她拉向我，試著將一生的愛和溫暖傾注在一次的擁抱中。

就這樣，結束了。震動停止。一切都過去了。

我逐漸回神，感到一陣茫然，眨著眼睛看著艾蓮娜雜亂的辦公室。

「你現在感覺怎樣？」她問道。

「沒有……沒有我想像中那麼催眠。」我回答，這是哪門子可笑的敘述？但……我要怎麼形容剛才發生的事呢？我謝過艾蓮娜，握了她的手，然後跌跌撞撞地走到走廊上，在那裡站了幾分鐘，兩眼無神地盯著牆壁。

・・・

我回想那段受虐的經歷大概兩百次了吧，但我從來沒有哭過，我也從來不覺得畏懼。我總是覺得很平靜、平淡，沒有任何感覺。之前的心理治療師們多次告訴我「被虐待不是你的錯」，我也若無其事地回答「對，當然，我知道」。

「你真的知道嗎？」他們問。他們會強迫我複述這段話，要我尷尬地坐在他們的沙發上一次又一次地背誦著「我所受的虐待不是我的錯」。

「那你現在覺得如何？」在我唸完之後，他們會滿心期待地問我。

「我想……不錯？」我說。「嗯，真的，那不是我的錯。」但我在說這些話時其實有口無心，彷彿在讀某本手冊中的事實敘述。

真實的人生不是《心靈捕手》（*Good Will Hunting*）。就算羅賓・威廉斯（Robin Williams）看著我大吼或輕聲細語地說十次、二十次或兩百次「這不是你的錯」，我也不會癱軟在他的懷中為我失去的青春啜泣。我會眨眨眼對他說：「對，當然，我知道。」

但**這次**不一樣。這小小的震動器竟然施展出某種羅賓・威廉斯的電流魔法。我不僅在邏輯上明白了自己受虐經驗所帶來的負荷，我可以直接**感覺**到它，就像一把利劍劃開皮肉，刀刀見骨。我覺得這就像你的情人對你說，你們不會有結果的，那樣鋒利、直接、可怕。我的確強烈且清晰地感覺到發生在我身上的恐怖事件——這應該是有史以來頭一遭。想到我這麼小就被迫要讓我的父母感到被愛，我感到極度悲傷。想到我必須忍受那樣的凌虐，日復一日，年復一年，而且還是被我在這世上最信任的人虐待，那需要多大的勇氣！我開始有點愛上和佩服童年的自己，這是我過去從來辦不到的事。

知道和理解是有差異的。我一直以來都知道這不是我的錯，然而EMDR打開了通往另一個層次的大門，讓我可以邁向理解。這就像死記硬背與真正的學習之間的差異。推測和信念，禱告和信心也是如此。如今這再明顯不過了——沒有信心，怎麼會有愛呢？

・・・

那天，我學到兩件相當重要的事情。第一，傷口不會痛，不代表它已經痊癒了。若它看起來很好，你感覺也很好，那應該就都沒事了吧，對嗎？然而多年來，我其實是在千瘡百孔的結構上填填補補、粉飾太平。

我學到的第二件事情是，**我父母其實並不愛我**。

我其實多少也猜測到了，畢竟他們遺棄了我。但在我的腦袋裡，總是能為此找到各種理由和藉口。直到此時此刻，我這輩子第一次看見了事實——他們無法愛我、從來沒有愛過我的真正理由。我認為他們憎惡自己到一個程度，導致他們無法愛我；他們的悲傷讓他們自我中心到無視我的存在。我不被愛的原因，和我本身或我的行為一點關係都沒有。全然是他們的問題。

我試著體會一下這個全新的想法。「我的父母不愛我。」我低聲喃喃自語，然後更大聲地說：「我的父母不愛我。」這句話很悲慘，它應該要讓人覺得萬箭穿心，但它卻引起我的共鳴並為我帶來寧靜。這是已發生的事，而且這句話沒有錯。不過沒有關係，有其他人愛我，我會被照顧得好好的，而且我自己也很能幹，一切都會沒事的。**天啊！這是真的**。

我幾乎忘了自己是怎麼回到家的。腦海中不斷重複著：**我父母不愛我，不過沒關係。**

我想，或許我已經痊癒了。或許事情真的就是這麼簡單。

18

整整五天，我都很快樂，而且很正常。當喬伊嗯哼嗯哼地回應我時，我知道他應該在忙，所以我去找貓講話。當我在所接的案子上出了錯並被編輯指出來時，我只是修正錯誤，然後我們便繼續工作。我小心翼翼地保持樂觀。有些研究指出，要充分從複雜性創傷後壓力症候群痊癒，通常需要三到五年；但我一向很早熟，或許我已經在三個月內把療傷的工作都完成了吧。

第五天，那是一個星期六，我們的交往紀念日剛好落在那個週末。但喬伊被繁重的工作纏身，沒辦法對此多作表示。那是他在中學擔任數學老師的第一年——後來我們才發現這是件極為耗費心力的工作——他總是忙碌不已且外務繁多。他向我道歉並表示他很沮喪，但他說我應該和我小時候的閨蜜凱西好好去找點樂子，我們之後再慶祝。

凱西仍住在加州，但她那時剛好來紐約出差幾天。我們在她抵達紐約後還沒有機會碰面，因為她也有許多工作，而且前一晚她累到沒力氣和我出去。今天，她說她終於可以出來晃晃了——但她同時也邀請了一些我不認識的朋友。「我們要來個小籠湯包巡禮，」她說，「傑瑞德說他知道每一間好餐廳！」

「傑瑞德是華人嗎？」我問。

「不是，他是白人。」

「真的假的？你覺得一個白人會知道法拉盛（Flushing）哪家餐廳好吃？」她委婉地聳聳肩，什麼話都沒說。

當我出現在羅斯福大道，凱西和她的朋友們正在回憶他們之前吃過的超大漢堡和韓式烤牛肉，我才明白這是他們的**嗜好**：美食巡禮。他們之前已經一起吃吃喝喝很多回了。我從來沒去過他們提到的這些餐廳，所以無法貢獻任何想法。傑瑞德說他知道有一間小到不能再小的餐廳，但它的羊肉湯非常好喝，值得我們前往品嚐。「噢，我也知道某個美食街上的小店，它賣的海鮮濃湯又臭又辣，我在別的地方都沒吃過。」我也想要提供點子，但沒有人理我，於是我閉上嘴巴。最糟的是，傑瑞德還**真的**知道每一間好餐廳。我只知道南翔小籠包，但他還知道鹿鳴春菜館、上海豫園、某個祕密小店的獨特蛋塔，還有位於某個地下室的超美味羊肉爐。我的心情並沒有隨著每一站的美食而改善，反倒每況愈下，越來越暴躁。

當他們要前往第二個甜點站時，我告訴他們我因為吃了太多小籠包而胃痛，想要回家了。回到家後，喬伊問我這天過得如何。我說很好，但我太累了所以不想說話。我從Netflix上挑了一部蠢到不行的電影，而且即使不餓，我還是吃了之前沒吃完而剩下的羊肉麵，喬伊則同時在我旁邊的沙發上備課。

到了第六天，也就是星期天，我一早起來就有起床氣，渾身是刺。我不希望自己一整天都心情不好，所以我去上晨間的運動課。伸展運動讓我覺得很舒服，深蹲也澆熄了我的怒火，但它們無法真的撲滅我悶燒中的怒氣。好吧——我們來試試另一個策略吧。我到一間很不錯的戶外咖啡廳，點了一個可頌和一杯啤酒。坐在陽光下的我，聽著鳥兒鳴唱，試著享受當下並保持理智，儘可能地吸收令人愉快的刺激物。但啤酒卻只讓我昏昏欲睡，彷彿剛從午睡中清醒、脾氣暴躁的貓咪。最後，我回到家並癱在床上，而且開始啜泣。一開始我之所以生氣，是因為我不知道自己為什麼生氣。一切都很美好，沒有任何問題啊。然而，我仍覺得自己滿肚子都是憤怒的紫色麥片粥——所有東西都混在一起、黏糊糊的，讓我無法抽絲剝繭、理出原因。我試著呼吸，我試著數紅色的東西，然後檢視自己的內心。在這坨爛糊糊中，我找到一絲怨恨，打從骨子底認為沒有人真正關心我。啊哈！在深呼吸與仔細省思十分鐘後，推測自己可能因為凱西沒有在這趟行程中預留任何與我單獨相處的時間而感到生氣。

對！當閨蜜從另一岸遠道而來時，我們不都是會騰出時間好好八卦一番嗎？不過憑良心說，若不是喬伊忽略了我們的交往紀念日，這件事可能甚至不會影響我。若他真的在乎我，他就不會去工作，而是在週末做點什麼事好好慶祝。

我不斷攪動著麥片粥。現在變成我對自己生氣，覺得自己很黏人，竟然為了這麼蠢的事情不開心。一切都是我的錯。**凱西是個超級慷慨大方的人。她邀請那群風趣可愛的朋友根本就不成問題，結果你讓自己在一群陌生人面前看起來像是被寵壞的公主，還評論傑瑞德對小籠包完全中肯的評價。而且喬伊難道不是每天都告訴你他愛你嗎？你到底需要多少愛？**

我中斷思緒，苦澀一笑。我想ＥＭＤＲ終究沒有治癒我，對吧？上一次，我在整段療程中努力試著相信自己是被愛的，但看看此刻的我——羞恥感和後悔彷彿憂鬱的海星，隨著浪潮一波又一波地巴在我身上。

不過，在這一團爛泥和汙垢之中，透出了一絲覺察的微光：我花了天殺的十六個小時才釐清自己在生氣，而後又花了四個小時才確定背後的原因，這未免也太可笑了吧！我怎麼沒有早點察覺呢？若我能夠辨認出自己的感受並接受現實，我是不是就不用浪費那麼多時間和精力了呢？我昨晚大可告訴喬伊，說我覺得很煩躁，讓他安慰我，也可以試著談談或計劃新的慶祝方式。若我能早點察覺這些感受，我就可以請對方給我所需的關注。然而我卻只感到空洞、枯竭、無所謂。當我談到刀子架在我脖子上時，我也是這種感覺。當我必須停止哭泣、撿起抹布、把肥皂粉清乾淨時，也是這種感覺。那種一望無際的靜默無聲。

或許，你真的可以在沙漠中找到藏身之處。

我或許不是《倒錯人生》主角那種程度的解離。但如今我很清楚地明白，我有我自己的解離方式，更溫和，但這當中的微妙或許更危險，因為直到此刻，我甚至仍有辦法忽略它的存在。

• • •

幾週後，我找到我在高二時寫的日記。

我想我一定是哪裡有毛病。我很疲憊。超級疲憊。我希望我還能感受到些什麼。我希望我可以發自內心地感到快樂，就像以前的我一樣。但我現在什麼都感覺不到了。我甚至還希望我能感到憂鬱，彷彿有刀插在我胸口一樣對這世界放聲怒吼，就像以前的我一樣。但我也沒有這種感覺。這些狗屁倒灶的事情接踵而來，所有的事情應該都要分崩離析才對啊，不過這卻沒有發生。這就好像我透過一片玻璃在看事情。像在看電影一樣。

電影。當艾蓮娜拿著問題清單問我時，她也說過一模一樣的句子，這是臨床工作者和精神科醫師用來診斷有解離狀況的病人時會用的說法，而我也在她的辦公室裡否認了這個說法。現在我很清楚，早在幾十年前我就掛上了一片帷幕——那一片白色的厚布就在我腦海後方，讓我不用面對某些事實。

我的恐懼裡集結了各種東西，因為我沒有適當的工具，能讓我從糾結中挑出真正的情緒和需求，所以它是一團顏色黯淡的混雜感受，也是從帷幕後透出來的零星光亮。

當我用ＥＭＤＲ將帷幕撩到一旁時，我發現：**我的父母從來就不愛我，但這不是我的錯**。

不過，帷幕的後面還有什麼？

19

解離有其存在的理由。數千年來，我們的大腦和身體一直在讓我們遠離痛苦，好讓我們能夠繼續過日子。一隻老虎吃了你的妻子？真是太倒霉了，但你不能崩潰或僵在那裡，你最好快去打獵，否則你的孩子就要挨餓了。你的房子在空襲中被毀了？好，但你**現在**就得收拾僅存的東西，馬上找到新的庇護所。感受是一種特權。

噢，那我還真有特權呢。我已經不再擁有能讓我解離的工具了：工作、酒精、健忘——它們是舒適的盔甲，讓我得以盲目地過日子。除了時間——那極度痛苦、永無止盡的閒暇時間——我一無所有。沒了盔甲，只剩下最原始的我，任由狂風暴雨吹打我暴露出的肌膚。帷幕後面有什麼東西？**痛苦**。一大堆他媽的痛苦。

• • •

在某個因天氣轉熱、蚊子日漸增多的夏日夜晚，我和朋友喬安娜出去小酌一番。酒吧的後院通常在九點之後就不開放了，但因為喬安娜總是掛著一臉微笑並溫柔請求，所以老闆讓我們繼續留在那裡。楓樹枝條隨著室內隱約傳來的爵士旋律迎風搖曳。當喬安娜和我分享她在南美洲居住的故事時，我邊聽邊點頭，並且試著問她一些問題。但當談話告一段落，她問我最近過得如何時，我卻不知道要如何回答。那陣子，我被自己的羞恥感搞到欲振乏力——我因著自己的診斷和失敗的工作感到羞恥——但我不知道該如何分享我的感受，因為我仍然不知道要怎麼樣才不會成為他人的負擔。

喬安娜是中西部人，渾身散發出一股草食性動物、明尼蘇達人的溫暖。她的笑點很低，在八卦之前總會俯身向前徵求同意，在她講完某個不怎麼勁爆的八卦後，她還會為此道歉。「那是我另一個分身小喬在講話。但我能怎麼辦呢？我得忠於自我！」

因此，我沒有告訴她我的感受，反倒驚慌地絞盡腦汁，想要擠出一點別的話。噢！我昨天讀到一篇關於**洋蔥**的有趣文章。她聽了開心地咯咯笑，成功了。但我們接下來不知怎地聊到了某個朋友，以及她交了幾個爛男友。而我講了好一陣子，才發現自己正在八卦，霎時間羞恥感如同洪水向我襲來，我整個人當場當機了。靠——我要怎麼為人厚道，同時又讓人覺得有趣呢？我們的對話又停頓了下來，而且還持續了好一會兒。於是我問了幾個關於南美洲的問題，讓她填上對話中的空白。在聊天過程中，我一直不斷計算著自己的失誤，然後我又意識到這樣很不妥，因為這表示我的心沒有完全在我朋友身上。與其享受喬安娜的陪伴，我卻在這裡擔憂自己所說的每一句話！甚至連她的和善，都成為一種控訴。我嫉妒喬安娜與生俱來的那份泰然自若，嫉妒她不用坐在那裡痛苦地思索要如何才能應對得宜，因為她在愛中長大。我既然沒有得到和她一樣的養分，又要如何像她一樣呢？為什麼我是一隻畏畏縮縮、發出嘶嘶聲的動物，永遠無法有安全感或能溫順而安靜地坐在某人的大腿上呢？我內心的那頭怪獸是否會強行把我帶離他人身邊——讓我永遠只能孤伶伶地被關在某個茅舍中呢？

我的思緒不斷盤旋，就像楓樹的種子莢在空中旋轉著飄落地面，即便在和喬安娜道別後仍久久無法平息。隔天，我將未來一週所有與朋友的約會都取消了。不論我怎麼做，不論我如何努力地尋找喜樂，我所找到的，只有創傷。而且它在我耳邊悄聲說：「你永遠都會是這副德性，不會改變的。我會跟著你，我永遠都會讓你淒慘無比，然後我會殺了你。」

文獻說，這對受過創傷的人而言是正常現象。專家說，這屬於三**P**的範疇：我們認為我們的悲傷是關乎個人的（personal），無所不在的（pervasive）且永久的（permanent）。關乎個人，即我們所面對的問題都是自己引起的。無所不在，即我們的失敗定義了我們的一生。永久，即這股悲傷會持續到永遠。

然而，就像過去一樣，知道自己是教科書上的典型案例，並無法幫助我跳脫這命運。

20

書上說，為了不要成為他人的負擔，我必須學會如何「自我安撫」。我得知道如何平息自己的焦慮，而不是馬上傳簡訊給每一個人。諮商和ＥＭＤＲ或許終究能夠治好我的創傷，不過需要花上更長的時間。但要減輕當下的火辣刺痛，每一項建議都說，第一步應該是冥想和正念。

大量的證據指出，冥想能夠提升專注力並減少焦慮、憂鬱和皮質醇的過度分泌。[1]研究顯示，冥想也可以減少大腦的恐懼中心──杏仁核──的活化作用，同時促進前額葉皮質的活動。[2]有冥想習慣的人，能夠讓自己不致陷入迴圈般的危險想法之中，並以更平靜、正面的角度看待事物。

交感神經系統，或是所謂的打或逃反應系統，是由壓力所啟動的，它能夠幫助我們做好逃跑的準備。作用與其相反的則是副交感神經系統，它也是休息與消化系統，能使我們的心跳速率和血壓下降，讓呼吸變得緩和，並且與壓力反應直接抗衡。冥想能夠啟動副交感神經系統，[3]基本上，它就是壓力的解藥。此外，根據社群媒體的說法，這也是那些走在時代尖端的素顏潮女喜歡做的事。

但是冥想卻無法為我帶來平靜。我已經試過大概不下十次了，每次都是如此：我試著理清思緒。我閉上雙眼，讓自己什麼都不去想。我想要讓我的大腦清如明鏡，但畫面就是不斷地浮現：

某個我應該追蹤的報導，我還沒洗衣服，我得將某雙鞋拿去修。我會試著想像某個簡單、純淨、基本的事物：一塊新鮮、柔嫩的白色豆腐。我大概可以維持個二十秒，成功地在腦海中想像出一塊水亮、晃動的立方體。嗯，豆腐。我晚餐應該吃什麼好呢？等等，該死！好好好，沒關係，我將注意力放在呼吸上好了。吸氣。吐氣。吸氣。吐氣。吸氣。我有辦法吸入應有的空氣量嗎？為什麼我覺得自己好像沒辦法吸入足夠的空氣呢？我怎麼覺得自己在喘呢？我在喘氣嗎？我的肺是不是有問題呢？我有肺癌嗎？我一定是快死了。只有這說得通。我的遺囑還沒公證過，我應該把它拿去公證。我可以坦然面對死亡嗎？我還沒去珊瑚礁潛水過，現在因為全球暖化，所有的珊瑚礁都漸漸死去。若我有肺癌，他們一定不會讓我潛水的。

我後來讀到，對某些族群來說，呼吸練習反倒更容易觸發他們。聽起來好像有道理。

• • •

還有一個比較可行的練習叫作「接地」(grounding)。接地聽起來有點像精簡版的冥想——它是幫助你保持正念的行為，但比冥想簡短，而且主要將注意力放在周遭世界的小事情上。在複雜性創傷後壓力症候群的相關資源中，對我比較有幫助的是一個名為「傷痛後的美麗」(Beauty After Bruises）的網站，它是如此形容接地的：「接地指的是一種心理意識狀態，表示你完全專注於此時此地。你知道你是誰、你在哪裡、目前的時刻和年分，以及周遭正在發生的事。**這和解離完全相反**，『接地練習』是刻意採取某些步驟，讓人脫離情境再現、解離以及／或其他痛苦……

這是創傷病人不可或缺的技能。」[4]

我一直以為，情境再現就是你完全在幻想你的過去。在電影中，士兵會被傳送回阿富汗——他們會清醒地在夢魘中看到沙漠和自動步槍。然而就算我回憶起被虐的當下，我也知道自己在哪裡。我知道我在沙發上。我知道我不會死。

但我很快就發現，在創傷術語中，人們所謂的情境再現並不像電影那樣。他們指的是**情緒上**的情境再現。

舉例來說，在我辭掉工作前，我主管經常來我辦公室，告訴我犯了哪些輕微的錯誤。若我的身體和大腦專注於當下，我會因為犯錯而覺得尷尬，但同時也知道這沒什麼大不了的，知道自己犯了什麼錯後，繼續處理就好了。然而，在我主管離開後，我總是覺得滿心罪疚、焦慮、羞恥和恐懼。我會跑到樓下抽菸，傳簡訊跟朋友說我真是個大白痴，再花半個小時因著沒人尊重我、我可能會被炒魷魚而崩潰。即便我完全知道自己身處何處，但我的情緒卻回到了一九九七年那個孩童時期的我，那個在拼字比賽上若出錯便真的必死無疑的時刻。這就是情緒上的情境再現。

「傷痛後的美麗」宣稱，要治好這些情緒上的情境再現，就是讓自己能夠接地。所以下一次當我發現自己處於恐慌和憂鬱的狀態時，我要唸出接地的基礎步驟：睜開你的雙眼。讓你的腳穩穩地站在地上。看著你的手和腳，意識到它們是成人的手和腳。唸出五件你可以看到、聽到和聞到的事物。

我將腳放在地板上，微微往下施力，並且看著四周。然後我看看我的手。哎呦，好皺。絕對不是小孩的手，我的指甲還乾到翹起來。我把參差不齊的邊緣扯掉。我又聞聞自己的衣服，確認自己的狀況。但我還是覺得糟透了。

• • •

或許還有別的方法。或許我可以先從不那麼燒腦的正念練習開始。那種不僅可以提升我的心情，還能拉提我的屁股的練習。

「我們今天需要一條毯子、一條帶子、兩個小枕頭，以及一個大枕頭。」老師說。我跟著一名年紀較大、手長腳長的女人到放有上課用品的櫃子前，看著她拿出一堆海軍藍的枕頭——非常扎實的那種，像沙發坐墊一樣——還有沉甸甸的灰色毛毯，以及看起來像帆布腰帶的帶子。這門課的名稱是「陰／修復燭光瑜伽」，而我之所以選擇它，是因為晚上的最後一堂課可以打七折。我穿了彈性褲和舊的運動背心，準備好好流點汗，但我周圍的每個人似乎都穿上他們最舒適的睡衣——寬鬆的家居褲和長度及膝的羊毛罩衫。

這門課的老師珍妮佛．張就坐在全班最前面、兩扇使人目眩的海藍色門旁邊。電子蠟燭擺放在教室各處閃爍著燭光，伴隨著一些點燃的祕魯香薰木，幫助我們進入狀況。她是亞洲人，這似乎讓她能夠名正言順地讓我放鬆不少，而且我也喜歡她那令人感到愉快的圓臉。

「好，各位同學，光是你們今天來上課，就值得為自己拍拍手了。今天的陰瑜伽要開始了，重點在於深入你們的筋膜，也就是你們肌肉之間的結締組織，所以我們將會做一些深度的伸展。

有一些姿勢對你來說可能會很吃力，畢竟每個人的身體都不一樣，請你傾聽你的身體。這堂課的重點不在於將每個姿勢都做到極致，若你覺得很痛，請收斂一點。我們只要做到百分之七十就可以了，絕對不要勉強自己做到百分之百。若你覺得某個姿勢很困難，請舉手，我們可以一起想出替代姿勢。」然後她要我們躺在地上，用帶子伸展我們的雙腿。

我一直在等待這門課挑戰的部分到來——例如我必須倒立、單腿站立，或者作出弓式。但我們一直沒有進入這部分。我的心跳沒有加快，而且我們大部分的時間都是躺著或坐著——我的肌肉的確有伸展，但卻一點都不覺得有壓力。上課二十分鐘後，我想這堂陰瑜珈和我在YouTube上看到的不一樣，它不是一種運動。一開始，這讓我感到很煩躁——畢竟我想要完美的翹臀——而且就我的經驗，若某件事情不怎麼困難，表示它也不怎麼有用。話雖如此，我發現自己還是慢慢地沉澱下來了。房間裡朦朧的燈光氣氛讓人覺得心情愉悅。

不過奇怪的是，這堂課我最喜歡的部分其實是老師珍妮佛一直講個不停。

若我們在做大腿伸展，珍妮佛說我應該想像我的呼吸彷彿一團金色的光芒，在我吸氣時移至我的頭頂，吐氣時則回到我的大腿上。若我在蜷曲我的腳趾，我應該想像我的腳像植物一樣，向著地球往下紮根。她不斷提醒我們，要我們專注地想著正在伸展的身體部位。她會唸出每一塊肌肉的名稱，同時強迫我們留心伸展身體時的感受。她讓我開始想像我的屁股上有鼻孔，而我正透過它們呼氣。正是因為她一直講個不停，我的大腦根本沒機會魂遊向外。

伸展動作的強度剛好足以讓我專注於身體上（令人滿足）的痛苦，視覺想像則迫使我將注意力放在雙腿上。這不像是體育課，在每個伸展動作停留二十下。我們反倒在每一個姿勢都維持好幾分鐘。我這輩子從來沒有像這樣花上整整五分鐘專注思考腳趾、肩膀或小腿的各種感受。

在三十分鐘的陰瑜珈伸展後，我們進入了修復瑜珈的部分。珍妮佛要我們把枕頭堆成一個小丘。我已經準備好要進行新的體能測試了，但她卻說：「現在請躺在枕頭上，雙膝張開，手放兩側。」結果，修復瑜珈原來是蓋著毯子以各種不同的舒服姿勢躺著。「如果你需要另一張毯子，只要舉個手，我就會過去幫你蓋毯子。」她揚聲說道，同時輕柔地在教室中遊走，幫同學們墊毯子或枕頭。她要我們閉上眼睛，同時也下達更多視覺想像的指示：我們要想像某個人正緩緩地從一個巨大的玻璃瓶中倒出金黃色的油，澆覆我們全身，或者源自我們腹部的一道光從我們的頭頂散發出來，為這世界帶來溫暖與美好。在這堂課之前，如果你要我試試這些思想實驗，我一定會覺得很蠢，無法全心投入。然而如今我熱愛這些想法，並且願意讓這團純淨的極樂之光在我的肚皮上熠熠生輝。

現在我明白前半堂課的目的了。當我們在伸展時，老師是在訓練我們仔細留意自己身體的微小感受。而此刻我們在枕頭山上放鬆，才能察覺這些相當細膩的感受。我最喜歡的一個姿勢叫做「開胸式」——我躺下並將一個枕頭墊在我的脊椎下方，讓雙臂放鬆地垂在身體兩側，使胸腔得以開展。涼爽舒服的空氣拂過我張開的手掌，讓它帶著我來到春日的草原。胸腔開闊的感覺讓我覺得充滿勇氣又完整。我背部的疼痛消失了。我的腰在厚重毛毯的覆蓋下，覺得沉穩且溫暖，甚至連我的呼吸都覺得清新澄淨。最重要的是，我的腦袋裡沒有擾人的聲音。我沒有在思考過去、各種不安全感或未來。

我開始理解「接地」這個詞的意思了。當我完全專注於當下，光是將焦點放在自己還活著這件事實上，就能從全身感受到極大的愉悅。我很訝異地發現，自己竟然潸潸淚下。這種愉悅——其強烈程度就如同直視太陽——不需要花費任何金錢，我在任何時候都可以得到它。我實在不敢相信我的發現，這如此銷魂的新藥居然是免費、合法，而且毫無熱量的！

然而也是在那個當下，我哭泣是因為內心的一隅感覺悲傷：我怎麼直到此刻才體驗到呼吸的喜樂呢？我怎麼從未發現空氣從我手掌中流過竟然如此撫慰人心呢？我因為想太多而錯過了多少樂趣呢？我對於這種滿足是多麼無知，才會一天到晚想要拋開一切、離開人世？

我哭得更厲害了。裹在毯子裡的我，覺得無比安全和舒服，我覺得……自己正被擁抱著。彷彿某人正在照顧我，以仁慈、慷慨和慈愛澆灌我。而**我**，就是那個某人。

• • •

幾個月後，我發現在第一堂修復瑜珈課所發生的事，不完全是靈性上的體驗——我並不是在靈界中精準地找到一個剛好能觸及我神聖核心的點，而是這位老師的技巧恰好是關閉我預設模式網路（Default Mode Network，簡稱DMN）的完美方式。

預設網路模式的名稱，是來自若你將人放進磁振造影掃描儀（MRI）一個小時，然後讓他們胡思亂想，DMN就是他們大腦中會亮起來的連結系統。我們可以說，這是人類意識中無聊或做白日夢的預設狀態。就本質上來說，這就是我們的**自我**。

所以，若你困在一個機器裡一整個小時，你的思緒會飄到哪裡？若你和大部分的人一樣，你會回憶過去或計劃未來。你可能會想到你的人際關係、之後的待辦事項、你的痘痘。科學家發現，罹患憂鬱症或複雜性創傷後壓力症候群的人，他們的DMN通常過於活躍。

這不無道理。DMN是責任和不安全感的所在地。當我們思考過久、陷入有害的執著和自我懷疑循環時，DMN就會變成一種懲罰。

抗憂鬱藥物或迷幻藥可以大大地抑制DMN的運作，但要治療過度活躍的DMN，最有效的解藥就是正念。

其運作方式是這樣的：為了要讓DMN啟動運作，它需要一些資源才能專注於你的內在。若你刻意將注意力放在外在的事物上——例如寫完一張困難的數學題目卷——那麼大腦就沒有辦法將資源同時放在內在與外部。因此，如果你被某件事情所觸發，你其實可以切斷過度活躍的DMN電源、造成它的短路——讓大腦所有的能量都轉移至外在的刺激上。

當然，在被觸發時去算困難的數學題目並不容易——雖然我多年來一直在做類似的事情，也就是利用工作使我的DMN安靜下來。有些人則會使用酒精或藥物。有比較簡單、也比較健康的外在抑制方法嗎？專注於你的五感。

將你的注意力放在周遭正在發生的事——熱水澡的溫暖、熟得恰到好處的蜜桃甜滋味、小提琴悲傷的琴音、情人脖子的味道——這些都是強大且立即的刺激。當我的老師要求我們伸展到覺得不舒服的程度，而後將注意力像雷射般地聚焦於「噢，好舒服」的疼痛感時，這就是她正在做的事。這也是為什麼躺在那裡感覺自己的手臂、雙腿和胸膛存在於這世界上，讓我覺得如此放鬆，因為這將我腦海中不斷修正、懲罰我的聲音給消音了。

關閉DMN還有另一個好處。當我們的自我安靜下來時，我們與他人的關係也會隨之消融。我們變得更容易進入彼此緊密連結在一起的狀態，那是一種我們一**同屬於**某處的感覺，我們處於更大的社會、世界之中，在當中與他人共享我們的人性本質。這也是為什麼對我來說，進行視覺想像容易多了，因為我在當中能夠從肺部呼出愛的能量，進入這宇宙。這不僅僅是我順應著這種嬉皮式的催眠法而已。這種敞開是有真正科學根據的。

修復瑜珈只是平復DMN的一種方法。一旦你開始研究，你會發現有許多好的正念練習可以幫助你「接地」——讓你脫離那該死的大腦，進入這世界。我開始逐一嘗試這些練習，並且詢問朋友哪些練習對他們有效。

對一些人來說，丟一顆冰塊到嘴裡或吃一大口芥末，能夠劇烈衝擊他們的身體系統，讓身體專注於感官體驗。我所認識的某位記者，通常能夠透過輕拍自己的臉和手而達到效果。萊西喜歡在長途漫步時專注於腳踏在路面上的節奏感，或者在冰冷的水裡游泳。另一名朋友則發現自己蓋上厚重的毯子後，整個人可以放鬆又快樂。

大部分的練習對我來說效果都有限，但我也開始尋找適合我的方法。我最喜歡的方法之一便是專注於飲食。過去，我總是邊吃邊工作，我的食物總會在撰稿的過程中神奇地消失。然而如今我放慢腳步，專心享受我的每一口食物。我仔細留意食物的口感和味道，慢慢地品嚐。結果某天，解鎖這奇幻體驗的食物竟是平價輕食咖啡店Pret a Manger的帕馬森雞肉捲餅。它甚至連三明治都不是！而是最糟糕的食物呈現方式——用料超少、冷冰冰、貴死人、雜貨店等級的捲餅！然而這天，我卻有辦法將我的焦點像雷射般集中在它的味道上。我咬了一口，嚐到番茄醬強烈的甜味。再一口，噢，濃郁的起司。又一口，裹上麵包屑的雞肉帶著微微的脆嫩口感。每一口都帶著全新比例的口感和滋味，令我感到激動不已。只要帶著注意力，爛巴巴的捲餅也能變身為神等級的甘甜花蜜。

我還有一個正念絕招，我把它當成可以讓我在危機中一指按下的巨大緊急按鈕。某天，我正為了家務分工跟喬伊大吵特吵，他重重地把一個鍋蓋摔在一個髒鍋子上，讓我心中的怒火瞬間從零爆升到一〇一二。我拿了一根湯匙朝水槽猛力一砸，大吼他是個肛門期沒有被滿足的潔癖鬼又不是我的錯。當我們開始對彼此大吼大叫時，我大腦中有個小小的聲音建議我試試看某個我最近讀到的接地技巧：數算顏色。我在房間裡飛快地走動，數算所有紅色的物品：一本書的封面、一盒桌遊、一只花瓶、一幅畫中的洋裝、軟墊上的一朵花。當我數完紅色的物品後，我開始數藍色。這看似是幼稚園用來安撫暴躁學童的技巧，但令我大感驚訝的是，我的大腦居然在幾秒鐘後就清晰了起來，就好像用旋鈕把擴音器的音量調低一樣。兩分鐘後，我自以為義的憤怒便平靜多了。這不是那麼嚴重的事。看來道歉是個不錯的選項——還有，我或許應該把那個該死的鍋子給洗乾淨。

我以為要治癒我的創傷，就像拖著行李箱爬上沒有附設電梯的公寓六樓一樣：得之不易且痛苦難耐。這次的發現證明了我們不一定總是得傾盡全力才能得到第二次機會——它們可能不花分文且垂手可得，就像餐廳贈送的餐後薄荷糖。我真的有辦法一一清除地雷，以一望無際的蒲公英和蝴蝶代替過去的惡臭沼澤嗎？真的有那麼簡單嗎？

不，不盡然。但這是一個開始。

21

第一堂修復瑜珈課讓我感到極其幸福——它幾乎就像是毒品一樣，暫時緩解了我長期以來的劇烈痛苦，於是我預約了更多正念課程。在布魯克林禪修中心（Brooklyn Zen Center）有一名慷慨大方且平易近人的冥想老師非常肯定地告訴我，即使是道行高深的修士，有時候也可能會在冥想的過程中覺得迷失且焦慮不安。我去上了幾堂由一名戒毒成功的龐克老師所教的課，全身上下滿是刺青的他，將大腦科學與古代佛教思想交織融合。我甚至還去嘗試了要價不菲的高科技冥想膠囊——我坐在符合人體工學的坐墊上，四周是精心設計的聽覺空間，播放著氛圍音樂與語音冥想指引。

• • •

這些課程在某些層面上都算有用，於是我找到越來越多聽說有幫助的服務和活動——只要是在我家附近且我可以負擔的，我都去嘗試。

一開始，我去拜訪一位針灸師朋友。她看了看我舌頭的顏色便告訴我，我體內有太多的熱。

「那我應該……多喝點水嗎？」

「這種熱不是你真的覺得熱，」她說，「你只是肝火太旺，這不是西方科學可以解釋的，這點你相信我就對了。你現在感覺如何？」

「我覺得我無法專注，也沒什麼精力，而且我還會焦慮。」

她點點頭並告訴我，她會幫我在增進活力和安神的穴道上扎針。她寫下某個中藥錠的牌子要我上網購買，然後便將針扎在我的額頭和耳朵上。她將一根針扎在我的腳趾上，我的大腿開始出現一股奇怪的灼熱感。「哇嗚，」我叫了起來，「我的腿著火了！」

「沒錯，那隻針連接至你大腿的脈輪。」她要我放心。「現在，閉上眼睛放輕鬆。」我試著均勻地深呼吸，但當我呼氣時，我肋骨下方的針卻讓我疼痛不已。

接下來一整天，我只覺得腦袋嗡嗡作響，彷彿我喝了一杯作用不會消退的咖啡。雖然針灸讓我極度專注，它所帶來的效果對我心理上的痛苦卻不是太管用。到最後，我只去找了她兩次並感謝她的協助，因為這方法就是不夠有效。

後來，我還去了一個位於翠貝卡區、時髦的聲音震動工作室，因為我想要體驗某個呼吸療法工作坊。捷克的精神科醫師史坦尼斯拉弗．葛羅夫（Stanislav Grof）指導了上千場使用LSD*的精神治療。在這種藥於一九六八年被列為禁藥後，他需要為病人找出替代方案，於是發展出呼吸療法。他所發明的「整體自療呼吸法」（holotropic breathwork）只是個花俏的說法，其實它的意思是「過度換氣，直到你體內的氧氣和二氧化碳都消耗殆盡，導致你開始產生幻覺」。有些人表示他們在這麼做之後，會劇烈地拉肚子，就像吃完迷幻藥一樣。我也讀到有人敘述他們因此看見死去的家人，或者再次體驗到內心最深處的創傷，而後煥然一新地展開新生活。

我和十幾個人圍成一個大大的正方形，大約有十分鐘的時間，我們一起規律地吸氣和吐氣。在指導者告訴我們恢復正常呼吸後，我產生了身體上的幻覺——我彷彿漂浮在空中。這就好像有人在我耳邊吹奏著澳洲傳統的迪吉里杜管，我細細地品味這奇怪的感受。但我在精神上並沒有什麼突破，也沒有看見死去的人。

我甚至還加入了童年創傷支持團體。這是一個臨時成立的特定團體——由認識的人一個邀一個所組成。我們雖然沒有輪流開口說「我叫史蒂芬妮，我是受虐倖存者」，不過情況也差不多了。每個人都分享了他們的故事和每天所面臨的掙扎，大家都哭成一團。而且你很難不拿自己的創傷與別人相互比較。我的故事目前還不是最糟的，因為其中一名成員很明確地表達出這點。當我提到過去的男朋友時，他們說：「沒有被性侵害過的感覺一定很好，因為你可以有一段健康的戀愛。我真希望我也能這樣。」我滿心內疚、漲紅了臉說：「我很遺憾。」因為我不知道還能做什麼。

然而，撇除我們的差異不談，我發現我們都有非常類似的行為模式。我可以在他們所有的掙扎中看見我自己，例如他們的過度反應、悲傷和焦慮。不幸的是，與其在我們共有的不安全感和掙扎中找到親密感，我反倒不由自主地暗自病理化他們，就像過去幾個月來我不斷病理化自己一

＊譯注：LSD全稱為麥角酸二乙醯胺（lysergic acid diethylamide），是一種強烈的致幻劑。

樣。**啊，他們不會接其他人的電話。逃避型依附的典型案例。即使自己沒有做錯任何事，仍因著他人心情不好而責備自己。焦慮型依附，或許是焦慮／逃避型——還有，扭曲的自我認知！**

我是與會者中接受過最多治療的人，這點也對我毫無幫助。我發現自己陷入一個尷尬的處境：即便我自己的狀況也不好，但我卻成了能力不足的冒牌心理治療師，試著安慰其他人並給予書籍或治療建議。這讓我發現，難怪支持團體中總是需要有受過訓練、有經驗的引導者——如此一來，身處危機中的成員不需要承擔起這個角色。

話說回來，就某方面來說，我參加這個團體還是值得的——我看到複雜性創傷後壓力症候群不見得會讓一個人變身為怪獸。

團體中的每一位成員都支離破碎，但他們都在盡最大的努力，以不會傷害他人的方式將自己拼湊回去。他們會講一些暗黑的古怪笑話，在某人的公寓聚會時擺出上好的起司，以及當有人哭泣時摟著彼此的肩膀互相安慰。他們都有強烈的保護傾向，並且樂於幫助彼此對抗腦海中的負面聲音。他們才華洋溢且充滿魅力，而且容易自省。他們會讀關於個人成長的書籍，整夜跳舞，在畫布上塗上明亮、歡愉的顏色。

正因如此，讓我心碎的是：在每一次聚會的開始，我們會輪流分享過去一個月自己過得如何，而我們卻幾乎沒有人會說「很好」。我們會說，**還好**。**不怎麼樣**。我們永遠有當下的掙扎、瀕臨破碎的友誼，自大的父母又傳來被動攻擊的簡訊。我們都值得過得好，但為什麼我們當中就是沒有人能夠好好生活呢？我極其渴望我們能夠好好的。

我的行事曆很快就填滿了創傷相關的活動。聲頻浴，瑜珈課，我的支持團體，佛法講座，按摩。我在布魯克林上完瑜伽課後，又匆匆忙忙地趕著搭地鐵去中城區上冥想課，接著再風塵僕僕地回去赴物理治療的約。在這些忙亂的旅程中，我難免會犯錯。我忘了把健康零食帶在身上，或者在禮品店浪費太多時間聞各種精油的味道，以至於瑜珈課大遲到，我的十五塊押金也因此飛了。每一次當我搞砸了，我總會嚴厲地鞭笞自己：**你這花錢如流水的無業遊民！你活得像一個坐享其成的社交名流！不過你可沒有他們的娛樂活動！例如章魚薄片沙拉！或者遊艇！**

某天，我在冥想課遲到了五分鐘，導致我得跨過盤著腿的同學們，滿心抱歉、小心翼翼地移動到我的位置，坐在枕頭上讓羞恥感在心裡慢燉。**每個人都覺得我是個混蛋！他們都聽到我在喘氣！我把課堂氣氛都毀了！**然而我突然明白過來：我因為沒有在**紓壓的課堂上**表現完美而備感壓力。

我用和工作時同樣的強迫、完美主義傾向在面對「身心健康」這件事。這簡直和工作狂一樣失調，而且這兩者的模式顯然互相呼應：因成就而狂喜，緊接著便因急欲達到下一個成功而焦慮。

我決定縮減幾個既有的身心健康活動，只留下我最喜歡的，也就是能夠帶給我發自內心與簡單喜悅的活動。接著，我整頓了一下我在家中的冥想環境，在我的凸窗前放置一個特別的坐墊，周圍以植物環繞。我告訴自己，自我照顧不應該花錢或出於義務，真正的健康應該是令人感到愉悅的。

22

若我連冥想、往自己身上扎針、一口乾完奇怪的調製飲品都願意嘗試了，那我一定要試試終極治療方案——也就是在人類歷史中時而得勢、時而失寵的治療法：迷幻藥。

咱們就老實說吧——我是在聖塔克魯茲讀大學的，所以我對迷幻蘑菇並不陌生。在我二十歲出頭的時候，它們可是某些狂歡派對的絕佳推手。

我第一次獨自服用迷幻蘑菇是在二十三歲的時候，也就是被那個對我心生恐懼的賽博龐克男分手之後。他在十月時甩了我，於是我一天到晚參加派對狂歡作樂，直到十二月時大家都離開城市、回家過節為止。反正沒人和我一起過節，我也沒什麼好損失的。於是那年的耶誕節，在舊金山的暖陽之下，我吃了八分之一磅（約五十六克）的蘑菇，再灌了一些柳橙汁。隨後，我來到屋頂並躺在休閒椅上，看著複雜的不規則線條在我眼前團團盛開，以及骷髏頭在空中旋轉。就在耳機裡地下之陽樂團（The Sunshine Underground）的音樂來到高潮時，迷幻蘑菇為我開啟了一扇門。我拋下我那渺小、終有一死、自我厭惡的自我，融入宇宙之中。我看見萬物是如此美麗，而我也是這美好創造中的一部分。我身體的每一個細胞都充滿了對自己的憐憫和崇拜，連我自己都幾乎難以抗拒這股強大的喜樂。我甚至害怕若我脫下我的太陽眼鏡，兩道彩虹會如同探照燈似地從我的眼眶中射出來。

迷幻蘑菇讓我看見，**我為這段感情付出所有。我並沒有苛刻無情或虐待對方**。我之前被工作折騰得精疲力竭、壓力爆表、焦慮無比。但我才二十三歲，就已經算是全國公共廣播電台某個節目的製作人了。**對於一個二十三歲的女孩而言，若我尚未找到生活中的完美平衡，也是情有可原的**。

這趟耶誕節的靈性之旅是我第一次體會到無條件的愛，而且這份愛是**我自己**給我的。這份饒恕使我蛻變，我原本因著失敗的感情而無限自責，但它讓我從中得釋放。那天晚上，我就像照顧心愛的人一樣照顧我自己。我泡了澡，然後這三個月來第一次好好吃了一頓飯：一半的蘋果派和便宜的中餐外賣。接下來的幾週，我原本瘦骨嶙峋的髖骨長出了健康的脂肪，我開始和別人約會，我的信仰也改變了。在我父母離婚之後，我揚棄了我認為殘忍、利益交換的神，現在我相信有一股比我更大的力量。基本上，我不是自然神論者……我所相信的，反而比較像是宇宙圍繞著某種事物運轉的概念，例如愛。

• • •

現今有一大堆資訊——包括TED Talks和麥可・波倫（Michael Pollan）的《改變你的心智》（*How to Change Your Mind*）——都提到迷幻蘑菇和搖頭丸對創傷後壓力症候群患者而言，是極為有效的藥物。還有許多傳聞軼事，提到受創傷所苦的退伍軍人在一次重大的迷幻之旅後便完全痊癒，充滿嶄新的生命力。研究證明，對於絕症末期的病患，迷幻蘑菇的舒緩功效尤其顯著。面對即將降臨的死亡陰影是件令人感到害怕的事，但這些受苦的病人從迷幻體驗中甦醒後，當中許多人對於自己的生死已感到釋懷，並且表示能夠心滿意足地被吸收歸回宇宙之中。研究也顯示，迷幻蘑菇會抑制你的ＤＭＮ並溶解你的自我，讓你以純真、嶄新的眼光檢視自己的生活。它們可以讓大腦中完全不同的區塊彼此相連，為我們生活中的掙扎找到具創意的解決之道，同時強化我們使用不夠頻繁的大腦區塊。

然而對我來說，迷幻蘑菇的效果儘管很強大，卻總是相當短暫。不論是脫離自我懷疑，還是擁有愛自己的信心，都只能短暫維持幾天或幾週。那份恐懼終究會回來。

在我二十幾歲的那些年間，從柏克萊一路至布魯克林的植物園，我每三到六個月就會試著用迷幻之旅趕跑那份恐懼。當我坐在拔地參天的雲杉樹下時，我與智慧蘑菇融為一體，它總會帶領我回到那充滿洞見與平靜的地方。這些迷幻之旅並不是什麼五彩碎紙從天灑落的盛大派對。相反地，它們通常涉及許多次的哭泣和殘酷的事實挖掘，藉由這個過程，我才得以在旅程結束後更清楚地看待這偉大的世界。

但蘑菇的來源是個問題——畢竟迷幻蘑菇是A級藥品。在我搬到紐約後，我一直無法找到販售者，我的存貨也用光了。恐懼再次在我的視線內留下一道道糊塗亂抹的黑色印記，直到我再也看不見這世界的美麗——只剩下我的醜陋。在我得知自己的診斷結果那時候，我已經好幾年沒有使用迷幻蘑菇了。

若要說我何時需要以新的眼光看待生活，那就是現在，所以我又重新回到我最愛的藥物懷中。我花了好幾個月的時間，用Signal軟體的加密服務拷問我的朋友們，最後終於買到了一份八分之一磅卻非常昂貴的迷幻蘑菇。在一個襖熱的夏日午後，我在布魯克林的植物園裡把它吃了，滿懷期待地想要再次透過燦爛耀眼、充滿愛意的眼光看看自己。

不幸的是，頭一個半小時一點都不燦爛耀眼。反而，我發現自己竟然在繞著日本禪風庭園快步競走，思考著人類的膚淺需求為人類世（Anthropocene）帶來什麼影響。我也有好多的需求，對喬伊的需求，對我朋友的需求。噢天啊，我想。女性應該要當一個供應者，而不是索求者。女性所能做最糟糕的事情，就是用饑餓、用歇斯底里占用空間。

我的競走到最後讓我來到一塊非常巨大、平坦的岩石上，可以俯瞰一整片的野花原野。我想起了我原本的目的——若這是我死前所做的最後一件事，那我決定坐在這塊岩石上堅決地告訴自己，我並不是一個毫無用處的人渣。我坐在那裡不斷地拍打自己的額頭，喃喃自語：「你超棒！你超棒！你超棒！」一直到某個問題浮現在腦海中。**為什麼人們會相信你**？

為什麼？一定是我體內有什麼值得他們相信的東西。再往回推。**誰相信你**？我滑著我的手機，裡面有來自許多人的溫馨簡訊。他們都超級聰明、才華洋溢，而且他們都獨具慧眼，沒有人能忍受傻瓜。我看著這些人傳給我的最近幾條簡訊，其中一名朋友說她想念我；另一個人則說，在她所認識的人當中，我實在是傻得可愛第一名；一名前同事上個星期才告訴我，她認為是我造就了她如今的職涯發展。

通常當其他人傳這種溢美之詞，肯定我的存在和價值時，我會這麼回覆：「噢，夠，你人真好，但我其實只是水溝底下臭死人的老鼠，哇哈哈哈哈——」然後又急急忙忙地去趕地鐵、剝大蒜或回覆下一封郵件了。

迷幻蘑菇讓我看見，我的複雜性創傷後壓力症候群是一個黑洞。當達斯汀三天沒有回覆我的訊息，當凱特因為我亂說話而對我大發脾氣，當喬伊將自己關在書房裡幾個小時，以免被我打擾時……這個黑洞便不斷擴大，你不可能填滿它。而且隨著它不斷長大，它還開始呢喃著危險之語：**為什麼你沒有被擺在首位？為什麼你不被愛？當然囉，這表示他們都要離開了**。我對於被拋棄的恐懼，迫使我需要大量愛的證明，而且一次又一次，一天上百回。因此，即便我的朋友不斷試圖以慷慨的言語、肯定和讚美填補我自我憎惡的極大空洞，他們只會被吸進這個黑洞，連給我強烈的欲望塞牙縫都不夠。我無視他們的讚美。到頭來，我朋友只是白費唇舌。

然而，如今在迷幻蘑菇的幫助下，我終於讓這些讚美進到我體內。我終於容許自己相信，我值得被讚美。

所有來自我朋友微小的慷慨與善意之舉，並沒有從我身邊溜走，它們反倒讓我驚嘆不已，充滿了我的心。我滑著手機裡的訊息，它們像寶石一樣閃閃發亮，描繪出我的輪廓，光影交織且錯綜複雜，有雜草，也有美到不可思議的花朵，就像我此刻眼裡所見的草原一樣。我的心因每條簡訊而銘感五內，甚至連有點蠢的梗圖都讓我滿心感激。我一定不是怪獸。怪獸有辦法收到那麼多善意嗎？不——我一定是個極度被愛的人，我一定有神奇的魔力。

我在岩石上興高采烈地笑著，環顧四周挺拔的向日葵，它們似乎正隨著我的喜樂起舞，然後我笑得更大聲了。還好附近沒有人。不過我又倏地坐起身來，驚嚇地看著眼前的一對老夫妻。我還突然很想要塗上更多防曬乳液。**還有**！我要回報這些延伸至我身上的善意。這幾個月來，我一直很害怕傳簡訊給其他人，怕我的一堆廢話會打擾到他們，但今天我抽出我的手機，一把鼻涕一把眼淚地將讚美和感激之情化為簡訊傳給每個人。「你真的是一個超讚、才華洋溢的人，謝謝你成為我的朋友。」寄出。「你對我意義重大，我真的很感激有你在。」寄出。「那天遇到你真是太開心了！我想你！」寄出。

朋友們馬上就回覆了：「我的天！我也想你！我也愛你！想找天喝杯咖啡嗎？」我覺得自己就像喬安娜，就像一個正常人，甚至是一個明尼蘇達人。為人和善變得再自然不過了。即便在藥效退去之後，我仍因著這些未來的計畫、這些我持續確認的關係感到飄飄然。

有好幾天的時間，在這世上與其他人共處似乎沒什麼困難的。我接了好幾十通電話，心情愉悅且泰然自若地傳著簡訊。但不出所料，幾週之後，過去的焦慮又回來了，我覺得我的大腦開始朝著負面思想偏斜。迷幻蘑菇的狂喜之情總是無法長久。

然而這次卻有些不同——不知怎地，一股嶄新的決心讓我所得到的啟示在蘑菇宇宙之外**延續**了下來。

我大腦中那巨大黑暗的空洞，已是陳年的內建編碼。我發現，再多趟的迷幻之旅——不論是來自蘑菇、LSD、K他命、過度換氣或死藤水——不論它們多麼厲害，都無法完全重寫這個程式。

但這趟迷幻之旅同時也讓我看見，有一件事能夠讓我更持久地對抗這個空洞：**感恩**。那是劃過黑暗的火光，不斷填補我的空虛。要讓火焰持續燃燒的不二法門，就是不斷地添加柴火。我必須刻意讓感恩成為我每天的例行公事，讓它成為我無法忽略或遺忘的任務。我必須有系統地維持這道光。

• • •

我之前的諮商師莎曼莎已經告訴我上百次了，但我卻直接無視她。

「未來這週，在每天的日記裡寫下三件你覺得感恩的事情。」她說，我點頭說好，心裡卻對這個想法嗤之以鼻。這愚蠢的練習最好是能解決我的嚴重憂鬱症啦。當我兩手空空回到諮商室時，她說：「好，那你可以一天寫下一件你覺得感恩的事嗎？」哎呀，我忘了。然後仍然交白卷。

不過，迷幻之旅殘存的正面想法催促著我，於是我知道是時候了。我有一本粉色、黃色和藍色相間的筆記本，那是我在公司的免費物品箱順手抓來的，封面印著**裡面很有趣喔**的字樣。還有，**一百多張貼紙**！這似乎很適合我的第一本感恩日記。

我將第一頁分為兩欄。左邊的欄位標題是**感恩**，右邊則是**自豪**。我想要同時記下這世界所帶給我的喜樂，以及**我**帶給這世界的喜樂。

第一天，我在感恩下方寫了三件事，同時也訝異於這竟如此容易：我朋友和我分享了他的音樂清單。我的男朋友是安全且有趣的談話對象。有個傢伙因為不小心倒了太多麵糊，結果做了一個超級澎湃的大阪燒，但他還是掛著大大的微笑，把全部的大阪燒給了我。

自豪就比較難了。你不會每天都收到令人印象深刻的簡訊，表示他們在工作上的成就都是拜你所賜。在那些沒有改變世界的平凡日子裡，你要做什麼？例如這天我大部分的時間都浪費在電視和社群媒體上。我都在和貓玩、吃零食。在吃那份大阪燒和與一群朋友聚會之前，我去看了醫生，接著漫無目的地在曼哈頓閒晃。這要如何使任何人的生活變得更好？我要怎麼證明我的價值、我有站在這裡的權利？不過我想到，我讓我的朋友笑了。這也算吧？這樣夠嗎？就這愚蠢的日記來說，應該可以了吧。我寫了下來。某通工作上的電話讓我在工作上有些進展。我做了一鍋難喝的羅宋湯，但至少我做了。我坐在那裡一會兒，在空白處塗鴉。還有什麼？那天稍早在診所裡，因檢查所需，我必須大便在杯子裡。我做得乾淨俐落，令人驚豔！**這**真的值得被拍拍手。

好吧，在我完成以後，我想，**這並沒有想像中那麼痛苦嘛**。

幾週下來，我每天勤奮地寫著我的筆記本。想出我接收了哪些快樂，總是比我提供了哪些快樂還容易。一開始，我認為我完成的這些小事只是搪塞的說詞或自欺欺人，例如請某人喝咖啡，寄出一張卡片。

然而在列出感恩事項幾週後，我逐漸明白，這些小事其實就是一切。到頭來，這些小事就是我的寄託。讓我咯咯笑的笑話。從咖啡店望出去的美麗花卉布置。我的貓看到我傷心難過而過來磨蹭我。這些事情給我盼望、樂趣和安慰。它們一點一滴地累積，讓我的人生變得充實。

若簡單的花卉布置就能使這世界變得更容易忍受，那麼我的小小舉動或許比我想像中更有意義。或許當我煮晚餐、聽朋友吐苦水，或者稱讚某個女人她的花園美不勝收時，我正在使這世界變得更容易讓他人存活。或許那天晚上，當某人在清點那天的輸贏得失時，他會想到我所做的事並露出微笑。

我那有點傻氣、滿是貼紙的感恩日記達到了它最初的目的——迫使我在醜惡中同時也見證美善。我在日記中寫著，馬克和喬恩傳訊息給我，只是想問候我好不好。若不是因為他們關心我，他們怎麼會這麼做呢？我記下某人在跟我說哈囉時把我抱得多緊。當吉米傳了一張梗圖給我時，我不僅哈哈大笑，我還記下當他看到某個讓他發笑的梗圖時，他會想到我，這讓我覺得自己很特別。魔法的痕跡不計其數，俯拾皆是。

我將這些慷慨的行為收藏起來，它們也不斷地填補那個空洞。

就像食物一樣——就像那神奇的帕馬森雞肉捲餅——當你花時間細細品嚐它的美好時，你會發現自己不需要吃太多。這是老生常談了，但重新學習永遠不嫌遲。誠如心靈勵志書作家梅樂蒂·碧緹（Melody Beattie）所言：「感恩將我們的擁有變為充足。」

• • •

感恩拉高了我的情緒底線，從總是焦躁難耐地因存在而痛苦，變成大多數的時候過著滿足的生活。好久不見的喜樂終於回來了。我可以輕易地大笑、享受朋友的陪伴，不再那麼憎恨自己。除了最近的那次崩潰，大部分的時候，我都覺得很不錯……有效率、開心。我接了幾個音樂編輯的案子，為東山再起做準備，這些經驗讓我感到很滿足。不過這些新樂趣仍然很纖弱，它們還不夠強大到足以成為對抗時間旅行的力量。

我可以極盡所能地接地和感恩，我可以冥想一個小時。然而，若我從坐墊上起身，走進客廳赫然看見喬伊生氣地把鉛筆折成兩段，我仍然會害怕地哭出來。若我在派對上遇到以前的同事，在與他們尷尬的對話中得知我的主管又找到新的受害者了，我瞬間又會回到那一刻——我母親揪著我頭髮的當下。然後，接下來的兩個小時，我將在戰兢與恐懼中度過，因為我被傳送回我的童年，不幸的是，那段時光並沒有什麼好感恩的。

我可以用呼吸和數算顏色讓自己脫離那驚恐的狀態。但接地和感恩是一種舒緩照顧，並不具治療性。除非我去面對根源，否則我仍然只在治標不治本，也永遠無法真正痊癒。此刻的我已經穩定下來了，我想，是該回溯過去了。

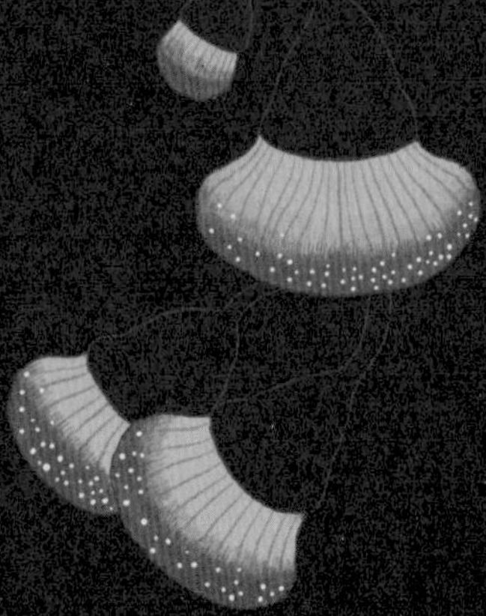

第三部　產物

I Am a Product of a Place

23

以下是我腦海中關於聖荷西的回憶。

我們的父母都有其他的名字。當其他人在場時，我們會叫他們爸和媽。但當那些人離開後，我們的父親就成了阿爸或爸爸，我們的母親則成了阿母或媽媽。我們的父母會重複利用夾鏈袋和外帶容器，把毛線放在餅乾盒裡。他們會一邊看《家居裝飾》（*Home Improvement*）、中文肥皂劇和寶萊塢電影，一邊拿我們穿不下的衣服來補我們牛仔褲上的破洞。我們的父母通常不太會和我們的朋友聊天，不過我們的朋友也不介意，因為他們總是埋頭猛吃我們母親所做的大盤菲式炒麵和潤餅，或是緬甸鬆餅，或是越南河粉配扎肉，又或者是鬆軟的芋頭包子和餅乾棒。我們的父母不知道什麼是奶油南瓜，也不知道誰是華特．班雅明（Walter Benjamin），什麼叫做霸權，或者布希和高爾有什麼不一樣，反正這兩個人看起來既不像法西斯分子也不是共產黨主義者，所以隨便啦。重點是，在美國，你不需要什麼都知道；你可以相信它的體制能夠自行運作。

我所住的城市，是一個移民城市。我們當中沒有人的父母出生在美國，而且我們這一代也有許多人不在這裡出生。他們都在舊金山國際機場入境，而後往南開四十五分鐘的車，經過It's-It Ice Cream工廠後下一〇一號公路。下了出口，他們就會看到一整排的購物中心，豎著高聳的印刷體招牌，下方則是共同市場和店門口擺著成排魚缸的亞洲超市。我們的父母心想，**這裡就像家鄉一樣**。他們搖下車窗，聞著溫暖空氣中的花香。聖荷西一年到頭幾乎完全不會冷。這地區過去被稱為「心悅之谷」(The Valley of Heart's Delight)，因為在一九六〇年代之前，國內大部分的花卉和水果都出自於這個豐饒繁盛、名副其實的伊甸園。我們的父母自言自語地說，**這裡就像家鄉一樣，而且更好**。我們看它是郊區，在他們眼中則是天堂。

所有的父母講話都帶著口音，我們當中有些人也是，但沒有人在意。當我還是青少年時，報紙頭條寫著：**聖荷西成了少數為多數的城市**。若你在這裡長大，少數為多數似乎是個無意義的詞，彷彿以矛盾的方式在說「這不是你該存在於世的方式」。但我們確實存在。

隨著我們年齡漸長，我們開始憎惡人口普查總把我們通稱為亞裔或西班牙裔，同時對那些將我們隨處安插在卡通中的簡化刻板印象感到深惡痛絕。不過當我們還小時，我們這些由少數族群構成的多數，的確將我們自己視為單一的群體。我們是如此頻繁地接觸到我們當中的各種文化，以至於原本看似奇怪的文化也終究成為日常。

在衝進朋友家看《金剛戰士》(*Power Rangers*)之前，我們知道要先脫鞋。一開始，朋友們家中的味道總會讓我們感到訝異，但我們很快就熟悉了：咖哩、薰香、剩飯、沙威瑪。我們知道不要去問彼此的父親在做什麼工作，因為沒有人知道，我們只知道他們每天早上都會打上領帶、開往矽谷，做一些跟科技有關的工作。我們知道印度人和菲律賓人最會跳舞，因為看他們的婚禮和社交舞會就知道了。在印度婚禮上，我們邊滿場蹦跳、邊假裝自己在忙各種事，直到肚子裡的印度甜奶球都快吐出來為止；而在菲律賓朋友大姊的社交舞會上，我們會和**祖母們**一起跳排舞，因為她們總是知道何時該旋轉和屈身。不論朋友們的母親放什麼食物在我們眼前，我們都滿懷欣喜和好奇地吃下肚，然後再無情地取笑少數幾個不敢吃的白人小孩，在他們捂嘴想吐的時候拿著裂開的鴨仔蛋在他們的鼻子下方揮舞，一邊尖聲大笑。我們知道菲律賓人總會從555 Soul找到好看的街頭穿搭；白人女孩和越南辣妹可以幫我們在A&F拿到折扣；台灣女孩總是在暑假過後，從台灣帶回一堆把蝴蝶結和蕾絲設計在奇怪地方的衣服；亞洲和墨西哥女孩都知道如何畫出完美無瑕的眼妝和唇形。

我們也知道在這個群體裡，我們可以借用彼此的文化：就算你不是印度人，你也可以帶鷹嘴豆咖哩去學校；而我則是日本社團的副社長。有時候我們會在返校日彼此交換唇膏或丹寧迷你裙，但我們知道一定要在出門的時候穿著長裙，抵達學校後再去廁所換裝。我們當中有些人會喝酒、有些人抽菸、有些人曾有過性行為，不過沒有人會打小報告。我們都知道這會有什麼後果。

好吧，說點公道話。有些父母認為他們的孩子絕對不會犯錯。陳傑洛的媽媽不會聽到任何關於他的壞話，她認為他兒子是上天給人類的禮物，而傑洛也這麼認為。吳艾麗和秦蓓蒂的媽媽每天都會幫她們準備新鮮的母愛便當。陳露西和她那群朋友則會在週末拿著父母的大把銀子去超級購物中心（Great Mall）瘋狂大採購。

許多父母可說是相當容易取悅。當他們的孩子失敗時，這些父母頂多只是感到失望而已。鄭吉兒說，她父母從來沒有打過她，若她拿著糟糕的成績回家，他們只會搖搖頭感到失望，然後鼓勵她下次加油，就像《歡樂滿屋》（*Full House*）裡的老爸一樣。阮萊莉的媽媽有時候會把她禁足，有一次我看見她因為萊莉沒有趕上門禁時間而對她大吼，但充其量也不過如此。

然而整體而言，我們的父母並沒有被教導過在生氣的時候，要如何放慢呼吸、讓自己平靜下來，而且大部分的父母都沒聽過「不要體罰」這種說法。

根據我的記憶，當學校要發成績單時，大家都會陷入一種焦慮和恐慌。你會看到同學在穿廊各處蜷曲成胎兒的姿勢，將頭埋在雙膝之間，有時候靜止不動、有時候肩膀瑟瑟發抖。你可能會看到某個女孩用雙手摀著臉，她所有的朋友都圍在她身旁揉著她的背。這些是拿到B+以下的同學。

高三時，我們在旅館辦派對，結果警察來了。我們四十個人分著喝一瓶漩渦香甜酒（Hpnotiq），抽著偷來的香菸。當我聽到大人的聲音時，我馬上開溜，躲進低矮的床架底下。當警察在討論如何處置我們時，坐在我上方床墊上的女孩們開始哭泣。其中一人在斷斷續續的抽噎中不時大哭或低語：「我媽一定會把我送回越南的啦！」

我們當中還有一群人，通常會聚在學校後方的貨櫃型教室附近。柏油地面的盡頭，是一個淡黃色的大型貨櫃，也是傷心人的聚集地。每一天，我們都會在大貨櫃裡一起召喚內心積聚已久的焦慮，並且將剩餘的午餐用力砸向貨櫃，希望學期結束時，這些巧克力牛奶、義大利麵醬和激浪汽水的汙漬將會化為傑克森．波洛克（Jackson Pollock）的抽象派傑作。接著，我們會玩我們最喜歡的遊戲：誰最慘？

我記得有個男生，他母親會用菸頭燙他。另一個男生的母親則會將他的房間上鎖，不讓他進去，並且強迫他睡沙發，因為她說他是個沒用的傢伙，不配擁有自己的空間。我有一個好友的母親曾在屋內追著她跑、甩她耳光，並且說她一文不值；她母親還曾經掐著她的脖子，把她從睡夢中叫醒。我則提到我腿上的傷痕，以及我在被丟下樓梯時如何蜷成一團。我們會分析我們所受的虐待並彼此爭辯：被比較細長的東西例如藤條抽打，還是被比較大且厚實的東西打比較好？被抽打後的腫脹痕跡和瘀青，哪個比較痛、持續得比較久？被貶低還是直接被無視所造成的打擊比較大？

我另一個好友的父親，某天半夜在盛怒之下直接一腳把他的房門給踹了下來，整扇門就這麼從合葉處裂開了，然後他父親把他打個半死。我朋友隔天來學校時，全身都是瘀青。那是唯一的一次，我考慮要舉報這件事。我告訴他，我要打電話找警察，這樣是不行的。他求我不要這麼做。

「這會毀了我媽，她不能和他離婚，」他說，「拜託不要，不然我們全家都毀了。」

「但是她又不能幫你。」我告訴他，「我在意的不是保護她，是保護你。」

「保護她就是保護我。」他說。

我保持沉默。就像其他人一樣，我什麼都沒說。

我們的父母知道什麼叫做挨餓，他們過去是難民。在我們的畢業紀念冊裡，光是姓阮的人就有好幾頁，還有一堆姓陳的。他們的父母對於住在集中營的日子仍記憶猶新。有時候他們一拿到錢就會馬上花個精光，因為他們還記得當獨裁者上台或炸彈掉下來時，你畢生的積蓄便會在一個月、一週，甚至一瞬間化為烏有。

我們的父母在美國都是獨自一人。他們當中許多人的兄弟姊妹或父母都在家鄉，很難得才能見上一面，所以他們必須在毫無後援的狀況下獨力照顧孩子，不像許多白人小孩有眾多家人在本地可以提供支援。我們當中有些人的父母是非法移民。雖然他們應該要因為我們「少數為多數」的地位而感到安全且權力在握，但他們永遠都會覺得自己是寄居者。

我們的父母不會談及他們所失去的事物。有時候，久久一次，他們會不經意地提到士兵或有暴力傾向的父親，但沒有人會談到究竟發生了什麼事：虐待、性侵害、貧窮和戰爭所帶來的創傷。然而在我們每天力爭上游的日子裡，就算我們年齡尚小，不足以明白這些事情，但我們仍然隱約感覺得到什麼。我們可以感覺到它若隱若現，巨大且黑暗，蟄伏在一切事物之下。而它，就是我們父母親的痛苦。

所以，當手朝我們揮過來時，我們送上自己的雙頰。我們獻上自己，成為他們的出氣筒，因著他們所歷經的苦難，我們可以不致受苦。我們可以在星期六早上看卡通、吃著甜滋滋的穀片。我們可以上大學、相信政府、永遠不會挨餓。我們為自己所受的一切虐待辯解，將耳光、燙傷、抽打轉化為完美的成績單，以抹去我們父母殘暴苛刻的過往。就像他們現在常說的，他們做了那麼多。我們進入好的大學，得到實習和博士後研究的機會，最後在大城市獲得成功、有成就感的工作，所賺的薪資足以讓我們為自己充滿現代感的公寓增添高級的音響設備。我們完成了美國夢，因為我們別無選擇。

・・・

長久以來，這就是我所記得的童年。我告訴自己，那段歲月不值得留戀。事情就是這樣，這就是你在「心悅之谷」長大的代價。我和其他人的故事都一樣。

不過現在，我沒那麼確定了。

24

在舊金山至聖荷西的二八〇號公路上，我用爆炸般的音量放著大胃王吉米合唱團（Jimmy Eat World）的〈加把勁〉（*Work*），以向上一個版本的我致敬，並且為這趟旅程拉開序幕。高中時期的我，每天上學的路上都聽著這首歌——一首渴望逃脫的頌歌。*我們可以去流浪嗎？趁著來日方長，離開這個地方？*

我讓自己暫時沉浸在為青少年的自己感到自豪的情緒中。她將情緒搖滾（emo-pop）中的焦慮感作為火箭的燃料，把自己射出這個該死的小鎮。我接著顫抖了一下，不知道她會如何看待現在的我？十五年後仍然頂著一頭藍髮、腳踏軍靴，決定回到這裡。

• • •

我回到聖荷西，是為了要確認我受虐的事實。

我之所以回到這裡，是因為我自從得知自己的診斷後，便一直在質疑自己記憶的可信度。

現在我知道，讓我解離的那層帷幕，造成我對這個地方的記憶有所缺損。我最近的研究發現引發了我的懷疑。在一些研究中，科學家將錯誤的記憶植入受試者腦海中：他們讓受試者相信自己在童年時期曾在購物中心走失，[1]或者有一段聯合航空九十三號班機於九月十一日失事的影片紀錄，即便事實上這段影片並不存在。[2]科學家說，我們的記憶其實很容易出錯，而且有證據顯示，我們的大腦常常在重寫我們的記憶；事實上，光是透過小魔術或轉述回憶，就能改變大腦裡的記憶。[3]自從我離開聖荷西以後，這些年來我經常提起過去自己受暴和我周遭朋友被虐待的回憶。這當中究竟有多少為真——又有多少就像重複影印太多次的圖片，在我的記憶中逐漸化為顆粒粗糙的模糊印象？

或許就像遊樂場裡的哈哈鏡一樣，在我的認知裡，我把在聖荷西所有的童年創傷給放大了。我是否因為反應過度、聚焦於恐懼的想像，導致我虛構出這樣的記憶呢？其他人之所以哭，會不會是因為單戀得不到回應，而不是因為成績？每個人真的都如同我所記得的那麼焦躁不安嗎？我最親近的幾個好朋友，他們的父母會虐待他們，這點是確定的。但我是否自行篩選了我要去愛誰呢？我是否只被那些受了傷的人吸引，以至於對班上其他人的狀況視而不見呢？

在讀了創傷後壓力症候群患者腦部受損的相關資訊後，我對自己的頭腦開始失去信心了。每次只要我試著回憶過去，心中就會浮現重重懷疑和問題，使我無法看清自己的過去。

我將自己多少的經驗投射在其他孩子身上，只是因為自己面臨了這些事而不想獨自面對？我對移民創傷的了解，有多少是從我自己有限的觀察中編造出來的？此外，這些了解實際上是否帶著種族歧視呢？我將虐待和育兒不當塑造成我社群中的核心議題——這是否延續了負面、有害的刻板印象呢？

所以，這就是我回到聖荷西的原因：我想要知道我的創傷是個案還是整個群體的常態。我想要知道真相，好讓我完全明白我這個族群的起源，以及這個地方如何塑造了我。

我想要知道真相，因為我無法查驗童年時期在我家所發生的事。在這方面，我父母是唯二的證人，但多年來他們始終不承認自己加諸於我的暴力行為。然而若我與朋友們共有的創傷記憶是真的，這麼一來也能確認我自己創傷經歷的真實性，證實我萎縮中的大腦還有用，證實我神智正常。

・・・

我不知道聖荷西的那些人是否願意相信我並告訴我真相，因為這十五年來我刻意斬斷與他們的一切聯繫。

我忽視每一個高中同學的交友邀請。在大學校園裡，如果他們走過我身邊，我會假裝沒看到他們。我把他們傳給我的訊息全部刪除。我對待他們的方式，就像我對待那盒被我藏在衣櫃深處的錄影帶一樣——他們是我不想碰觸的過去。然而現在我卻得請求他們的幫忙。

我在臉書上發了一篇看似友善、公告般的貼文，說明我正在寫一本關於創傷的書。我承認自己是家暴的受害者，我想要和其他在聖荷西長大的朋友以匿名的方式談談他們的經驗。在貼文的最後，我還充滿幹勁地呼籲：「讓我們一起終結創傷和虐待的循環吧！」然後我傳了「嘿～你好嗎？」這種尷尬的訊息給我所知最受歡迎的人，請他們把我的文章轉發出去。他們都欣然同意了，所以我靜候佳音。一週過去了，兩週過去了，沒有任何人回應我。我打從心底希望，這是因為每個高中同學對我的印象都是瘋狂的威卡教婊子，所以完全不想要和我有瓜葛。這會比另一種可能好上千倍——那就是，沒有人有故事可分享。只有我。

最後我決定，要找出真相的唯一辦法，就是回到案發現場。我租了車、訂了汽車旅館，和一些高中老師約了時間，打算回學校拜訪他們。在我離開十五年後，我終於開車回到了最初的那個地方，我打開收音機。只是要花點時間。小女孩，你正在路上。一切，一切都會沒事的。

• • •

在二八〇號公路上，我一邊數著出口，一邊開車經過聖布魯諾（San Bruno）、柏林甘（Burlingame）和紅木城（Redwood City），在舊金山和聖荷西之間的丘陵間蜿蜒前進。當我和我父親到海特—艾許伯里買便宜的耳環和哥德漫畫時，我們開過這條路很多次了。我還記得自己望著車窗外接連不斷、永無止盡且沉悶無趣的丘陵綠坡，陷入呆滯麻木。

但現在，這些丘陵和我印象中不一樣。

此刻我車窗外的景色一點都不會讓人昏昏欲睡，它美得讓人**目不暇給**：陡峭嶙峋的群山之間，高聳、輪廓分明的山峰和充滿綠意的峽谷交織縱橫。這些山脈為蔥翠的草原和樹叢所覆蓋——因樹瘤而豐盈且充滿生氣的橡樹、細長挺拔的灰色松木和氣味辛辣的尤加利樹，即使關上車窗我仍然能聞到它的味道。就連野草都美不勝收：遍布原野的黃色酢漿草，形成高低起伏的波浪。這片藍綠交織的田園景象綿延數英里，順著山勢鋒迴路轉，所見之處盡是曼妙可愛的風景。

這一定是什麼把戲。

「這些東西之前不在這裡。」我大聲說。

自從我離開這裡後，矽谷的富裕程度便以指數成長。或許所有的科技公司一起出錢，打造出某種新的自然景觀。但是你怎麼可能填移那麼多土呢？你甚至可以造出峽谷嗎？我想應該可以吧，因為他們一定這麼做了。

我呆愣愣地盯著這些峽谷和乳牛十分多鐘，才得到一個顯而易見且令人震驚的結論：這裡一直以來都是這麼美麗，我只是視而不見而已。

一直以來，聖荷西在我眼中就只是個充滿傷痛的地方，一個人們莫名殘忍的地方。當人們問我，聖荷西是否值得一遊，我會皺著鼻子告訴他們，那是一片荒蕪之地——那裡的每個人心靈貧乏、毫無誠信，你只能成天繞著露天購物中心兜圈子，浪費你珍貴非凡的生命。

但這不是真的，對吧？

這裡很美——美到令人屏息，這裡不是只有丘陵。我所經過的社區，種滿了木蘭花和金銀花，搖曳生姿的棕梠樹蔚然成蔭，還有好多柑橘。結實累累的橘子、葡萄柚和檸檬點綴著每條街道。

沃爾夫（Wolfe）。巴斯康（Bascom）。我在故事路（Story Road）出口下了高速公路，開進國王春捲餐廳（King Eggroll）的停車場，然後把臉抵在方向盤上開始哭泣——胸口劇烈起伏、大力地喘氣嗚咽。我才剛抵達這裡，就已經清楚看到我的解離使我失去了多少。

我走在商店街上，試圖讓自己平靜下來。這些店面**聞起來**有我熟悉的味道，那是橡皮擦和藥草的氣味。玻璃櫃裡擺滿了便宜的越南粉卷和九層糕，放在泡綿托盤裡，讓我想要盡所能地把它們都打包回家。有太多美好的事物了，琳瑯滿目、比比皆是。這裡是「心悅之谷」，而我卻完完全全地錯過它了。

・・・

這種損失之所以發生，有兩種可能的原因。第一種可能是，我完全忽略了這份美好，因為我功能失常的家庭使我被禁錮在黑暗的小世界裡。光是讓自己和我父母活著，這份責任就足以讓我喘不過氣了，所以我沒有餘裕望向窗外欣賞蜂鳥和三葉草。

第二種可能是，我其實**享受過**這些美好。當我住在這裡時，我的皮膚總是深褐色的。我一年到頭都在原野上和朋友們開懷大笑，將狐尾草的尾端塞進香甘菊蓬鬆的前端，做成小小的飛鏢。我會在開闊寬敞的人行道上溜滑板，享受陽光照耀在臉上的感覺。我會和阿姨在夏天時去採櫻桃；她會把我高高舉起，讓我能夠直接從枝椏上摘下那香甜的暗紅色果實，放進嘴裡品嚐。我曾擁有這地方帶給我的滋養和溫暖，但我對這座伊甸園的記憶卻被抹除殆盡。在我隱約記得自己試圖挽救父母婚姻的那些年裡，隨著我母親的離去，我的童年也連同那些被我銷毀的家庭照片一起消失了。

我不僅丟棄了那些不好的回憶。

我也扔掉了那些美好的事物。

・・・

我的心都碎了。

我走向租來的車子，在悲傷向我襲來之前坐進車子、關上車門。方向盤上的標誌在我的額頭上印出凹痕，伴隨著止不住的淚水。我實在失去太多了。我失去了一整個快樂的童年，那是快樂人生的基石。一個缺牙、咧著嘴笑、能夠在結帳隊伍裡輕易與陌生人交談的聰明女孩。一切都被抹除了，好浪費。車外，鳥兒在鳴唱。那天的天氣溫暖得恰到好處，天空是一片毫無顧忌的藍。懷疑的情緒在我的肚子裡猛烈炸開。若我連綿延的山脈都能扭曲成丘陵，那我受創的大腦還消融了哪些事物？

你能夠相信一個心裡有病的女人所講的故事嗎？

・・・

我深吸一口氣，再次啟動引擎，朝著皮埃蒙特山高中（Piedmont Hills High School）前進。在學校的幾個街區外，我停在紅綠燈下看著一群中學生走過——在揹著過大背包的沉重壓力下，他們三三兩兩地緩慢前進，身上的特大號帽T遮住了他們眼睛。每一個都是亞洲人。而且現在才下午一點半，他們提早放學了嗎？就在那時，我眼角的餘光一瞄——那是吳卡特嗎？我眨眨眼。

顯然不是，吳卡特現在都快三十五歲了。但是他就在那裡，正在過馬路，帶著焦慮噘起的下唇，那是他的招牌表情。

一直以來，我很少發生情境再現的情況，也很少看到幻影。然而，我已經很久沒回來了。重新體驗創傷事件就是我的目的，它們就是我回來這裡的原因。

・・・

皮埃蒙特山高中前方的大型停車場，現在全都是別緻的太陽能板，我一看就有氣。我所上的是一間破爛不堪、資金不足的公立學校。我喜歡這個故事背景，然而他們竟敢挑戰這段敘事，在一夕之間把它變得那麼高級！

公共區域一個人都沒有，每個人都在上課。這所校園就像聖荷西這座城市一樣，隨著時間過去，它似乎也越來越廣闊，新的建築和貨櫃教室連接著原來的建築向外延伸，直到它如今看起來就像一個年久失修的大學，而不是高中。在最大的穿廊上，到處都是牛皮紙海報，就像以前一樣。不過現在倒是有些新的社團，例如茶道社，他們星期四有個珍珠奶茶募款活動，此外還有軍事社團。我在一大排照片前停了下來。這是參與學生組織的孩子們——學生會主席、祕書、公關和財務，也就是統管學校的菁英階級。我數了數，裡面有四十個姓阮、姓陳和叫做安立奎的傢伙。沒有一個是白人，所有人都是黑頭髮，有光滑的金黃皮膚，還有大大的自信微笑。

在美術教室附近，我看到了我自己的幻影。她戴著威瑟樂團（Weezer）的眼鏡，穿著侵略者辛（Invader Zim）的T恤和工作褲——當她皺著眉頭經過我身邊時，同時也向我射出憤恨不滿的眼光。在我的想像裡，校園中的方院應該充斥著運動員、溜滑板的傢伙、受歡迎的越南人、新移民、大學預科生、動漫迷、拉丁美女、亞洲美女，他們都很令人害怕，而且他們都不是我的朋友。這不是魔術，對吧？我是說，有些哲學家相信過去、現在和未來是同時存在的。每件過去發生過的事，距我們只有一個維度之遙，只是因為這超出我們人類大腦能夠理解的範疇，於是我們愚蠢無助、搖搖晃晃地邁向災難，就像身處懸崖邊上的旅鼠，對自身危險毫無自覺。

那一排科學教室沒有幻影存在，因為它們是全新的建築。我把頭探進二A教室，看到整個教室都是學生。卓斯先生向我揮揮手，要我進去。「別管他們，我們快下課了。」

我走進教室，孩子們對我視而不見。我眼前所見的景象甚至比我在學時更極端：每一個人都是亞洲人，除了一個金髮男孩。當然，還有卓斯先生。「你覺得這個怎樣？」他興高采烈地拆開一個亞馬遜的包裹，裡面是他為即將來到的假期所買的相機設備。「我現在終於有天窗和開放式櫥櫃了。還記得那些骯髒的移動式貨櫃教室吧？若你在那裡待了十年，那可不叫移動式教室。」

這些年來，卓斯先生老了一些，但他給我的感覺還是一樣。他看起就像是曾經在高中被霸凌過，但如今蛻變成充滿自信、對此滿不在乎的男人。所有的學生都很尊敬他，因為他為人風趣，老婆超正，而且手臂上還刺了所有共二十種的氨基酸名稱。在我們第一堂進階生物課上，他告訴我們：「沒錯，我會罵髒話。你也可以在課堂上罵髒話，我才懶得管你。罵髒話並不會阻礙你學習科學。若你告訴你父母『哇，哇，我老師會罵髒話』，沒人會鳥你，尤其是我，所以他媽的你最好不要在那邊亂吼亂叫。」這讓我立刻就對他產生信任感。

當鐘聲響起，孩子們都離開教室後，我緊張地坐在實驗室的金屬板凳上轉來轉去。「呃，首先，你還記得我嗎？」我問。

「記得啊，當然。」

「如果你不記得也沒關係，我只上了你的課大概三個星期，就轉去物理課了。不過若你還記得我……你記得我的哪些事情呢？」

他歪著頭說：「你很聰明，而且你看起來把自己打理得蠻好的啊，其餘的部分我倒沒有觀察到什麼。」

「好，」我吸了一口氣，「我不知道你是否有聽到傳聞，那時我自己一個人住。我小的時候，我父母不在我身邊——我媽在我入學的那年暑假離開我，而我爸在我高三的時候基本上也離開我了。我不知道其他同學有沒有談過當時我家中一些暴力的情況。」

「我不知道這些狀況。真是太糟了，我的天，你父母實在太糟糕了。」他說。我很佩服他敢這麼說，因為很少人有膽量直接回應這個殘忍卻真實的情況。「不，我完全不知道。你當初隱藏的很好。」

「我記得當時我跟少數幾個同學聊天，確切地說，他們是我最要好的朋友，我們都歷經了類似的情況，所以我以為這在當時是很普遍的狀況。身為這裡的老師，你在這裡有遇過很多被虐待的學生嗎？」

我以為卓斯老師會花點時間思考這個問題，但他看著我的左後方，馬上回覆我。「我曾教過一個女學生，當時我知道她爸把她打得很慘，於是我就通報兒童保護服務（Child Protective Services，簡稱CPS）。她是一個個子嬌小的越南女孩，而她爸也沒比她高多少。這個矮小的男人，揍了他嬌小的女兒。所以她被送到少年之家，結果那裡有一群吸毒的女孩不斷偷她東西、還霸凌她，」他的聲音越來越洩氣，「反而讓情況變得更糟了。」

接著他坐回椅子上，看著我說：「不過我倒不知道有學生被家暴。你看，每一年，來上我進階課程的孩子都一樣。在我三個進階生物班裡頭，只有一個白人，而且他超白的！他是芬蘭人！我總共只有兩個印度學生和中東學生，只有一年達到三個，這已經算破紀錄了。我教了十六年的進階生物課，總共只有三、四個黑人學生吧。但是亞洲學生呢？他們多到數不完，都要趨近於無限大了。乍看之下，他們的生活很完美，他們擁有窮人家小孩所沒有的東西，手拿千元iPhone，用MacBook打報告。但我的孩子們都壓力爆表，負荷過重，每學期要修四門進階課，好讓他們的媽媽可以在網球俱樂部裡炫耀，『噢！我們錄取柏克萊和哈佛了！』所以我的孩子們常常整夜都沒睡。」

「為什麼會這樣？」我問。

「虎媽就是他們的動力！」他無比肯定地說，「在他們那個必須取悅長輩的文化裡，沒有達到長輩的期待真的會壓力很大。」

我在筆記本裡振筆疾書，試著客觀地記錄我的陳述。這邏輯似乎和熊貓快餐（Panda Express）

給人的感覺很類似——帶著異國風情、半真半假的空泛味道。

在成長過程中，我對種族問題並沒有想太多。然而在我試圖挽救父母婚姻的那幾年，我發現有色學生與白人老師的比例很奇怪。

在一九六〇年代，皮埃蒙特山高中唯一的亞洲人，就是父母在農場上種植花卉、柑橘和櫻桃的那些日本農家小孩。在七〇年代初期，第一批越南難民潮湧入此地。這群人是由菁英組成的——舉足輕重、有足夠經濟資源逃離國家的醫生和政治人物。起初，皮埃蒙特山高中很愛這群越南學生，因為他們的父母受過昂貴教育，是知識分子。他們的測驗成績相當驚人，提升了整體學業水準。接下來，八〇年代初期，搭船逃難的人來了。待過馬來西亞和菲律賓難民營的人，貧窮又絕望地把家當背在身上來到此處。在一九七五至一九九七年之間，[4]大約有八十八萬名越南難民在美國落腳，許多人住在加州的彭德爾頓（Pendleton）基地。如今，至少有十八萬名越南人住在聖荷西——除了越南以外，這裡是全球越南人口最多的城市。

九〇年代，大批的中國和南亞移民帶著H-1B工作簽證來到這裡，在發展中的矽谷擔任工程師。到了一九九八年，這地區的科學家與工程師有三分之一是外來人口。在這個時期，全國的師資和護士都呈現短缺狀態，於是我們迎來了一批菲律賓工作者，協助照顧我們的老弱婦孺。

在我們學校裡，亞洲人的比例超過一半，其餘則是大約三成的拉丁裔學生，加上少數的黑人和白人學生。但我們大部分的老師都是白人。五年級的時候，我們學到清教徒來到美洲的移民之旅，於是我們打扮成美國殖民者的模樣，用羽毛蘸著墨水寫字，慶祝殖民日。事後看來，這些老師們朝著教室放眼望去，看著滿座的亞洲和拉丁臉孔穿著歐洲殖民者的蕾絲帽和背心，卻不覺得有什麼問題，這點實在是相當奇怪。關於強制同化，其實有很多課程可以教導學生——例如美國原住民的寄宿學校，例如「殺死印第安人，拯救人類」這句話，例如舊金山的中國男性被迫剪去辮子。然而，他們卻教我們十字繡。

當然，種族上的差異可能會讓像卓斯先生這樣的白人老師看不見我們的困境——移民很善於融入周圍環境中，使自己不引人注目。不過話說回來，若我是那種會找老師幫忙的女孩，卓斯先生會是我想找的老師。姑且不論種族或背景，卓斯先生感覺上就是那種會在乎你的人，那種會釐清問題、排除誤解與障礙，把門踹開來拯救你的人。因此，執教十六年，只有一個孩子帶著煩惱來找他，似乎……很奇怪，甚至可說是不對勁。

不過當然囉，前提是學校和我記憶中的一樣——是移民世代創傷的溫床——這才會顯得奇怪。若他所任教的學校，家長們只是咄咄逼人、心懷焦慮、想要維持特權的直昇機父母而已，那麼就算他的版本才是對的，似乎也不足為奇。

「這學校跟這一區其他學校不一樣，」卓斯先生說，「其他孩子都在混幫派，他們無家可歸；每一班都會有被家人性侵過的女孩，我無法想像在那種地方教書會是怎樣。然而這裡的學生，他們的出身背景完全不一樣。」

我跟好幾位老師談過後，他們都同意卓斯先生的說法。他們向我展示辦公室牆上的學生照片，當中有些成了放射科醫師和小兒科醫師。是啦，的確有個天才學生進了麻省理工學院，畢業後卻找不到工作，結果在某個大半夜回到皮埃蒙特山高中，在自己身上綁了鉛塊，溜進了蓋著帆布的游泳池底。隔天一早，高一的游泳隊發現了他的屍體。有位老師說，有一名學生有自殺傾向，因為據她說：「我就是無法妙筆生花，寫出好的文章。」他不可置信地重述她的話。「我任何一篇文章都不是**妙筆生花**之作！」他說這名學生的自白讓他夜不成眠。他和妻子談起這件事，他因此睡不著覺。他覺得這已超出身為老師的能力範圍了，他要如何處理這個問題呢？不過這種狀況很少見，算是特例。

最後，我終於和一名深受學生喜愛的亞洲老師說上話。他告誡我：「使用**虐待**這個詞要小心。『虐待』很容易誤導人。若你對某個人大吼，你太吵了，你根本在虐待人，你懂我的意思吧？我不會用這個詞。」

在每一場訪談中，我總會在某些時刻對自己一連串的問題感到難受。這些老師之所以進入這個行業，是因為他們想要盡其所能地培育孩子。即便忙碌，他們仍歡迎我的到來，希望聽到另一個溫馨的成功故事；然而，他們看到的卻是一個心懷苦毒的幽靈，大力指控和質問他們究竟有沒有觀察到學生的痛苦，訊問他們的人生目標是否有成效。到最後，他們都問：「不過你現在很不錯啊，不是嗎？」於是我讓臉上露出那種自信的笑容，並且逐一列出我的成就，隨著功績不斷增加，我可以看出他們微蹙的眉頭因著稍稍放心而撫平不少。

然而那天晚上，我感受到的完全不是自己的成就。我在便宜的汽車旅館中清醒地躺在床上，咒詛我那脆弱的心。若我記錯了我這個群體的創傷，或許我真的也記錯了自己所受的創傷。

25

隔天早上，我朝著我小時候所住的房子開去。我覺得我所住的那條街實在太寬了，看似無邊無際。直到我把車停在路邊，才發現這是因為沒有人把車子停在街上，它們都安全地停放在寬敞的車庫裡。這條街上也沒有人。這些房子各有不同的建築風格，每座花圃都修剪得宜，同時又充滿個人特色，使得這裡感覺既像郊區又各具獨特之處。不過話說回來，由於放眼望去空無一人，街道反而彌漫著某種詭異的氣氛。

我過去所住的這棟房子，有太多我無法道出卻又無比熟悉的細節。我永遠無法告訴你通向這棟房子的階梯是用什麼做成的，但如今我用手指撫摸著它灰白交錯的小碎石，不禁想起當年自己讓一堆摩比人公仔一級一級地跳下石階，在草地上跌成一團的樣子。

我按了門鈴。一名身型嬌小的越南老婦人來應門，她打開門、用狐疑的眼神打量我。「嗨，」我說，「呃，我知道這有點怪，但這是我小時候所住的房子，不知道我能不能進去看看？」

我想她聽得懂我的話，但英文能力尚不足以回應我。她對我露出開朗的微笑，把門打開，展開雙臂歡迎我進門。我注意到的第一件事就是深色的桃花心木樓梯和地板。「我的天，」我說，「你把地毯拿掉了。」這顯然足以證明我是之前的住戶，因為她就這麼荒謬地相信了我，讓我自己在房子裡到處晃。她則搖搖擺擺地回到廚房，和另一名老婦人一起忙著在一個巨大的塑膠籃子旁揀菜。

我還清楚記得這棟房子的格局——我永遠都忘不了——但如今站在這棟房子裡，又是另外一回事了。這棟房子大到不像話，寬敞的空間從我所站之處朝四面八方延伸，對三個人而言實在太大了。多年來住在城市狹小公寓的我，在房子裡各個房間四處走動時，覺得自己的臉頰因著這房子的大坪數而感到尷尬發燙。

當然，房子看起來很不一樣，裡面放滿了別人的物品，裝了新的窗簾，牆壁也上了一層白色的漆。當初的書房成了臥室，我的臥室則成了書房。但房子的結構還是一樣，門把仍舊沒有變。

我希望藉由這地方觸發我的隱藏記憶，讓這些碎石子、房間、樓梯扶手將我傳送到清晰的悲劇現場。回憶的確浮現了，但沒有任何令人驚訝之處。它們仍然是多年來我放在口袋裡把玩的小石子，千篇一律，平順光滑。沒錯，這裡就是那天晚上我母親把我抱在懷中的地方，我們以為自己就要被我爸殺死了。沒錯，她就是在這道階梯上把我丟下樓，這裡也是我打了我父親一巴掌的地方，就在企鵝海報旁邊，還有這裡是我被打個半死的書房。或許我在每個房間都待上一個小時，從每個角度吸取回憶，我就會脫胎換骨了。但我知道這位好心的老太太正在廚房裡等我，所以我不想利用她的善意在這裡待太久，等待那份恐懼找上我。所以，我只在每個房間短暫停留，將所浮現的回憶記下來。

接著我走進後院。就是這裡，泳池過濾器那療癒的嗡嗡聲，將泳池隔出熱水浴缸的灰色水泥磚，還有放著花盆的露台，我們以前在那裡種著辣椒和檸檬樹。有種感覺流貫我全身，而我花了一會兒才意識到那是什麼。帶著某種程度的驚奇，我被某種不熟悉的情緒嚇得目瞪口呆：鄉愁。喜悅。

當我在回憶中想像這個泳池，我想到它是我在四歲時幾乎溺斃的地方。那是我母親逼迫我來回游泳，好讓我再也不受溺水威脅的地方。不論我如何打水或踢腿，總是有地方做得不對。「腳伸直。我說**伸直**！為什麼你這麼差勁？手掌弓起來。背打直。你現在背打直了，但是腳彎了！」

然而如今我站在這裡，那份記憶卻不見了，壓力山大的感覺也消失無蹤。陽光依舊燦爛，泳池的氯散發出一股化學的香甜味，檸檬樹清香又可愛。我無法說出任何特定的美好回憶，我只知道我們家有泡棉浮條，我還會潛到池底去找硬幣，我父母會從烤肉架上把裝滿食物的盤子從廚房的窗戶遞進屋裡，但這些回憶都不是太清晰或生動。我只是有種感覺：在這裡，我曾經很快樂。然而這感覺卻比任何受虐的回憶更讓我傷心。

我在離去時對這位好心的老婦人表示感謝，她朝我不苟言笑地點點頭——雖然我已經盡我所能地加快速度了，但我的確花了不少時間。在我離開後，我到我家對面的公園散步，那是一個四十英畝、被廣大草坪所覆蓋的公園，當中有蜿蜒曲折的小徑，還有網球場和兒童遊樂區，地面上所嵌的水泥是葉子的圖案。我看到一個女孩同時搖著好幾個呼拉圈，在拍抖音影片。

在我老師們所描繪出的宇宙中，這個社區主要的痛苦在於父母們太過注重數學，並且在未成年飲酒這件事上對孩子過度保護。在這個宇宙中，這社區是成功、享受特權和快樂的移民典範。

這是個神奇的地方，一個移民創傷將煙消雲散的地方。這是一個死亡、戰爭、強暴都在好成績、白領工作和乾淨的附泳池兩層樓房中消失的地方。我想，**或許情況沒有那麼糟**。

老師們畢竟是對的，我想。這國家有那麼多的群體——黑人、原住民、非法移民、窮人——他們是真的被創傷所蹂躪，深受饑餓、成癮、各方面的暴力之苦。相較於他們，或許是我小題大作了。我們有那麼多資源，難道還不夠嗎？

•••

我走回租來的車子，忽然瞄到我家對面的那棟房子。我馬上清楚想起房子主人的名字，但我就姑且稱他們佛瑞德和芭芭拉吧。我對他們的最後印象也浮出腦海。這不是什麼陌生的回憶，但我想到，這是唯一的一次，我們那棟房子的美麗形象被打破、粉碎，它漂亮的外觀再也無法遮掩內部所發生的事。

我不記得爭執是從哪裡開始的，我只記得到一個程度，我母親揪著我的頭髮，拖著我走過那塊橘色的長絨地毯。

「我恨你。不准哭。」她放手時如此說。我試著讓自己顯得堅強一點，與其露出一臉無助，我刻意讓自己眉頭深鎖。

「噢，現在**你**在對**我**生氣是吧？」

「不是，我只是試著讓我的臉看起來不要那麼難過。」我堅決地表示。但她根本沒聽到我說話，因為她已經在尖聲對我吼叫：「**你竟敢用這種眼神看我？**」

說時遲那時快，我們聽到有人正在用力敲門。門鈴響了，一次，兩次。我們都停了下來，驚愕不已。不知怎地，那陣沉默似乎比我們的吼叫聲更響亮。我們都不敢正眼看對方，就這麼愣愣地望向大門，彷彿我們對於它的存在感到震驚。不論何時，只要我們演起這齣鬧劇，門就不存在，外面的世界也不存在，我們的家就是我們的宇宙。我是我母親僅有的一切，我母親也是我僅知的一切。然而此刻，這錯覺被打破了，所以我們不知道接下來會發生什麼事。她逐漸回神，然後躡手躡腳地走到門邊，從窺孔往外看。「我聽得見你們在裡面！」有個聲音大喊著，「開門，不然我要叫警察了！」

她打開門，我站在她身後，發抖著。我們的鄰居芭芭拉站在門前，她灰色的頭髮蓬鬆地在她頭上形成一個小丘。她和她的先生佛瑞德是一對和善的退休人士，他們沒有小孩。有時候，佛瑞德會主動和我爸談起他們家的玫瑰或車子，我們有一次還到他們家吃晚餐。然而，芭芭拉今天看起來非常不一樣。

「我聽到你在對那孩子做什麼，」芭芭拉說，「我坐在家裡，卻得日復一日聽著你對她大吼大叫……我實在是……我再也受不了了。我不忍了。」芭芭拉挺直身子大聲宣告：「我要向警察舉報你，因為你在折磨她。」

在那一刻，我母親因驚嚇而沉默不語，不過只維持了短暫的片刻。「你在監視我們？」我母親很快就反擊了，熟練地把芭芭拉的抨擊轟回去。「你在做什麼？偷偷溜到我們門邊偷聽我們講話？去啊！叫警察啊。我們會告訴他們你擅闖民宅，我們有隱私權。」

「我根本不需要監視，」芭芭拉輕蔑一笑，「我從我家客廳就可以聽到你的尖叫聲。不過沒錯，當我更靠近，我可以聽到她在哀求你。我可以聽到她邊哭邊說『拜託』。我的天啊，她還得這樣**哀求**你，她只是個**孩子**啊，你怎麼能這麼做？」芭芭拉以哀傷和善的眼神看著我，下巴因憤慨而突出。她認為她是我的捍衛者。她錯了。

我推開我母親，走到芭芭拉面前。「拜託不要這麼做，」我說，「謝謝你的關心，還來我們家試著幫助我。但我不要警察把我帶走，我想要住在這裡，而且我愛我的媽咪和爹地。她有時候會對我大吼，這是真的，但她只是在幫助我，讓我下次可以不要再犯錯。我有時候真的很壞，你只是不知道而已。」

芭芭拉的眼神中充滿了同情。「親愛的，發生在你身上的事是不對的。我很遺憾，但我得做點什麼。」

我的恐慌反應發作了。我知道我得怎麼做。「拜託，芭芭拉，拜託。」我說。我母親往後退，她知道可以把這件事交給我了。

我開始哭泣，一開始只是微微地啜泣，到後來則越來越激動，直到我開始打嗝。我不能沒有他們。我確實打從心裡害怕不已，但我其實也很善於以必要的戲劇性表達出我的恐懼。芭芭拉說的沒錯，我的確整天都在乞求，而且我對此已經相當擅長了。

我哭倒在地板上，朝著芭芭拉爬去。我的手掌成祈禱姿勢，抓住她穿著鞋子的腳踝。

「親愛的，沒事的。請你起來。」芭芭拉輕柔地說。她的臉上滿是痛心的表情。她看著地板上的我，再看著我的母親，最後又低頭看我。她知道自己對此無能為力了。

「你還要打電話給警察嗎？」

她猶豫了。

「我不要再聽見你這麼對她了，」芭芭拉對我母親說，「否則我會打電話的。這次我不打，但你有看見你自己在做什麼嗎？這是**錯的**。」我看不見她的臉，因為我還趴在地板上，肩膀抽搐。但她的聲音聽起來沉靜、過於急切。她很希望她的話能被聽進去。可憐的芭芭拉。「你在傷害她，她會一輩子受創的。」

我母親什麼話也沒有說，現場只剩下我抽噎的聲音。在芭芭拉離開之前，我們沉默了很長一段時間。我看著她的拖鞋經過我家門前盛開的茉莉花和九重葛，然後我母親關上了門。

我母親等了半分鐘，久到足以讓芭芭拉離開後，她才輕聲地咒罵她。「她就是那種愛管閒事的人，干涉人家的家務事。她以為她是誰，可以隨便評斷別人？」

那天晚上，當我父親進門，我母親告訴把斷章取義的故事版本告訴了他。她說芭芭拉來抱怨她的叫聲很吵。

「你相信嗎？當我們去度假時，這房子的警鈴響了大半天她才聽到，然後才打電話找人！結果她現在說她可以聽到我在對這傢伙大吼大叫。」我母親對我瞇起眼睛。「這女孩真的是麻煩死了，我不得不大聲吼她，讓鄰居都聽見了。她就是這麼壞。」

我爸搖搖頭，然後又往嘴裡塞了一口飯。「你為什麼非得要這樣？」他問我。「你就不能對你媽好一點嗎？」

「我很抱歉，」我說，「我保證我會變得更好。」

• • •

發明複雜性創傷後壓力症候群這個詞的女性，茱蒂絲．赫曼如此寫道：「受虐的孩童……必須找到一個方式來保持盼望和意義，因為若不如此，就只剩下全然的絕望，這是任何孩子都無法承受的。要對父母心存盼望，這孩子必須拒絕最首要、也最明顯的結論，那就是父母有極大的問題。她會盡其所能地為自己的命運提出解釋，使父母免受一切責難和責任……被虐的事實不是被阻隔在意識與記憶的高牆外……就是被最小化、合理化和原諒，好讓所發生的真實事件不會被視為虐待。」[1]

儘管我**知道**發生在我身上的事實——我一直都知道我的處境很慘——但我仍然像在報導新聞那樣，對自己的故事抱持懷疑態度，彷彿這完全是個陌生人的故事。一次又一次，我編造出不同的藉口：或許EMDR根本是種騙術，或許老師們說得沒錯，或許某種程度的優勢可以抹去虐待的事實。這些說法讓我有種掌控了一切的錯覺：若這一切都是我的錯，那我就能夠改變它，我可以處理。

但在這些充滿懷疑的殘磚斷瓦之下，有名新女性從中掙扎逃脫出來，一名讀過研究資料的女性。這整套關於亞洲人平順達成美國夢的說法，根本就是他媽的狗屁。事實根本就不是這樣。你身邊的人都是移民或曾經遭受極度暴力的難民——但他們不相信精神疾病、不去談創傷、不容許自己有感覺或失敗，結果每個人他媽的都**過得很好**？然後最讓他們焦慮的事情，就是無法在寫文章時妙筆生花？拜託。

我沒有回頭再看一眼我那棟快樂房子可笑的外觀。我決定轉動車鑰匙發動引擎，打算去星巴克和某個人碰面，他是我確認事實的最後一絲希望。

26

我提早抵達，於是買了一瓶氣泡水，一邊等待，一邊剝著我手上的死皮。我從高中以後就沒見過史蒂夫了，而且我記得最後一次和他講話是在中學的時候。當時我們準備搭校車去校外教學，他幫我燒錄了一張蟑螂老爹（Papa Roach）和史丹樂團（Staind）的混合專輯——裡面都是一些關於孤單和不被了解的歌曲。

當他推門走進店裡時，我既緊張不安，同時又鬆了一口氣，然後我們有點尷尬地彼此握了握手。我買了超大杯的咖啡給他。他比我印象中還高出許多，而且也長胖了。他的舉止不算不友善，但他很酷——他沒有開懷大笑，動作拘謹且小心翼翼，一隻手拿著咖啡，另一隻手放在大腿上。

「好久不見了吼？」我有點拙劣地問道，接著我們簡短聊了一下彼此的生活。他仍住在這裡，有個女朋友，在科技業高就，而且仍然和許多高中朋友保持聯絡。當他提到某個因為我在報刊編輯室裡態度強硬而叫我「納粹婊子」的人時，我努力地克制自己不要畏縮。

「我其實是想跟你談談高中和中學的事情，」我說，「那是段很辛苦的時光，因為我很不受歡迎，在各方面都很失敗，所以我想問問你的經歷。」

「奇怪了，在我的印象裡，你沒有不受歡迎啊。在我看來……大家都還算喜歡你，我想是吧。

我自己倒是很失敗，不過我確定這是我自己的問題，我不知道要怎麼好好跟人互動。」

「是嗎？怎麼說？」我問道，而他停頓了很久，才以怪異的眼神看了我一眼。

「呃，我不知道你知不知道——你應該知道吧——當時我超級喜歡你的。」

「哇，我完全不知道！」我愚蠢地笑著，忙亂地掩飾我的震驚和恐懼。長久以來，這是我第一次覺得還好現在可以大聊創傷，好讓我們可以擺脫令人討厭的前青春期的荷爾蒙話題。

我將我童年受虐並遭到忽視的故事，以已經預先排練過的三十二秒版本告訴史蒂夫；他對此表示同情，並說他不知道我當時的狀況那麼糟。接著，我又告訴他，我昨天發現皮埃蒙特山高中所有的老師都不知道我或任何人曾被家暴；他們還說，我們最關心也最備感壓力的事情就是拿到優異的成績。「我想，我只是想知道，**這是真的嗎**？我發誓我認識好多同學也有被打，所以我只想要跟你確認一下事實——當然，如果我記錯的話，我很抱歉。」

史蒂夫苦笑了一下。「老師們當然不知道！」他一臉不可置信的樣子，「沒有人會跟老師說自己發生了什麼事！」我坐直了身子。

「沒錯，我們都被打得很慘，」他啐了一口，「呃，也不是所有人。我知道**很多**人都有被揍，不然你覺得為什麼我們會因為成績不好而那麼焦慮？」

「**對嘛，你說是不是？**」我大聲地說，「謝謝你！我正是這麼想的！太感謝你了！」

「就算是那些現在看起來很快樂、在臉書上和父母關係很好的同學……他們都曾經被揍過，顯然只是程度上的不同而已。我被拳頭和雞毛撣子打，其他人則被拖鞋、筷子、其他小東西打。」

史蒂夫堅稱，我們所住的區域的確有不少有錢人家的小孩，但並不是每個人的生活都很舒適；我們也都還記得有朋友住在拖車停車場，我們曾到他家玩《東尼・霍克職業滑板》（*Tony Hawk's Pro Skater*）的電動。他自己則是鑰匙兒童，因為他父母總是長時間在餐廳工作。

史蒂夫並沒有說太多血腥的過程，但他的確告訴我，他父母常常打他，通常是因為他的成績，尤其是數學。我們在八年級時，總是從同一位數學老師那裡拿到B+的分數，然後被父母打得半死。他說，那種必須力求表現的壓力，或著在家裡面對父母的盛怒，總是讓他感到焦慮。有一天，他們再也不打他了——因為他起身反抗他們——那時他十三歲，大到足以讓他們感到害怕了。然後，就像我一樣，他的成績開始一落千丈。他說，他和他父母的關係有時候仍然會有點緊張，當他媽對他嘮叨時，他會勃然大怒且對她大吼。

「不是只有中國小孩才這樣，越南、台灣、韓國都這樣……」他列出幾個名字。聽到這些名字，我很訝異。當中有一個是我當初暗戀的男孩，很受歡迎又聰明，穿著得體，有點高冷。現在回想起來，他應該是害羞吧，又或者因為他正在面臨一些艱難的處境，才會比較內向。

「謝謝你，」我不斷對他說，「謝謝你，謝謝你。我知道我沒有精神失常。謝謝你。」我知道我們截然不同——不論在生活上、人際交友，以及其他方面都是。他的某些朋友是我討厭的人。我們在咖啡店的互動似乎帶著褻瀆的意味，彷彿身處一個祕密的泡泡，裡頭容許誠實和合理推諉。這讓我覺得和他無比親近。

而且史蒂夫也意識到，受虐經驗所帶來的後遺症，並不會隨著時間過去而神奇地消失。「我想這也是我那麼努力工作的原因。我會把別人的工作也攬下來，做超過我該做的，因為我很需要被接納。我需要我的上司告訴我，我做得很好，否則我就會感到焦慮——一種無法達到完美的焦慮，不論我怎麼努力，就是無法達標。」

我們聊到這種焦慮感，以及在工作上覺得低人一等的感覺，在在反映出我們父母在我們小時候要我們相信的某些信念。我對他所說的話點頭如搗蒜。

然後我說：「我很訝異你和你父母的關係仍然蠻緊密的，像我就非常憎恨我父母。」

史蒂夫又用那種眼神看了我一眼，那種「是該說實話了」的眼神。「我和我媽也有關係緊張的時候，但我們現在好多了。因為……**他們沒有拋棄我**。」

「噢對，就是這件事。」

「對，呃……你的情況聽起來比學校裡大部分的人還慘。」

我聽了幾乎要跟他爭辯起來，但我突然想到：噢，對。我們不再是中學生了。我們沒有在玩那個遊戲，那個「誰比較好？」、「誰比較慘？」的白痴遊戲。他也沒有在比成人版的「壓迫奧運」（Oppression Olympics）。痛苦就是痛苦，我們都曾受苦過。我們當有些人變得更好，有些人則變得更糟。有些人痊癒了，有些人卻仍然帶著傷。

我和史蒂夫謹慎地道別。就像這美好、不說廢話的會面一樣，我們也沒有承諾要保持聯絡。就只是道謝，直率的感謝，以及有點尷尬地以單手側身擁抱。不過當我走向我的車子時，我心中滿懷感激和寬慰，我甚至可以緊緊抱著他一分鐘。

我對這些丘陵的印象或許是錯的，我對許多事情記憶或許是錯的。但對於這件事，我是對的。

或許我沒有我想像中那麼精神失常。

• • •

幾週之後，伊芳・甘特（Yvonne Gunter）才打電話給我。她是皮埃蒙特山高中的社工和心理治療師——當我在學時，這職稱還不存在。她無法在我拜訪時和我碰面，而且一再延後我們約好的談話時間。

「抱歉，」她上氣不接下氣地在午餐時間打給我，這也是一天之中她唯一可以喘口氣的時間。「我星期五沒辦法跟你聊，因為我需要看著某個孩子以防他自殺。我現在手邊有兩百三十個轉介過來的個案，當中許多人有焦慮症，但我個案的狀況五花八門：古柯鹼上癮、懷孕、亂倫、重度憂鬱，有十個精神障礙的孩子，也有人會自殘、無家可歸等。」

「噢，哇！」我說，「這一長串的名單聽起來……很灰暗。其他老師似乎覺得他們學生主要的焦慮來源只是成績。」

伊芳發自內心地大笑出聲。「跟其他學校比較起來，我們的確沒有太多幫派相關的問題，雖然我們是有一兩個學生因為家庭背景而跟幫派淵源頗深，不過——我認為老師們對於所發生的事情太過天真了。」

她告訴我，有許多學生受到性侵害。她有一個學生每天都被自己的父親強暴，以至於伊芳不得不打電話給兒童保護服務（CPS）舉報他。在父親被逮捕的隔天，那女孩的母親衝進她的辦公室，尖叫著說他們沒有其他收入來源——女孩的父親是唯一在維持家庭生計的人，現在他們要怎麼過生活？無助的伊芳幾乎不知道該如何應對。「我知道……我知道……」到最後她也哭了出來，和那位母親坐在一起手握著手啜泣。

當然，重點來了：「我無法告訴你我這裡有多少孩子被家暴。」伊芳說。這情況是如此常見，讓她可以直接假設每一個進到她辦公室的孩子，都在家中遭受到肢體暴力。當這些找她諮商的孩子開始提及家暴的情況時，她必須一次又一次地提醒他們：「你確定你要繼續告訴我嗎？若你繼續說下去，我便有責任通報CPS發生了什麼事。」一次又一次，這些孩子還是想要繼續說。

「他們是如此渴望得到幫助。」她說。但或許也是因為這些孩子深知CPS的不足之處。她通報了好幾百個案例，但幾乎沒有收過任何回覆，因為當社工把車停在孩子們那乾淨、打理得宜的家門前，見到英俊美麗的亞洲父母時，孩子們只會閉口不言。現在換我大聲苦笑了，我們都覺得很疲憊。「在那種狀況下，孩子當然什麼都不會說。」我說。

「父母就站在旁邊？當然不會啊！」伊芳高聲說。

十五年過去了。當然，聖荷西總是有新的移民進來，如今也有皮埃蒙特山的畢業校友將**他們的孩子**送進同一所學校。我們正在將我們父母的錯誤傳承給在美國的第三代嗎？噢天啊。我們正在複製這個循環嗎？我的這一代正在從受害者變身為加害者嗎？

我試探性地提出我的下一個問題。「你認為這些孩子的創傷之所以被忽略……是因為他們是亞裔美國人嗎？」我真正的意思是：我們之所以被忽略，是因為錯誤的刻板印象把我們描繪成模範少數族群嗎？先修課程的學生？行為乖巧的孩子，家裡有泳池，用著高級筆電？

「絕對是這樣。」她說。我甚至可以聽到她在電話彼端點著頭。「當然，並不是每個亞裔學生的表現都很優秀。」

在美國，並非所有亞洲人都一樣，而「模範少數族群」這個詞讓我們這個大規模的移民社群看似千篇一律。這些華人學生的成績可能截然不同——有些父母或許有更多資源、受過更好的教育，對英語的掌握能力也更好——以及某些來自越南和柬埔寨的學生，他們的父母通常是貧窮的難民。伊芳告訴我，相較於富有亞洲人的故事劇情，有一大部分的孩子其實家境在貧窮線以下；事實上，在她將學生轉介至精神科醫師或心理治療師時，當中許多人拿的是低收入醫療補助保險。她也談到她的學生們面臨無家可歸的困境。

然而，伊芳斷言，即便是享有最多特權、表現亮眼的孩子們，也確實深受心理疾病之苦。「我們曾為學生和父母辦過返校日慶祝活動，我設了一個攤位，在那裡為任何想要尋求協助的學生提供服務。」她接著說：「一名父親走上前來看了看我的攤位說，『我的小孩不需要諮商——他所有科目都是A！哈哈哈！』時間快轉到兩年後，他的孩子的確是學校裡表現最出色的學生——伴隨著嚴重的古柯鹼成癮。父母和老師們甚至沒有想過，這些孩子為了可以長時間不睡覺，為了要修五門先修課程還得表現優異，他們得付出什麼代價。沒有可樂和聰明藥（Adderall），這些孩子根本沒辦法過活。」

她還告訴我，有兩個孩子罹患精神疾病，無法分辨幻覺與事實。當她告訴他們各自的母親時，她們不約而同地說：「那是因為他們時間太多了才會胡思亂想。幫他們安排更多的家教時間，他們就會好了。」公文式教育（Kumon）的笑話已經老掉牙了，但我們還是一直說，因為這是真的。你的孩子有憤怒問題嗎？送他們去Kumon。懷孕？送他們去Kumon。染上伊波拉快死了？送他們去Kumon。我心想，**天殺的亞洲人**。

即便我震驚不已，即便我們談的是社區中普遍常見的兒童虐待現象，我和伊芳仍輕挑、歡樂地互虧。「代際創傷，對吧？」、「沒錯，你知道嘛！」

我們的笑聲是一種寬心的笑。即便我和伊芳的對話內容很黑暗，但比起我和其他老師們的對話，反而輕鬆多了，因為這些都是**真的**。醜陋的事物在黑暗中將變得更醜陋。就這一次，我們不需要為現實裹上麵衣，悉心料理它，使它變得可以入口。我們掌握了那艱難的真相，而且站在同一陣線。而揭開這醜陋的現實，同時也在某方面安慰了我。

• • •

我所讀到的所有講述創傷的書籍，在某種程度上都在試著使我不受責難。他們說，我那兇狠的本性不是我的錯，因為我被虐待過。這就像指責山貓傷害人類一樣——你怎能怪罪牠的本性，責備牠大腦程式所帶來的後果呢？然而這一點都無法安慰我，因為我想要相信，我的行為能力更甚於動物。

不過，在和史蒂夫和伊芳談完後，終於讓我感到這些書中所暗示的一絲寬恕。這一刻，我不覺得自己是唯一的受創怪咖。我是一個地方的產物，我是許多人當中的一員。我們都是功能失調社群中的受害者，善於一邊壓抑自己，一邊喃喃自語地說：「在眼淚中微笑，吞下你的苦楚。」

就是這種常態，在這種將獨特的不幸化約為平淡無奇的環境裡，我終於覺得自己充滿力量了。或許我終究可以改變我大腦的程式編碼，因為這疾病越是常見，表示就有越多的生還者。這整個該死的社區應該不至於全都淪陷了吧？一定有人從這樣的掌控與束縛中逃脫成功。

我已經從這裡成功離開一次了。我要再次從這裡走出去。

27

從聖荷西回來後，我對於所見到的沉默感到滿腔怒火。

在那陽光普照的綠洲中，有太多未被發掘的傷痛，有太多被忽略的孩子，有太多未治療的痛苦，而每個人都以為他們只能獨自承受。我好想站在屋頂上把它昭告天下，在報紙上大肆宣揚，打電話給每一個教過我的老師，在他們能夠忍受的範圍內，對他們大聲宣洩。

一開始，我對我的老師們感到生氣，因為他們竟不知道我們所受的創傷。不過這其實不太對，因為若我們不說，他們怎麼會知道呢？接著，我又對我們這群孩子生氣，因為他們不把自己的創傷向任何人說。不過這也不太合理。最後，我對我們的父母感到憤怒，因為他們沒有告訴我們，我們的創傷從何而來。

暴力行為的背後總有動機，傷痛不會莫名其妙地成為現實。這為什麼會發生在我們身上？發生在我們這個社群之中？我們的傷痛、我們所挨的打，它們的根源為何？我們當中有任何人知道嗎？在我大聲嚷嚷之前，傾聽或許才是明智之舉。

我一頭栽入相關研究。我打電話給加州服務亞裔族群的社區中心和心理治療師，研讀我同學痛苦的家族歷史：中國文化大革命、越戰、韓戰、柬埔寨大屠殺。我發現，在美國對抗共產主義的殘忍代理戰爭之後，我的社群有一大部分是建構在其所留下的斷壁殘垣之上。美國在老斤里和美萊村屠殺平民，在農作物上噴毒藥，在田野中埋地雷，將機械槍枝留給錯的人，任由房屋化為殘磚碎瓦。聖荷西是美國頒給那些失去西貢和首爾之人的安慰獎。

我也訪談了數十位亞洲移民的孩子——也就是我這個世代的亞洲人。我告訴他們，我想請問他們在成長過程中面臨哪些與父母相處的困境，以及他們對於父母的歷史所知多少。

在這些對談中，每個人都希望我知道，他們的父母是**好人**。他們一無所有地來到這裡，他們克服了重重困難。你知道的，他們就是這樣，堅忍不拔，焦慮不安，沉默寡言。

「好，」我小心翼翼地說，「你知道他們為什麼會這樣嗎？」

他們瞇起眼睛看著我。這問題是什麼意思？因為他們是**亞洲人**啊。不然呢？

「是的，當然。只是——你知道他們在年輕時是否遭受過任何創傷呢？」

他們一開始都說，我不知道有什麼「創傷」，創傷是個嚴肅的詞。他們對此一笑置之。然而當我繼續看著他們，他們的視線便開始飄向房間的某個角落，然後說，嗯，倒是有件事。這是他們從來沒向任何人提過的事。

接著就是他們的自白。好多、好多的故事。

• • •

K在快三十歲時，將他父母的口述歷史錄了下來。直到那個時候，他才知道他的母親是從越南乘船逃難來的。那趟旅程充滿折磨與痛苦；一名女人在她眼前被人強暴，而她只能躺在那裡，假裝睡覺。當他們一家在美國安頓下來之後，K的兩個舅舅試圖依循同樣的方式來到美國加入他們。但他們的船沒有上岸。也是在那個時候，K才知道他原來有兩個舅舅。關於他們的記憶，已經隨著他們葬身大海了。或許這也說明了為何他母親會如此疑神疑鬼？她總是將沒什麼價值的物品藏在屋裡各個奇怪的角落。

H則想要知道，她父親暴力、虐待的怒氣從何而來。她讀了韓國歷史，拼湊出她父親歷經了一九八〇年的光州起義，即軍隊帶頭屠殺民主倡議分子的事件，這摧毀了他的家鄉。但起義期間，他發生了什麼事？他是否在過程中受了傷？她現在已經不再和父母聯絡了，因此她得求助於南韓的歷史影片，試圖藉此對他所受的苦產生一些同理心。

M的母親則總是著魔似地過度保護，她甚至不准M自己走路去學校。就在最近，M認為她或許知道原因了。她的母親最近開始在半夜以越南話哭吼：「救命！幫幫我們！不要把她帶走！她不是你的！」當M走進她的房間時，她的母親意識模糊，眼睛是張開的，但卻沒有清醒，於是M將她從惡夢中搖醒。當這發生第二次時，M的母親醒過來且迷惘地說：「噢，我只是想到我有個朋友被綁架了。我和我兩個朋友走在路上，當我一轉身，其中一個人就不見了。所以我大喊，想要請人來幫忙。」

到了早晨，M走進廚房問她的母親：「你還好嗎？」

「我很好。」她母親回答。

「你不記得昨晚發生的事情了嗎？」

「你在說什麼？」

「媽……你是不是有朋友在你眼前被綁架了？」

「噢，對啊，」她母親說，「沒事啦。」

• • •

「我所繼承的是一片模糊。」作家張宸姬（C Pam Zhang）在《紐約客》的一篇文章中如此寫道。[1] 她說，她的父母「把他們在來到美國之前的生活形容得僅像是序言，只是概略的描述……實在太過簡略了……當歸化於這國家的公民試著掩蓋過去的血腥歷史時……我們只看到山丘上的城堡，無視沿路腳下堆積如山的屍骨」。

這篇文章本身就是一個大膽、極具勇氣的行動：它的存在吹散了精心鋪陳的模糊迷霧，讓禿鷹來啃食我們過去長蛆生蟲的骸骨。我認為我也在做同樣的事，我所寫的每一頁，都在招致咒詛。

「你知道亞洲人的羞恥文化吧？」當我告訴我堂妹，我正努力寫出我被家暴的過程，一向西化的她如此警告我。「你真的有必要把全部的事都拿出來講嗎？你知道，你可能會毀了你爸的人生。」

我並不是全然地鐵石心腸，當然我對此也很苦惱。我無意毀掉任何人的人生。

但話又說回來，若不是這一切的祕密，若我們能夠把事情說出來，公開所發生的事情，或許有人就會挺身而出，好讓我父母不會毀了我的人生。

28

我的家族相當善於交換祕密。事實上，他們的技巧之高超，以至於一直到幾十年後，我才意識到他們當時的欺騙行為。

當我十六歲時，我是家族裡的八卦主角。我父親會哭喪著臉，一個星期內打好幾次電話給他的家人抱怨我的不是，希望藉此得到安慰。他已經做了他所能做最丟臉的事了——離婚，所以這時候的他已經豁出去了。於是，他用他的觀點到處散播我的事蹟：我將他的車鑰匙丟進樹叢裡；我用淫穢的語言對他大吼大叫；我幾乎把房子給燒了。

我從馬來西亞大批親友的口中聽到這些事，他們也盡其所能地代表我父親管教我。我年紀最大的姑姑——也就是大姑媽——寄了好幾封電子郵件給我，要我好好振作。那名熱愛畫畫的堂妹也寄了封電子郵件給我，表示我的美術其實沒有那麼好。對了，還有我不應該自以為了不起，畢竟我毀了我父母的婚姻。

在那個時候，我的父母都已經離開我了。若他們都過世了，這時會有葬禮、禮物籃，或許還會有人會接手照顧我。然而，我只得到一封又一封責備我的電子郵件，認為這一定是我的錯。就算我想要澄清，似乎也是白費力氣，因為我所說的每一句話都會被我父親拿來對付我，所以我再也不和馬來西亞的任何人聯絡。

不過，我終究還是得回去的。這就是我們會做的事，每兩、三年必去的朝聖之旅。我想，或許等親自碰了面，馬來西亞會像以前一樣，成為我的庇護所。那裡的襖熱和氣味將為我帶來安慰和安定感——不論我犯了什麼罪，我仍會是大家最愛的那個女孩。不過我沒有和我父親一起回去，而是帶了我大學時的男友同行。

一開始，一切都很正常。我們受到熱情的歡迎，我的家人陪我們到鎮上最高級的餐廳用餐，遊覽最著名的觀光景點——雙子星塔、石灰岩洞和鳥園。訝異於我男友吃辣的能力，姨媽說了好幾個笑話，還咯咯笑地叫他「白魔鬼」，但每個人似乎都有點拘謹。沒有極端、戲劇性的表現——例如沒事就突如其來地大呼小叫。反而，我們之間的對話變得越來越少，彷彿洩了氣的皮球。我的姑姑們無法正眼直視我，她們咕噥著說我「太美國人了」。我再也不是那個天之驕子了。

老實說，我的言行舉止也不像曾經的我了。在我更小的時候，我們的話題總離不開食物和我在學校暗戀的人，但如今我火力十足地朝著他們的意見和政治觀開砲。我已經長大了，足以辨識他們的種族歧視並加以批評，對他們過分簡單化美國經濟的態度嗤之以鼻。終於，有人問我，我爸過得如何。我說我不知道。我說他是個混蛋。

他們的防衛心出現了。在某個安靜的時刻，姨媽和我其他的姑姑一起圍攻我，問我為什麼不能當個更好的女兒。「這是真的嗎？」其中一位姑姑在她的起居室裡溫柔地問我。「我從大姑媽那邊聽說，你和你爸起了好大的衝突，你說了一些有禮貌的女兒絕對不會說的話。孩子啊，你怎麼可以做這種事呢？你得冷靜一點。」

我告訴我姑姑：「對，沒錯，我的確說了那些話、做了那些事。」我的確丟了那串該死的鑰匙、大吼大叫、劃了那根火柴。「但是，他只告訴你這些嗎？」我大吼。「他有告訴你，他搬出去嗎？他有告訴你，我每天都吃微波食物當晚餐嗎？他有告訴你，他因為拒絕帶我去看醫生，結果我感染了好幾個月嗎？他有告訴你，當我拔完智齒，因為麻醉藥而意識不清時，他對我大吼大叫，說他離開我是我的錯嗎？」

「是這樣嗎？」我姑姑看似懷疑地問道，但顯然無動於衷。我的家人搖頭咂舌。這不可能，是我在誇大其詞，我很容易對這些事情過度敏感，負面解讀每件事情。而且他**離開**我是什麼意思？又不是一**走了之**。他那天只是到女朋友那裡待了幾個小時，有什麼大不了的？根本不需要那麼嫉妒，把事情看得好像是你被拋棄一樣——太荒謬了。也太美國人了吧——那麼自艾自憐。在這裡，我們抱怨食物，我們不會抱怨感受。

對於我的憤怒，姨媽只是呵呵一笑。「不要這樣啦！每件事情吼，就算你沒有錯，你都得容忍一點。就算你是對的，有些事你還是不能說出來。」

「姨媽，你都不會把任何事放在心上嗎？」我問道。

「嗯，如果我把所有事情都放在心上，我老早就死囉。」

我雙手交叉抱胸、噘著嘴巴，而她只是嘆口氣，盯著牆壁。

我和姨媽在怡保待了幾天，但當我的家人送我去機場時，姨媽卻拉住我並緊緊地抱著我，在我耳邊低語：「你還不夠好，你要變得更好，知道嗎？」然後她便放開我，離開了。我沒有把她的話當一回事。我能期待什麼？他們那時又**不在**那裡。他們沒有看到我是怎麼熬過來的，他們永遠不會明白我親身體驗的那種缺愛感。

儘管如此，我卻覺得自己是個失敗者。我家族中所有的女性——姨媽、我的祖母、我的曾祖母——都沉默、有尊嚴地忍受她們生命中的艱難，而不是渾身是刺地憤怒以對。她們讓我看到，受苦是力量的核心。我無法像她們那樣端莊得體，我是流星，是刃如秋霜的飛鏢，是拿著手槍到處亂射的美國女孩。而我為此付上了代價，因為馬來西亞也不再愛我了。

那趟旅程之後，我再也不踏進馬來西亞了。我專心衝刺事業，我的男友一個換過一個。當我絆倒時，我不再說「哎呀」，我會說「媽的！」我會做鬆餅和西班牙海鮮燉飯，在農夫市集販賣那些姨媽絕對不敢碰的起司。我不打電話給他們，也不寫電子郵件。我已經獨自生活那麼久了，所以繼續下去也沒什麼問題。

• • •

五年過去了，這是我離開那裡最久的一次。我父親打電話告訴我，姨媽生病了。她的狀況穩定，但我應該要去看看她。於是，出於義務，我和我爸飛回馬來西亞。自從他離開我另組家庭之後，我再也沒有和他相處超過兩個小時。現在，我們得在這趟旅程中共處兩個星期，度過許多尷尬的沉默時刻。當我們在香港轉機時，他買了一碗餛飩麵給我，並且試著和我對話：你過得如何？你的工作好嗎？但當時是我在十五個鐘頭以來終於有無線網路可用，工作上狀況百出，我還有五封電子郵件要回，所以我示意他不要講話。我用筆電快速打字時，他只能嘟著嘴，百無聊賴地翻著他的麵。**哼哼**，我若有所思，**我以前唱著〈搖籃中的貓〉**（*Cat's in the Cradle*）、**希望你跟我玩時，你卻要我安靜，讓你好好看比賽**。

然而，在我們抵達怡保之後，我實在很難心懷憤怒。因為當姨媽看到我時，她興奮到差點跌倒——還好她即時扶住身旁的桌面——大聲叫著說：「**好靚！**」你好漂亮。

整個家族都告訴我，能夠和我父親一起回去是一件多麼美好的事。因為這份努力，我所做的一切都被原諒了。姨媽又愛我了。她把一盤又一盤、堆得跟小山一樣高的肉放在我面前。我一次又一次地婉拒她，但五分鐘後她又回來了，手裡拿著更大盤的水果或巨人份量的糕點，我若不吞下一點東西，她絕不罷休。當我們一起看電視時，她會伸出手來握著我的手，而我也會輕柔地捏捏她細小的手指，將我的頭靠在她的肩膀上。

我在她身邊待了一週又多一點的時間，在這段期間，我將我們的對話錄成好幾個小時的音檔。我想要保存我們的家族歷史——以及她古怪滑稽的言行。

就像我小時候一樣，我和姨媽互相依偎在沙發上，聽著她再次述說那些古老的故事。我比小時候提出更多後續問題，既然我現在是成人了，所以她也更仔細地向我描繪這些事情的景象畫面。她告訴我，我的祖母如何和男孩們打情罵俏，好得到免費的汽水。她也告訴我，以前當地的茅廁外圍只用一大片紙糊著，而到了晚上，總有人不斷朝著紙的四角尿尿，然後偷看茅廁裡面的人大便。當人們最後終於逮到了那個變態，村裡的人把他打得屁滾尿流。

接著，姨媽便突然沒來由地開始談起我小時候的事，關於我怎樣成為大家的寵兒。她用拳頭敲著桌面說：「每個人都對你很好，因為大家都知道你受了很多苦。」她點著頭，沒了牙齒的下顎悻悻然地向外突出。她閉起眼睛說：「這也是為什麼他們對你這麼好，因為在你小的時候，他們知道你受了很多苦。」

我馬上就知道她指的是什麼。「哇。」我可以聽到自己在錄音帶裡的聲音稀鬆平常，但在我的心中，我對這地方的所有記憶──這個充滿愛意的故事──因此開始扭曲變形。

「你有看到她打我嗎？」我問道。

「有，」姨媽回答，「每個人都看到了。」

我對過去的扁平記憶似乎在霎那間綻放為三度空間的立體故事，當中充滿了我從未留意的稜稜角角。突然間，我想起有一次我媽不准我吃晚餐。她告訴我，我必須雙臂交叉，扯著我的耳垂，在我的家人面呈半蹲姿勢，而他們就這麼默默地吃著晚餐。還有一次，那是我六歲回馬來西亞的時候，我和我媽在我的學校作業上意見不同。她因為我回嘴而用尺打我，而且連續打了好幾個小時。

途中有一度我試圖躲到桌子下。當她抓著我的腿、把我拖出來時，我開始尖叫求饒。我知道家人們都在房子裡，但不知道為什麼沒有人來幫我。我想，**他們一定是沒聽到我的聲音**，我覺得自己好孤單。但現在我終於知道原因了。

就在幾呎之外，我最小的嬸嬸一定是把耳朵貼在牆上聽著，而我的堂妹手裡則拿著彩虹小馬娃娃，等到這一切都結束後再把它送給我。當我母親用力摑我巴掌，讓我不禁跌跪在地上時，姨媽很可能就在角落偷偷地看著，斟酌著等等要如何告訴我，我是個完美的好女孩。當我母親因為我把杯子裡的水灑出來而對我大吼大叫時，大姑媽一定是緊抿著嘴唇站在那裡，計劃著那天晚上要帶我出去吃冰淇淋。

我覺得自己無法呼吸。「當她揍我的時候，你怎麼什麼都不說？」我用洋涇浜英語問她。

「你如果多說什麼，誰受苦？你父親。」

「那我呢？受苦？」

「你，你受苦？若我們說，不要這樣，她會更過分。她會揍得更兇。嘖！根本不可能會停止。你覺得可能嗎？」

換句話說，「你以為事情這麼簡單嗎？我們叫她住手她就會停嗎？」接著，姨媽告訴我一個我小時候的故事。那時我在半夜驚醒，於是跑去她的房間。她醒來後在我耳邊安慰了我一番，並且盡可能快速且安靜地帶我回到床上。從頭到尾她都提心吊膽，因為她認為若我媽發現我在半夜起來，她會因此揍我，所以姨媽不敢將她吵醒或告訴她發生了什麼事。

「人生就是這麼不公平。」姨媽聳聳肩對我說。此時嬸嬸走進了房間，姨媽用廣東話朝著她大聲講話，嬸嬸則對著她毛茸茸的小狗大聲斥喝。然後她們同時轉向我。「你要不要咖哩泡芙啊，小姑娘？」她們大聲問我，「吃啦！」

印象中，這是我第一次聽到姨媽說某件事情不公平。對姨媽而言，命運對她既不仁慈也不公平，我的痛苦怎能相提並論呢？

・・・

據姨媽所述，我們家族裡的所有男性都是失敗者——或者套用她的話，他們都是「無可救藥的傢伙」，從我曾伯公開始就是如此。他是我們家族歷史的起源，是第一個從中國移民至馬來西亞的人。但他可不是呆頭呆腦的蠢蛋——怡保是一個採礦的城鎮，而我曾伯公坐擁三座礦場和一些橡膠園，累積了大量的財富。

姨媽的母親嫁進了這個家族。當媒人將她與這名企業家的姪子配對時，身在中國的她才十六歲。她欣喜若狂，這可是極度富有的家族啊！而且她的新丈夫顯然是個帥哥！她這輩子可以不愁吃穿了！

然而，當她終於與丈夫碰面時，才發現他的家族欺騙了她。當初他們給她家人看的照片，其實是她的小叔。她的新丈夫生來就雙腿扭曲變形——他無法行走——而且他的外貌也令人興趣缺缺。此外，當這對新人抵達馬來西亞、住在他富有伯父的房子裡時，他們才發現，伯父的財力其實正在走下坡。世界大戰使他的貿易事業受挫，礦場接連關閉。不過，更糟的是，他還將大把銀子花在女人身上。「娶了四個老婆，還去找妓女！」姨媽語帶責備地說，「花心大蘿蔔！」姨媽的母親嫁過去沒幾年，這名有錢的伯父就破產了，而姨媽和她的家人也只能一無所有地流落街頭。

由於姨媽的父親無法走路也無法工作，她的母親只能一肩扛起家計。這個時候的她，已經生了四個女兒——這令人極為失望。這些女兒不會繼承家族姓氏，也無法幫助她度過死亡之河抵達天堂；如果她們結婚的話，還得為她們準備嫁妝。於是，我的曾祖母決定，這些女孩必須有能力自力更生。雖然她的收入要讓六個人得以溫飽著實不易，她仍然想盡辦法湊足了錢，讓她每一個女兒都去上學。

為此，她為人修改衣服，她賣午餐給礦場工人，並且提供打折優惠，確保她每個月有穩定的收入來源。任何零工、臨時工，她都願意做。當然，她也操持家務，養大四個孩子。

然而，在日本的占領之下，所有的礦場都關閉了。糧食嚴重短缺，成千上萬的人處在饑餓之中。由於中國也參與了戰爭，所以日本人對於馬來西亞的華人社群戒心甚重，經常虐待年輕的華人男子，將他們關入監獄，甚至讓他們人間蒸發。為了降低嫌疑和躲避騷擾——以及額外賺一點錢——我的曾祖母從挖掘墳墓、尋找黃金的盜墓者手中，以便宜的價錢購買衣服。她和女兒們將這些死人的衣物加以拆解、抽出絲線，用它們來縫製新的衣物……以及製作日本國旗。在二次大戰期間，將這些國旗賣給日本士兵，就好像非法移民在曼哈頓的運河街（Canal Street）上兜售印有川普的帽子一樣。

大戰結束後，英國重新殖民馬來西亞，我的曾祖母則發現了賺錢的魔法：打麻將。她在這方面無疑極具天分——這是她與生俱來的能力。她把這些小方磚玩得出神入化，到最後她所贏得的錢足以讓她開一間自己的賭場。有一次，她以為她可以靠著在賭場裡販賣鴉片大賺一筆，於是穿過邊界抵達泰國，帶回了一大袋的鴉片。沒想到她一回到馬來西亞，鴉片的匯率馬上就一落千丈。她將大筆存款花在如今幾乎毫無價值的東西上，損失慘重。與其嚎啕大哭，她反倒花大錢去買螃蟹，藉此平復她的傷心。「我該怎麼做？」她自問，「乾脆去吃螃蟹啦！」這就是她的人生哲學，姨媽驕傲地回憶著。不論環境多艱難，永遠抱持著不屈不撓的樂觀主義。

這是寶貴的一課——也是姨媽多年來一再向我重述的教訓：我曾祖母的歷史值得我們紀念和敬重，因為她努力工作、她犧牲奉獻，以及最重要的是，她無窮盡的忍耐。後來，當我發現中文的**忍**字，就是在**心**上插一把**刀**，我便完全明白了。你帶著插著一把刀的心過生活，以堅忍不拔的精神面對一切，這是存在的最高境界。

所以，即便姨媽在極度窮困與恐懼中成長，即便她歷經多場戰爭與敵人占領，在成長過程中挨餓，她選擇忍耐。當她長大成人之後，由於她不夠漂亮或不夠富有而無法結婚生子，她選擇忍耐。當她大半輩子都身兼數職，擔任汽車銷售員、祕書、當鋪老闆和彩券抽獎員，同時還要照顧她姊妹的六個孩子時，她選擇忍耐。姨媽和我最小的阿姨特別親，基本上，她把她當作自己的孩子來撫養和疼愛。然而我最小的阿姨卻年僅三十五歲便死於血癌。同樣地，姨媽選擇忍耐。

「天塌下來，把它當被子蓋，」她每天都不斷對我如此說，「大事化小，小事化無。有人誤會你，不要把它放在心上，放手吧。」

• • •

因此，當姨媽坐在這裡告訴我，我母親養育我的方式是不合理的，這句話意義重大——可說是一種仁慈。這是一種認可，也可說是承認——就算在如此慣於受苦的世代看來，我被養育的方式也是不合理的，我不應該被如此對待。

就是因為如此不公平，讓姨媽彷彿將手指放在我人生的天秤上，試圖使兩端平衡一點。長久以來，我其實不是最受寵愛的小孩。家人們給我的愛並沒有特別多，也沒有比較少。但現實情況比這還要好：我被看見了。我的家人看見了我。他們是如此愛我，以至於精心策劃出一場持續數十年、全家總動員的盛大表演。這些年來，所有的「好乖，好乖。你好守規矩，你真是個好女孩」，一開始，這些精心安排的台詞是為了要讓我母親看到，我值得被愛。不過它們並不管用。然而，或許他們努力演出的對象，其實也包括**我**。

29

有好長一段時間，我都認為我家人們協調策劃的欺騙行為——他們戲劇性地把我寵上天——是一種愛的表現。然而，在我造訪聖荷西之後——在我訪問了那麼多以保護之名遭受類似欺騙的人之後，在我一次又一次見證了保密所帶來的傷害之後——我開始對這種打啞謎感到厭倦。我數算著童年時期所聽到的謊言和誤導，這些事件多如牛毛。

・・・

在我十二歲時，我母親把我叫到她的房裡。她坐在粉色與綠色交織的刺繡軟墊椅子上，對著梳妝台拔眉毛。我搬了一張有軟墊的凳子坐在她身邊，把玩著她那些上了漆的珠寶盒，我用指甲滑過刻在木盒上的奇特中式房屋，以及鑲嵌在刻痕中的蛋白石。「我要告訴你一件事，」她邊拔眉毛邊對我說，「我是被收養的。你的阿嬤不是你真正的外婆，C舅舅和你也沒有血緣關係。他們是我的收養家庭，在我還是小嬰兒的時候，他們就收養我了。」

「噢，好。」我說，等著她接下來要說的話。不過我媽沒再說話，於是我問：「為什麼你的父母要把你送給人收養？」

「我不知道，」她說，「我從來沒有見過他們。」

我看不出她是覺得難過、憤怒，還是兩者皆非。「沒關係。」為了以防萬一，我如此說。最後，她開始拔她的鬍子，於是我離開了房間。

• • •

十三歲那年，我母親剛離開我們。在許多夜晚，我父親不斷推敲她為何終究選擇離開：或許她是女同性戀。或者她和她擔任志工的那個學區督導上床了。又或者，她和她眾多的男性網球球友之一上床了。「我一直知道她很會說謊，」某天他如此說，「我們從來沒告訴過你，你其實有個同母異父的姊姊。」

我當時在我母親的化妝台前，坐在同一張刺繡軟墊椅子上。「**什麼！？**」

她告訴我，當她和我父親相識時，她已經結婚了，但正在辦理離婚手續，而且她當時有一個兩歲的女兒。一直到婚禮前夕，她才告訴我父親她有孩子。出於愛她，他提議要收養這個孩子。「不用了，沒關係，」她說，「我們會將她留給她父親的家人。」

多年後，我試圖尋找我的姊姊。在我的想像裡，當我找到她時，我要告訴她：「我知道在嬰兒時期就失去母親感覺一定很糟。我也知道她離開你而生下我也很糟糕。但我想要告訴你，你其實是幸運的那個人。你絕對不想要她成為你的母親的，沒有她，你其實過得更好。希望知道這件事，可以讓你被遺棄的創傷痊癒一些。」然後我們會擁抱、聊天，聊聊我們的共通點，或許還能成為我們原本無法擁有的那種家人。但我一直無法實現這個幻想，因為我找不到我的姊姊。這任務太困難了，我雙邊的家族都沒有人記得她的名字。

• • •

時間來到我二十七歲的時候。我和我父親前往新加坡並在此停留幾天，打算之後前往馬來西亞參加我堂妹的婚禮。每天早上起床後，我就會設法擠進大姑媽狹窄的公寓陽台，邊吃早餐邊看《海峽時報》(*The Straits Times*)。不論時間多早，我姑姑總是蓄勢待發，散發著大姑媽獨有的精力：她會問我是否把冷氣關了，說我今天看起來很瘦，並且拿出一大瓶水克菲爾(Water Kefir)要我多喝點，因為這非常有助於排便。她擺出她昨天做好的炒米粉，而後叫女傭將咖椰吐司遞給每一個人。我父親睡眼惺忪地加入我們，一屁股坐在椅子上，開始大吃特吃。

「哇，你喜歡這個喔？」大姑媽問道。「你太太不會做這個給你吃嗎？」

他太太？他有太太？

「你什麼時候結婚的？」我問。

「哎呦！很久了啦！」我父親漫不經心地隨口答道。

「你結婚多久？已經八年了吧？」大姑媽笑著。

八年前。我十九歲。我完全不知道，沒有人告訴我，我也沒有被邀請。只要我爸提到她，他還是稱她為「我朋友」。

接下來的早餐時間，我是個乖巧的華人小女孩。在我們打包行李，在我幫大姑媽設定Netflix帳號的時候，我將烏達和胡蘿蔔蛋糕，連同我的憤怒一併吞下。在搭乘計程車前往機場的路上，我咬緊牙根忍耐著。在我們過海關、尋找登機門的時候，我悶不吭聲。

然後，我們坐在機場的鋁合金黑色皮革椅上。一名穿著西裝的男子坐在我們對面，開始在他的筆電上打字。我假裝不在意地小聲問他：「為什麼你騙了我十年？說你交了女朋友，但其實你們早就結婚了？」

「什麼？我從來沒有騙你啊。」

「這段時間以來，你總是說你**朋友**、你**朋友**，但她其實根本就是你**老婆**？你在我大學的時候就跟她結婚了？那時我住的地方才離你四十五分鐘的車程！」

他馬上進入防禦模式。「這只是小事！不然你要我怎樣？你從來就不喜歡她，你甚至從未見過她。你一**直**沒見過她，是因為你……你就是這樣。若我告訴你，你就會氣得半死、火冒三丈，然後整個人瘋掉。你一直都是這樣，不然我能怎麼辦？」

「你不知道我會如何回應，這根本不是藉口。」我的聲音提高了幾分貝。「還有——老兄，我的天，去諮商吧，這根本他媽的再明顯不過了——你之所以攻擊我，只是為了隱瞞你的羞恥。你根本他媽的毫無責任感！」

那名穿西裝的男子頭也不抬、安靜地收拾他的筆電，移到登機門的另一端以逃離現場。我不在乎，就讓大家看，就讓全世界聽吧。說出來。他媽的大聲說出來。不論有多傷人，把真相說出來。

但我父親一如既往，只會對我咆哮同樣的內容。「你總是一直揭過去的瘡疤，這有什麼意義？我無法回到過去讓你快樂，讓你的人生變得完美，而你也看不到未來，因為你的頭只會往回看。**過去的——已經——過去了！**」

當然，除非過去並沒有過去。過去一直在這裡，纏著我們的家，在夜晚俯瞰著我們。他們說，假裝鬼怪不存在，並無法擺脫它們。傳說故事告訴我們，要直接迎戰鬼怪，宣告這是**我們的**家，我們再也不歡迎它了。但我卻是唯一站在客廳對鬼魂大吼尖叫的人，其他人只是撇過頭去、不看不聽，假裝什麼事都沒發生。

30

在我的家族、我所訪問的亞洲家長和我的亞洲同學中，幾乎沒有人願意談及我們的根本創傷，這應該不是巧合。我想要知道，為何我們這個社群如此善於隱藏我們的過去？因此，我將目標轉向文化，試圖從中尋找答案。這和佛教有關嗎？儒家思想？還是道家思想呢？

在我出生時，我家族裡大部分的人都已經改信基督教了，所以我很少接觸到中國傳統信仰。世代以來，他們一向比較偏向道教——他們通常藉由傳統和實踐，忠心地體現道家精神，更甚於其他自然神論的信仰。

道教所遵循的是無為的概念，也就是「得來全不費功夫」。這樣的想法，即承認自然界中有許多超越我們的力量。這世界是個巨大、複雜且井然有序的體系，歷經百萬年後臻至完美。要對抗這個體系是毫無意義的，外力的介入只會造成混亂。所以，我們只要**像水一樣**就可以了。接受並適應，讓水流帶著你到你當去的地方。

從小到大，姨媽和我祖母最愛說的其中一句話就是：「要做什麼呢？」這不是一個問題，是一句聽天由命的陳述。「要做什麼呢？事情就是這樣。」她們也很少對小孩大吼大叫，而是口出帶著道家色彩的俗語：「若我的孩子還有點腦袋，那我就不用對他們大吼大叫了。若他根本不懂事，就算我對他吼個幾百萬字，也不會改變什麼。你不會把一個好孩子寵壞，但你也無法讓一個壞孩子變得更懂事。」當我年紀稍長，我父親總是一再重複這段話，證明這說法是正確的。「這是真的！看看你！我犯了錯，但你卻變得那麼成功！你生來就很識相！」我總是對此大翻白眼。這只是讓他免於承擔忽略我的責任，是讓他開脫的另一種方式。

這也是為什麼當我在大學時代第一次讀到《道德經》時，我直接拒絕這種說法，因為這根本太簡單了。「像水一樣」看似無害，但等到水開始淹進你的船，與其拿起水桶將水舀出，你就只是坐在那裡看著水漫過你的腳踝，直到你葬身海底。就是「像水一樣」，才導致我童年的悲劇。於是我把《道德經》放回我的書架上，繼續寫我的《創世紀》期中報告。

然而多年後的此刻，我對於大學時期草率粗糙的解讀心態感到後悔，於是我在網路上修起基礎中國哲學課程。在這當中，我學到了祭祖的中國習俗——這或許是最古老的宗教形式。我們為死去之人築壇、點香，祈求祂們引導我們。這些祖先足以為我們指點迷津，因為祂們擁有幾千輩子的知識——透過血脈代代相傳累積而成的智慧。堅守這些儀式和傳統，是我們能夠遵循古老智慧並傳承給下一代的方式。這薪火相傳的知識泉源，讓我們得以闢出一條路徑、一個方向，也就是道。

但現在我覺得更困惑了。若我的祖先們已經為我的家人提供了一條路徑，為何我們還要用祕密和沉默來封印我們的歷史呢？

於是我聯繫上舊金山州立大學亞裔美國人研究學系的教授張華耀（Russell Jeung）。他的著作甚多，同時也是《家庭犧牲：華裔美國人的世界觀與倫理》（*Family Sacrifices: The Worldviews and Ethics of Chinese Americans*）的共同作者。我問他：「我越是認識道家思想、祭祖文化，以及代間流動的道，我越覺得，保密和抹除歷史這方面似乎和道家的目的是對立的。你對此有什麼想法嗎？」

我看得出來，張教授打從一開始就對我的提問方式抱持疑慮，接著便是一陣不算短的沉默，我可以聽到他猶疑地斟酌字句，心想要如何回答才好。「我不確定沉默算不算保密，」他緩慢地說，「有很多事情，我確定父母們不會跟兒女說，他們不會去談自己的性生活，我不知道這算不算是道家的原則。或許有些事情，他們寧願遺忘。在中國信仰中，人們普遍不喜歡談論負面的事情，這也是為什麼人們不去談論癌症。你知道《別告訴她》（*The Farewell*）嗎？」他問道。這是王子逸（Lulu Wang）的電影，分別得到了英國電影學院獎的提名和金球獎，內容是關於她的家人決定向她祖母隱瞞其肺癌診斷結果的決定過程。她的祖母大概只能再活六個月，但她的家人認為，若讓祖母認為自己沒事，對她會比較好，她也會活得更久。這方法或許有效。在我寫下這本書的同時，距離她的診斷結果出爐已經八年了。王子逸的祖母還活得好好的。

張教授認為，這不是單一信仰體系（光是中國人就有許多不同信仰）所造成的結果，而是正面與迷信文化使然。

「這也是為什麼中國人不談死亡。當你清楚描述事情、把它講出來時，它就變成現實了，對吧？所以當你談論死亡，你就好像讓死亡成真一樣。這也是為什麼我們在過年的時候不說負面的話，你總是說正面的好話，因為你在把這些好事說成真的。你有聽過中國人說『吃苦』嗎？你就是得把痛苦都吞下去。」

「好，」我回他，「但我很難想像把苦楚都吞忍下來對你有好處，我覺得這只會讓你生病。而且，我們難道不也從傳承的艱辛中學教訓嗎？」

「嗯……西方的做法是『我們一定要痊癒，我們一定要掌控』，我認為這是從享有特權的角度來看事情。」張教授又停頓了好久，「對世上大部分的人而言，創傷和受苦是家常便飯，大部分的人每天都在經歷這些事，這不是什麼特例，不是僅此一次的經驗。所以，即使你因為創傷而產生健康問題，你會說，噢，好吧。人都會受苦，人都會生病，所以只有特別幸運的人才會覺得這很不尋常。」

就像大部分善良的自由派人士被指出自己的特權一樣，我在羞恥感中縮了回去。**特權**似乎是個不好的詞，但我心裡總是覺得哪裡不對勁——希望對方負責、意識到問題，這樣的渴望若是一種特權，這是否表示那些喪失權利的人其實不配擁有公平正義呢？總之，掛上電話後，我的腦海中又響起了家人的責備聲：「啊，你這女孩，就是太美國人了。」

• • •

幾週後，我訪問了聖荷西州立大學社會學及跨領域社會科學系的海恩（Hien Duc Do）教授，他也認為我將矛頭指錯方向了——但不是因為我享有特權。首先，他認為父母們的「忘記」和文化沒有太大關聯，而是典型的解離情況。這點倒是蠻公平的說法，畢竟，我不是也為了生存而忘記自己大半個童年嗎？海恩教授帶我脫離對文化的執著，幫助我看見這不是亞裔美國人的特有問題。許多「最偉大世代」的美國白人也無意談起他們在諾曼第海灘的事情。我有一些牙買加、墨西哥和盎格魯─撒克遜的新教徒白人朋友，他們的父母也將死守家族祕密當作生存機制。

接著，他鼓勵我，不要把過錯都歸咎於亞洲文化，因為我們這個社群所處的美國文化在延續保密行為上，也扮演著重要的角色。

「在美國，我們一直活在要同化、要表現良好，不要揭露任何關於我們社群負面形象的壓力中，」海恩告訴我，「要當懂得感恩的難民，因為美國讓我們得以成功。若表現出在這裡生活是多麼受創或艱難，那就是不懂得感恩，所以展現成功、跟著模範少數族群的迷思壓力走，是比較容易的。」

美國本身被稱為大熔爐不是沒有原因的，這環境有系統地鼓勵我們遺忘、融入。在皮埃蒙特山高中，我的白人英語老師只要求過我們讀一本作者為亞裔美國人的書：《喜福會》（*The Joy Luck Club*）。我想我們還讀過《大地》（*The Good Earth*），在白人女性作者筆下所描繪的中國家庭，充滿了讓我嗤之以鼻的刻板印象。我們的歷史課程含括了美國獨立戰爭至第二次世界大戰這段時期。基於我們當中至少有四分之一的學生是越南人，你可能會以為歷史老師至少會花一節課談論這部分的歷史——但我們從來沒學過越戰或韓戰。我有個父母以難民身分來到美國的越南朋友，至今都還不知道共產黨究竟是從北方還是南方來的。

在華盛頓特區的越戰紀念碑（Vietnam Veterans Memorial）上，沒有任何一個和美軍並肩作戰的越南軍人名字。在美國所參與的各場戰爭中，那些和我們一起蹲在壕溝中的韓國人、伊拉克人、柬埔寨或苗族人，他們的名字都沒有出現在任何紀念碑上。那些希望透過翻譯服務而得到美軍幫助，卻被丟下等死的阿富汗人，沒有人為他們豎立紀念碑。紀念他們並不是我們的首要之務。然而，如同牙買加裔學者保羅・吉洛伊（Paul Gilroy）所寫的：「苦難的歷史不應該單單落在受害者身上，若是如此，創傷的記憶將會隨著倖存者的逝去而消失。」[1]

越戰紀念碑上沒有任何越南人的名字，但距離這面黑色長牆兩英里遠的地方，你可以找到一間掛著粉紅色霓虹招牌的時髦餐廳，花十四塊買到變調的純素越式法國麵包佐「毛豆肉醬」。

在阮越清（Viet Thanh Nguyen）的書《一切未曾逝去：越南與戰爭記憶》（*Nothing Ever Dies: Vietnam and the Memory of War*）中，他寫道，橘郡（Orange County）裡像聖荷西或小西貢的移民社群，是藉由資本主義的承諾達到刻意遺忘的範例：「少數族群累積越多的財富，購買越多資產，得到越多的影響力，他們就越能被看見，就會有更多美國人對他們抱持好感並記得他們。歸屬感將取代渴望；成為一分子，將使他們不被遺忘。」[2]

舊金山中國城的存在，就是活生生的例子。十九世紀末期，加州的華人移民必須對抗嚴重的排華情結。一八七一年，洛杉磯有十八名華人移民被謀殺與私刑致死。[3]一八七七年，一群「反苦力」暴民燒毀與搶劫舊金山的中國城，並且殺死了四名華人男子。[4]在一九〇六年的舊金山大地震中，這個社群承受了最後的重擊：舊金山消防局將救災資源集中在較富裕的區域，並將中國城炸毀，以阻擋火勢的蔓延。重建城市時，當地一位名叫陸潤卿（Look Tin Eli）的生意人聘用了一名從未去過中國的蘇格蘭建築師派特森・羅斯（T. Paterson Ross）來重建該社區。羅斯的設計靈感來自歷史久遠的中國照片和古代的宗教思想。豪華的餐廳裡，擺放著精雕細琢的柚木傢俱和象牙雕刻，伴以美麗亞洲女性演出的歌舞秀，後來的音樂劇《花鼓歌》（*Flower Drum Song*）就是在描繪如此情景。該設計的主要理念，就是想要營造出具有異國風味的「東方迪士尼」以吸引觀光客，提升在美華人的形象。[5] 他們成功了。亨弗萊・鮑嘉（Humphrey Bogart）、洛琳・白考兒（Lauren Bacall）、隆納・雷根（Ronald Reagan），以及平・克勞斯貝（Bing Crosby）等名人開始頻繁出入中國城的餐廳和夜店。[6] 人們對中國人的看法，也從偷走工作的苦力，轉變為令人迷戀、極具吸引力的神祕外國人。

然而，我們為這份安全感付上了代價——不知不覺中，華裔美國人的自我認同也染上了這種偶像崇拜的色彩。在我成長的過程中，舊金山的中國城是我對中國的唯一印象。我直到二十歲出頭才驚訝地發現，其實中國的屋頂上並沒有覆蓋著層層綠色瓦片，也沒有龍。我覺得被背叛了——彷彿我中了圈套，讓我遺忘了我自己。

這也是為什麼海恩教授要他的學生從父母那裡搜集家庭歷史，就是為了要記得這些歷史。他的方法很聰明。「我總是跟他們說，如果你告訴你父母，這是你必須完成的課堂作業，否則你會被當——如此一來，他們就會比較願意配合。不過同時也要知道，有些事情他們是不會透露的。但儘管如此，你可以試著推敲那些空白是什麼。」他甚至會教導他的學生去問一些和個人無直接關係的問題，例如「當你離開越南時，船上有多少人？當中有多少人成功上岸？」若出發時有一百五十人，最後只剩五十人，學生們可能永遠不會知道父母所歷經的創傷細節，但他們可以猜想到父母必然活在傷痛的陰影之下。

• • •

我想，我算是幸運的美國人，目前在皮埃蒙特山就讀的學生們也是。然而看著這群青少年，我不覺得他們被享有的特權寵壞了，我仍然覺得他們很脆弱。不過就某些層面來說，我看到他們所擁有的美國權利的確對他們有幫助。

在聖荷西那天，我在離開學校之前繞到當初救我一命的新聞編輯室，只是想去看看。它看起來和當初一模一樣，只是用了比較新的Mac電腦。「嘿，大家——這位是校友，她現在是紐約的新聞記者！」現任的新聞寫作指導老師向大家宣布。他們一點都不希罕，眼睛繼續盯著螢幕上的版面設計軟體。好孩子。我在編輯室裡走動，看著學生們為報紙排版。某個標題吸引了我的目光：**另一種精神狀態：喪失現實感和自我感**。

整篇文章都在探討以關閉情感的方式——彷彿隔著一層玻璃看世界——來因應壓力所暗藏的危險，以及憂鬱症和焦慮症的可能症狀。

「這篇是誰寫的？」我問道。學生們指著坐在角落一名穿著寬鬆帽T、頂著油膩頭髮的女孩。

「這篇太棒了，你在哪學到這些東西的？」

「甘特小姐教我的。」她害羞地微笑著說。伊芳。我又回到螢幕前。

文章的最後一段寫著：「若你覺得自己正在喪失現實感和自我感，深呼吸，讓自己的思緒緩和下來。你可以控制的。若這些症狀仍然持續，請聯絡心理健康專業人士。許多人都有過這種感覺，所以不要害怕尋求協助。你並不孤單。」

31

儘管現代離傳統甚遠，但我仍相信我的中國古代祖先在「道」裡面為我留下了蛛絲馬跡。他們相信，「道」讓我們能夠將知識和資訊代代相傳……在我們之前死去的祖先，能夠回來以其智慧引領我們。他們相信，逝者能夠透過我們——也就是他們的後代——而活，鼓勵我們做出他們會做的決定。

他們不知道元素週期表、細胞或量子力學，我很確定我的祖父母甚至不知道什麼是染色體。他們不知道這一切是**怎麼**成真的。他們只是知道這一切是真的。而你應該也沒想到吧——他們是對的。

・・・

二〇一三年，埃默里大學醫學院（Emory University School of Medicine）的研究人員對公老鼠進行實驗。[1] 他們讓老鼠聞到櫻花的香味，然後再電擊牠們。這些老鼠因此將櫻花的氣味與危險連結。到最後，即使是微量濃度的氣味，這些老鼠都能偵測出來，因為牠們大腦中的氣味接收器變大了——接收器的**改變**是為了辨識氣味。研究者甚至在老鼠的精子中觀察到改變。

在這些老鼠生出下一代後，研究者也讓下一代的老鼠嗅聞櫻花的香氣。即便這些老鼠從來沒有聞過櫻花的香味、也沒有被電擊過，牠們仍在香味釋放時顫抖亂竄。也就是說，這一代的老鼠承襲了牠們父母的創傷。

另一項由蘇黎世大學（University of Zurich）大腦研究中心在二〇一一年所進行的研究，則讓老鼠寶寶與牠們的母親分離，藉此讓牠們感到壓力。[2]這些被遺棄的老鼠顯現出焦慮與憂鬱症狀——這是理所當然的。然而，令人震驚的是這種分離對下一代老鼠的影響。當這些受創的老鼠生下寶寶，以及牠們的寶寶再生出下一代後，科學家再也沒有將牠們與父母分離了。牠們在各方面都被滿足，養育得宜。但接下來的三個世代，仍然出現了焦慮和憂慮的症狀。

科學證據指出，我們所歷經的創傷會傳給我們的孩子、甚至孫子。想當然爾，DNA是決定我們鼻子形狀、眼睛顏色、染上某種疾病機率的基因密碼。當我們的身體複製和再造時，身體裡的每一個細胞都在「讀取」我們的DNA並將其當作建造的藍圖。然而，並不是每一個細胞都會讀取所有的藍圖——也就是整串DNA長鏈。在我們的每一個細胞裡，同時存在著我們的DNA——或是我們的基因體——和表觀基因體，即覆蓋在DNA之上的一層化學標記。表觀基因體就像細胞的學習指南，像是SparkNotes*——它會為細胞標示出必須讀取的基因。因此，表觀基因體會協助身體決定哪些基因可以顯現出來。它會讓某些基因得以表達，同時抑制某些基因。我們的基因體和表觀基因體都會代代相傳。

當我們想到DNA時，腦海中浮現的畫面——鼻子的形狀、眼睛的顏色——只占了所有

DNA的百分之二，其他的百分之九十八被稱為非編碼DNA，主掌我們的情緒、性格和直覺。在非編碼DNA外層的表觀基因體，對壓力和環境相當敏感。當身體適應了經常性且巨大的壓力時——不是車禍或一場大病，而是長期的創傷——表觀基因體將會因此改變。舉例來說，創傷可能使某個基因對櫻花香味產生反應，或者抑制某個管理情緒的基因，甚至可能啟動某個恐懼的基因。

二〇一五年，西奈山伊坎醫學院（Icahn School of Medicine at Mount Sinai）的創傷壓力研究處處長瑞秋・耶胡達（Rachel Yehuda）進行了一項研究，分析有助控管壓力的FKBP5基因。[3] 研究結果顯示，猶太人大屠殺的倖存者和他們的後代在FKBP5基因的同一個區塊上，出現了一模一樣的表觀遺傳序列。接著，耶胡達又將這些基因和那些當時不在歐洲、沒有歷經猶太大屠殺的猶太人基因相互比較，發現他們的表觀遺傳序列並沒有異樣。這清楚顯示，歷經猶太大屠殺的創傷，在倖存者……**以及**他們後代的FKBP5基因上，明確產生了DNA甲基化作用。

更令人訝異的是，麥基爾大學（McGill University）的麥可・米尼（Michael Meaney）曾研究DNA的甲基化作用是否**可逆**。[4] 他蒐集了一群老鼠，牠們的母親在牠們的成長過程中並沒有常常舔舐牠們。基本上，這群老鼠的母親們心不在焉且忽略牠們，所以牠們成了焦慮的老鼠。於

* 譯注：SparkNotes是美國著名的文學網站，內含大量文學學習資料，包括作品介紹、作者簡介、寫作特色、關鍵問題解析等。

是，米尼在這群焦慮老鼠的大腦裡注射一種能夠卸下表觀基因體標記的溶液。結果……這方法成功了。自此之後，這些老鼠不再焦慮了，牠們的壓力反應變得完全正常。

遺憾的是，沒有適用於人腦的注射溶液。就算有，這會帶來什麼後果呢？如果我移除了世代以來所布下的線路配置，這就像是將電腦恢復為原廠設定一樣。那我的初始設定會是什麼呢？我會是**誰**呢？

• • •

我們大腦所做出的每一個改變適應，都是為了要將我們的身體保護得更好。當中有一些適得其反——例如對於壓力過度反應所帶來的致命後果——但有一些或許對我們的健康是真正有益的。

瑞典的上卡利克斯市（Överkalix）保存了全世界最齊全與最古老的出生、死亡和作物紀錄，他們的紀錄可以追溯至許多世代——這是一個極度豐富的資料庫。科學家在分析這些資料的過程中，發現了一些有趣的關聯性。上卡利克斯市的作物收成有起有落，在收成特別差的某些年，居民們只能挨餓度日。然而科學家發現，當孩童在九到十二歲之間受到挨餓之苦時，他們的孫子通常能夠**多活三十年**，他們的後代罹患糖尿病與心血管疾病的比例也明顯偏低。另一方面，當孩童在這個時期營養充足，他們的後代罹患心臟病的風險是平均的四倍，而且平均壽命大為降低。經由某種奇妙的方式，饑餓帶來的創傷改變了後代子孫的基因，使他們**更有韌性**、更健康、更有辦法生存。[5]

•
•
•

顯然，我被殘忍無情地養大，形塑造就了今天的我。誰知道在那些挨揍與家庭暴力的日子裡，出現了哪種失控的甲基化作用，導致我的表觀基因體遭到殘害？然而，不僅如此，我身體的每一個細胞都充滿了幾代人的創傷、死亡、出生、移民或歷史密碼，是我無法理解的。我多年來從姨媽那裡蒐集而來的記憶，只是冰山一角。

我的家人試圖抹除這些歷史，但我的身體還記得。我的工作倫理、我對蟑螂的害怕、我對泥土味道的憎惡，這些並不是隨機的特質與選擇。它們之所以傳承給我，是帶著目的和必要性的。我想要為我骨子裡所知的一切發聲。當這些天賦對我有益時，我要運用它們；當它們無法為我帶來幫助時，我想理解並饒恕。

但如今我像桑可法鳥*一樣回頭瞻望，卻什麼都看不見。我想要重新奪回我那被偷走的過去，因為我需要它才能寫下我的未來。

•
•
•

* 譯注：桑可法（Sankofa）是非洲契維語中的一個符號，即一隻回首翹望的鳥，有「以古鑑今」、「以往事為師」之意。

就在我拜訪姨媽，並且得知我並不是天之驕子的幾個月後，姨媽突然過世了。雖然我很想，但我再也無法問她家族歷史的事情了。不過，我**的確**還留著那次拜訪所錄下的對話。我翻出那顆老舊的硬碟並沉浸在這些對話中，先略過當中少量的廣東話，然後把我能明白的部分轉錄下來。我用我在新加坡國家檔案館找到的口述歷史補充這些錄音紀錄，想要仔細探究我的家人被迫吞下了哪些苦楚。

我以為姨媽和我的祖母只歷經過二次世界大戰，但事實卻不僅如此。她們還歷經過另一場人們寧願遺忘的祕密戰爭。

二次大戰期間，在被日本占領的馬來西亞，共產黨游擊隊的勢力在叢林中逐漸成形。他們集結了五十萬兵力，自稱為馬來亞民族解放軍（Malayan National Liberation Army，簡稱MNLA），目標是解放幾百年來使這國家動蕩不安的殖民壓迫——一開始是葡萄牙人，接下來是荷蘭人、英國人，然後則是日本人。

當英國人再次掌控馬來西亞時，MNLA對其發動了一場為期十二年的全面戰爭。但英國從來不曾將它稱作戰爭，他們只將這場衝突稱為「馬來亞緊急狀態」，因為若將之稱為戰爭，保險公司便不會理賠他們的許多資產——錫礦場、白蠟礦場、石灰石採石場、橡膠和棕梠樹園。然而無法改變的事實是：數千名士兵和五千名平民死於這段期間的衝突。英國在這場戰爭中的勝利，正是促使美國參與越戰的重要因素。英國在馬來西亞的戰術，被美國拿來當作他們在附近另一場充滿黃皮膚篡位者的叢林戰爭樣本。

ＭＮＬＡ主要由華裔馬來西亞人組成，他們之所以能在叢林中生存，多仰賴華人支持者將所捐贈的食物與金錢留在叢林邊緣的樹叢中給他們。於是英國立法禁止華人公民以食物或金錢援助ＭＮＬＡ，並且強迫住在叢林附近的四十萬名華人搬離家園。他們將這些華人安置在所謂的「華人新村」，實施宵禁、安裝帶刺鐵絲網並定額配給食物，好讓這些村民不會有多餘的食物供給自由鬥士。直到今日，大英百科全書線上版仍稱這些華人新村為「為重新安頓偏鄉華人所設置的路旁聚落」。[6] 其他的資料來源則比較直接──它們稱之為拘禁營。

在食物與供給被切斷的狀況下，ＭＮＬＡ開始鋌而走險。他們來到叢林附近的住家和商店奪取金錢和食物，威脅要殺掉這些平民。我祖父當時在一座人工林木場工作，在雨林的中心砍伐樹木──換句話說，也就是ＭＮＬＡ的總部。面臨ＭＮＬＡ的威脅，這座林場為了保護自己的安全（和他們的底線），他們屈服了，於是開始供給食物給ＭＮＬＡ。不過英國人終究還是發現了這個背叛行為。必須有人承擔罪責，而那個不幸的王八蛋就是我祖父，一名基層的小職員。英國人並沒有讓他接受審判，而是直接逮捕他並將他關了三年。當他被關時，我的姑姑們還很年幼，他們對於父親被關之前的日子毫無印象。當我問我最大的姑姑，她的父親究竟為什麼會入獄時，她對馬來亞緊急狀態的了解，尚不足以回答我的問題。「你或許可以上網查查，」她告訴我，「我只知道這跟共產黨有關。」

當我祖父出獄回家時，他一顆牙齒都不剩。家族中沒有人知道原因，也不知道是怎麼發生的──他的牙齒是因為營養不良而脫落，還是被拳頭打掉的？然而，在賽耶．穆德．卡魯丁．阿裕尼（Syed Muhd Khairudin Aljunied）的著作《激進分子：殖民地馬來亞的抵抗和抗爭》（*Radicals: Resistance and Protest in Colonial Malaya*）中，他描繪出那些MNLA支援者悲涼的獄中景況：

> 這些地方燈光昏暗，廁所的味道臭氣熏天，臭蟲和老鼠到處橫行，確保犯人們無法休息。犯人們只能在沒有水的牢房裡如廁，而且他們只能在每天早上處理這些穢物……這些馬來激進分子所得到的食物和飲水極為不足，並且必須輪番承受言語攻擊，一次就是好幾小時。[7]

當我祖父回到家時，他變了一個人。他找了一個普通的巡迴銷售員工作，一年到頭大部分的時間都不在家。而他在家的時候，他酗酒又沉迷於賭博，有時候還會兇狠地對我的姑姑們大吼大叫。

我想知道，在他入獄的那段期間，造成了什麼表觀基因體的傷痕。我想知道，他是否將這些帶著傷痕的細胞傳承給我父親。我想知道，我父親是否將這些傷痕遺傳給我了。

我的祖母和姨媽就像她們的母親一樣，成了家中主要的經濟來源。就像她們的母親一樣，她們也試著經營非法賭博生意以求生存。我的祖母經營了幾個彩券生意，但當我最大的姑姑，也就是大姑媽七歲的時候，我祖母卻因為她的非法生意被逮補了。

大姑媽說，她就只能無助地站在那裡，眼睜睜地看著雙親中僅存的一位被警察銬上手銬，在尖叫聲中被拖走。姨媽則一面嘖嘴一面看著她離開。「嗯，這看起來很不妙，」她面無表情地說，

「她有可能會去坐牢！」果然是一向直言不諱的姨媽。

幸運的是，我祖母在一兩天後就被保釋出來了。自此之後，她轉而經營比較合法的生意——最後找到了一個玻璃工廠領班的工作，姨媽則透過她的各種買賣賺錢養家。她們養育的孩子最後終於成功地晉升為中上階層。一名叔叔成了醫生，一名姑姑是銀行家，另一名姑姑嫁給了外交官，我父親則進了科技業。接下來就是下一代的我。

而這接二連三的苦楚只占了我基因密碼組成的一半。其實不到一半，還有太多太多。我的曾祖父在我祖父小時後就過世了——關於他的家族歷史，我只知道這些。

我對於我母親那邊的事情則一無所知。是什麼樣的殘暴歷史，導致她的兇狠？我知道她其中一個兄弟在她年輕時過世了，她爸爸在她二十歲時過世了。但更早以前，為什麼她的親生母親要讓她被收養？因為他們太窮了無法養她嗎？她的家人當初為何來到馬來西亞？我母親是在馬來亞緊急狀態期間出生的，當時的衝突是否和她被出養有關係呢？有些人說，我母親看起來像是混血兒，她是被強暴所生下的孩子嗎？遇上了歧視華人的英國士兵嗎？我母親是否被負面的產前荷爾蒙影響？她不穩定的情緒是否能追溯至一個知道自己懷上女兒卻無法養育的女人呢？太多、太多的苦澀，太多把插在心頭上的刀了。

難怪我的心上也插著這些利刃。

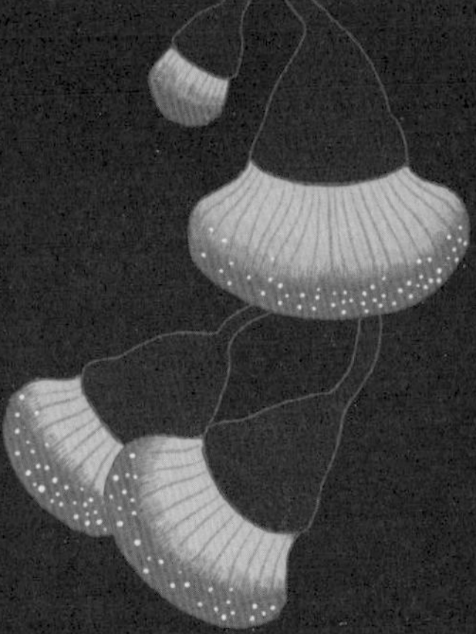

第四部　寵兒

I Was to Be Loved in This Way

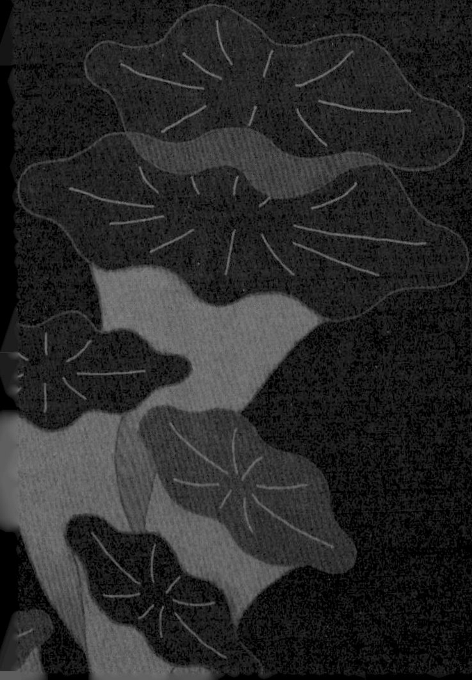

32

電話響個不停。

二〇一七年初——那是我得知我的診斷結果的前一年。唐納．川普就職典禮的新聞，讓《美國生活》的新聞室像是被炸翻了；我在不同的會議間趕場，而且會議途中還會有人時不時猛然打開門，告知我們各種可怕的新聞快訊。在這一片混亂中，我總會接到我父親的電話。

我告訴過他，請事先傳訊息給我約時間講話，但他從來不聽。他會毫無預警地在早上打給我，然後我便得中途離開會議接他的電話。這是有史以來第一次我父親會在一週內主動打好幾次電話給我，因為他那陣子很不好過。

我爸的繼子們——我爸從他們幼兒時期便一路把他們帶大——成了叛逆的青少年，一天到晚在打電動，而他的妻子在工作上壓力也很大。這讓他既憂鬱又焦慮。他打電話給我，告訴我發生了哪些事，他有多傷心、多寂寞，不知如何是好。我聽他訴苦、給他建議，鼓勵他好好跟家人溝通。因為一直以來，我一直都是他的諮詢對象。因為他的繼子女們應該要得到一個比我更好的童年。因為他不斷地說他需要我，我是他唯一的傾訴對象。

在一開始的某通電話裡，他告訴我他現在才發現愛人是多麼複雜的一件事。「你不能只是

做……你必須**成為**一個他們喜歡相處的人，」我爸驚訝地對我說，「你得好好跟他們說話……你還得真的……**說出來**！……告訴他們你有多關心他們。」

我心想，**不會吧**，**福爾摩斯先生**，你到這把年紀才得出這些結論，我真是感到不可思議。

「總之，」我父親說，「這道理……我得用不同方式跟他們說話的這件事……讓我覺得很焦慮。現在，我在開口跟任何人說話之前，我都會擔心，如果我說錯了呢？這讓我想要爬到某個洞裡死掉算了。你是我唯一的講話對象，只有你。我只想死，我現在總是在想這件事，或許我應該死一死算了。」

當時我正在曼哈頓中城區繁忙的人行道上，一邊和他講電話一邊繞著我的辦公大樓走路，即便這情境和自殺毫無關聯，但來自父母一絲一毫的自殺念頭都能觸發我。於是我在電話中對他大吼：「你**不准**跟我說這種屁話！你太自私了！你**不准**把這種壓力丟到我身上！你人生的壓力！這一點都不公平！」一名老婦人和她的小狗同時用疑惑的眼神看著我。

「好吧。」他說，聲音聽起來很疲憊。「好好好。」

我花了幾分鐘才平靜下來，然而當我恢復正常時，我提起了某個我們常數落的家族朋友。「你看看亨利，」我說，「他從來不改進自己，他這輩子就只是當一個王八蛋，惹怒每個人，也不照照鏡子。若他真的自我反省，他就會看到你現在所看到的，他會看到他需要改變，他會對自己對待他人的行徑感到沮喪。但他永遠不會有這種自覺，因為他永遠不看。至少你有自我省察，你很勇敢。改變是不容易的，但改變是可能的，你只是需要練習。」

我花了半個小時把我在諮商中所學到的東西告訴他。那些我希望有人在我二十幾歲就告訴我的事，那些我從錯誤中學到的教訓，那些因為我跟他行徑相仿而犯下的錯誤。

「你說的沒錯，」他訝異地說，「你說的當然都沒錯。怎麼你變成父母，我變成小孩了呢？」

他怎麼不懂呢，情況向來都是如此啊？

我跟我爸說，我得掛電話了，我離開辦公室太久了。「好吧，」他聽起來有點不情願，「不過若真要說這一切帶來什麼好處，那就是我想要修復我們之間的關係，我想要對你好一點。」

「若是如此……你之前打了三次電話給我，你有問過我好不好嗎？你有問過任何關於我的問題嗎？」

「沒有。」他承認。

「嗯，為什麼呢？你要關心人，表示你會去問他們過得好不好。」

「但我知道你很好啊，你很成功，你有喬伊。」他抗議。「既然我知道你很好，那我還何必問你？」

我無力地靠著電梯的人造木板牆，讓它帶著我回到辦公室。真是**悲哀**。悲哀的是，他似乎永遠無法理解為人父親的基本概念。

• • •

我和我父親似乎總是難以定義我們彼此的關係。成長過程中，即便我得在飲食、住所、數學作業上仰賴他，但我似乎還是得照顧他。身為成人的我們，仍然無法找到一個平衡點。我們是陌生人嗎？還是只是彼此認識？當然，我們當中還有那令人討厭的血緣義務。

在某些層面，我受惠於他。首先，有他才有我。在我的童年時期，他在經濟上供應我。我爸幫我付了大學學費，雖然我到處打工，我的書和三餐大部分都是偷來的，但在我二十歲之前，他仍幫我付房租。若我們要把這些帳一一結算，那我還得加上他在我二十幾歲時請我吃的那些晚餐。在我生日的那個月，他會讓我在Trader Joe's超市買一百美金的食品雜貨（雖然他從來不記得我確切的生日或我的歲數）。在我高中時，他買了一台高檔的相機給我。在我大學時，他送了我一台攝影機。多年來，我一直都在他的手機家庭方案裡。他花在我身上的大把銀子，足以償還他的過錯嗎？**但我上的是州立大學**，我告訴我自己。**但我兩年就畢業了**。**但我在畢業後從來沒向他拿錢**。我斤斤計較，彷彿我可以透過精打細算，得出非愛他不可的理由。

• • •

這些年來，我和我爸時不時會長達六個月完全不講話。我們有太多次激烈的爭吵，吵到最後我會對他大吼，我再也不要跟他說話了。但我從沒做到過。經過幾個月的音信杳然，他會找我出去、請我吃飯，尤其是他遇到一些事情，特別需要找人說話的時候。而我總是答應他的邀請。吃完飯回到家後，我往往感到暴躁煩悶，同時覺得自己真是太窩囊了。

我有好幾個男朋友在被我拖去吃完這頓尷尬的飯局後，不禁問我為何當初要赴約。有太多諮商師問我，為什麼要維繫和我父親的關係，因為他顯然只願意維持最低限度的付出。而我總是氣呼呼地說他們不了解。這是我的選擇，這是我的責任，**我們亞洲人就是這樣**。

想當然，我得露面才能履行孝道。當我和我父親吃飯時，我會批評他眉毛上的汗珠、黏在他下巴上的食物，還有他糟到不行的方向感。我會巧妙回擊他每一個令我厭煩的點。我會說他笨。若他點餐點太久或講話結巴，我會不耐煩地從鼻孔噴氣。我用竭盡全力地偽裝我的憤怒。然而，我有兩個男朋友在分手的時候對我說，若我連對自己父親都可以那麼殘忍，那我將來也有可能如此對待他們。

• • •

多年來，我時不時就會夢到我父親過世了。在我的夢裡，我深深地懊悔與愧疚，覺得自己做得不夠，沒來得及在他離開前修復關係。在我的夢裡，我在他的葬禮上滿懷愧疚地啜泣著，撲倒在他的靈柩上，但當我醒來之後，又會因心中的其他情緒而感到錯亂脫節。我無法分辨哪些情緒才是真實的——我潛意識裡的悲傷，還是平日的極度冷漠？

無論是何者，我都想要變好。我希望自己能夠饒恕。於是我不斷地接受他接二連三的晚餐邀約，心想，隨著他慷慨請客的清蒸魚、炒中卷和嫩豆苗逐一上桌，我應該就能夠饒恕了吧。我將自己緊握的拳頭藏在桌子下。

• • •

在我們頻率不高的晚餐約會中，有一次，他向我吐露心聲。在一陣尷尬的沉默後，他囁嚅地說：「我怕我毀了你的人生。」

那是他最接近承認錯誤的一次。在他過大的白色馬球衫之下，他看起來好嬌小。他一直都很脆弱，但此刻他看起來更是如此。

「你很幸運，」我說，「結果我現在好好的。」

不過，他一定是覺得自己應該要賠罪補救。因為幾個月後他問我：「我要怎麼做才能跟你更親近？」

「我不知道。」我說。

「列一個清單吧。」他回答。「把你想要的列成清單，然後拿給我，我會去做的。」

我一直都沒有列清單。

我之所以沒有列清單，是因為我不知道要寫些什麼。要怎樣**才能**修補這一切？真的有什麼事物能彌補所發生過的事嗎？**要他記得我的生日嗎？當我崩潰時，在我身邊陪伴我嗎？來我家坐坐？在某年的耶誕節——算了，只要隨便一個小節日就好，你決定要跟我一起過？打電話、傳簡訊給我，只是問問我好不好？完全承認你所做錯的事，而不是輕描淡寫地帶過，然後再來說我執著於過去？承認這一切有多傷人？**

我沒有列清單，因為我痛恨這件事。為什麼我得做這件事？我父親對他的兩個繼子投注了許多愛和感情。對他們而言，他是個常常在家的爸爸，每天為他們下廚，載他們上學，參與他們的體育競賽。有一次，當我和他前往馬來西亞的時候，我無意間聽到他在和他們講電話。我聽到他用溫柔的聲音說——一種我全然陌生的聲音——他愛他們，他想念他們。他並沒有叨叨不休地講著自己的生活。反而，他問他們的成績如何，他們在最近的高爾夫比賽中得了幾分，以及他們午餐吃了什麼。他打從心裡愛他們，我看著他流露出他的愛。我想，若你真心愛著某人，你不會需要一張清單。若你真心愛著某人，你自然會散發出那份愛，真誠滿溢、慷慨且無條件的愛。但對我而言，我父親的愛一直都是帶著條件的。現在又來了：為了讓我愛你，我需要你列出清單。我為什麼得教我父親如何愛我？

而且我不得不慚愧地承認，我之所以沒有列清單，是因為我很害怕。我害怕的是，就算我寫出我需要的每件事情，他也照做無誤，投注所有的時間、金錢和精力想改正錯誤，我卻仍然太害怕而無法回應他的愛。我怕我無法饒恕，然後那個真正的混蛋就再也不是他了，而是我。

• • •

在他開始定期打電話給我幾個月後，我跟我父親要了他太太的電子郵件。這件事情已經拖得太久了。

我寫了一封很長的電子郵件給她，向她說明我母親的家暴與遺棄行為。我寫到當我爸離開時，我有多麼痛苦。我寫到我將這件事怪在她頭上，以及我對她仍心懷憤恨——你怎麼可以要一個男人拋棄自己的孩子，去照顧你的兩個小孩呢？然而，若她願意為過去十年我所受的痛苦道歉，或許我們可以放下過去，有個新的開始。

我和她在互相寫了幾封信和通過幾次電話後，才得知她從來就不知道我母親的家暴行徑。她不知道我母親遺棄了我。她也不知道當我爸離開時，我其實是自己一個人住。我爸沒有告訴她任何關於我的事，只說我對他大吼大叫和不尊重他，導致當時她只希望年幼的兒子們不要受到這種行為影響。她帶著悔意承認，她從來沒有考慮過我，完全沒有。她很抱歉。

和我所預期的不同，我並沒有對她那麼惱怒。對於她沒有想到另一個孩子，在那麼多的父親節或感恩節期中也對我不聞不問，我的確感到生氣。但她畢竟只知道我父親告訴她的那些事。

• • •

不久之後，他們在二〇一七年的秋天來拜訪我。我父親、他的妻子、她的兩個孩子，還有我和喬伊，我們在曼哈頓逛了一整天。我買了紐約最好吃的甜甜圈和一些普通的披薩，教他們如何刷地鐵卡，帶他們在中城區的高樓大廈中穿梭。

她的兒子們相當貼心可愛。我整個青少年和成人時期都在嫌惡這兩個孩子，對著我的諮商師哀嘆，叫他們「小屁孩」，抱怨他們偷走了我的父親、我的人生。但當我親自見到他們，發現他們就只是孩子而已。他們當然只是孩子。彬彬有禮、充滿好奇心、天真無邪——在超大型的UNIQLO和BAPE門市中昏頭轉向，在摩肩擦踵的地鐵站中，因著從A線轉乘F線的混亂過程而興奮不已。他把他們教養得很好。

他的妻子喜歡摩天大樓，於是我們逛完UNIQLO後，便來到帝國大廈的頂端。在入口處，每位訪客都要站在一片大型綠幕前面，讓工作人員幫他們拍照。最後的成品是訪客們彷彿一路飄至閃閃發亮的帝國大廈頂端與之合影，照片上同時印著立體字樣的日期。這是個很搞笑也很適合觀光客的行徑，所以我在拍照時扮了個鬼臉。

我們來到帝國大廈的頂端，欣賞這座城市華麗耀眼的風景，如此居高臨下，我們腳下大片的建築物相形顯得嬌小無比。那是個萬里無雲的好天氣，我們可以眺望好幾里遠，男孩們對於眼前的景象驚呼連連。離開前，我們經過了紀念品店，同時有工作人員在那裡向我們兜售那張照片。

我們都在照片裡，每個人都露出大大的笑容，對於能夠聚在一起極其興奮，一個貨真價實的混合家庭。然而照片中的我眉頭深鎖，手放在屁股上，彷彿我受夠了，嘴唇斜向一邊，形成一道不滿的弧線，目中無人地傲看這為觀光客設下的陷阱。

但我父親無視過度昂貴的價格，也沒注意到我那厭倦的臉。看著這張荒唐又俗氣的照片，他面露喜色。幾十年來，這是第一次有相片證明他得到了他所想要的一切，而且他所愛的一切都同時出現了。他買了一張五乘十尺寸的裱框相片。

那天晚上，我帶大家到韓國城裡我最愛的餐廳用餐，它有料多味美的燉肉，鋪滿整個桌面的韓國小菜——甘甜勁辣的小鯷魚乾、魚糕佐鹹豆芽菜，以及氣味獨特且濃烈的泡菜。當我們狼吞虎嚥地吃著韓式燉牛小排和人蔘糯米雞時，我爸和他的妻子聊著一整天發生的事情，他的孩子們則興致勃勃地不斷拷問我們的生活點滴。

「你們是怎麼開始做現在的工作的？你們讀哪個學校？」年紀較小的兒子問道。

「我讀加州大學聖塔克魯茲分校，然後我搬到舊金山，再到奧克蘭。」我回答。

「哇！你住在舊金山？還有奧克蘭？」他問，眼睛滿懷期待地看著我，緊接著便像冒泡的汽水似的不斷用問題轟炸我：「住在那邊是什麼樣子？你比較喜歡舊金山還是奧克蘭？舊金山和紐約又有什麼不一樣？」

我的臉上保持著微笑，告訴他這些地方的食物和天氣有何不同，但我的心臟卻跳得越來越快，讓我不禁覺得有點頭暈目眩。

我的繼弟弟不知道我住在舊金山？

我在大學畢業後，仍在灣區住了五年，離他們家開車一下子就到。當他們在學校時，我曾拜訪過他們家。那些年，我每個月和我父親共進晚餐。他幫我搬了四次家，帶著同樣的二十箱物品、書架、書桌和床墊，從一間小公寓搬到另一間小公寓。那時他是怎麼跟他孩子說的？他是否也跟他們說，他要跟「一個朋友」碰面？他們怎麼會不知道我上哪一間大學？他們怎麼會對我一無所知？

在搭地鐵回家的路上，我記下了這件事並告訴喬伊，自己曾是如此靠近卻又那般遙遠。

「這是他們的損失，」他說，「他們在生活中若能擁有像你那麼棒的姊姊，一定很有福氣。」悲傷和憤怒在我的肚子裡彷彿兩條互咬的蛇。

「別說了。」我努力擠出這幾個字，而後吞下所有的情緒，點開我手機裡的填字遊戲。

直到兩天後，我才恍然大悟：那是一種令人難以承受的理解，使一切都為之改觀。這一次，

我成了那個祕密。

我和我那個失散多年、同母異父的姊姊一樣，她的存在已結了厚厚的蜘蛛網，我家族裡甚至沒有任何人記得她的名字。我就是我祖父坐牢的那段歲月。我也是我母親的親生父母，我是我母親晦暗不明的童年、她缺少的手足。我是那個喜歡男扮女裝的舅公，我姑姑們經常躲在地板下方，偷看他塗上口紅。我是那個可能有名女性情人的姑婆，大家知而不言，心照不宣。

我是你想要掩埋的創傷，是你閉口不言的謊言，你想要埋藏、使其消失、抹除。我是你只要不去觸碰便幾乎可以假裝遺忘的事物。我母親和她的新老公一起加入了網球俱樂部，並且參與當地比賽。我父親和他的妻子及兩個兒子去爬山健行。在臉書上，我必須偷偷摸摸地窺視他們的私生活，看著他們與新的家人喜笑顏開，我母親展示她大大的鑽石戒指和小狗，我父親則是上傳他和兩個兒子開心度假的照片。他們的人生看起來很圓滿——只要忘記我的存在的話。

我是血，我是罪。我是我父母悔恨的總和，我是他們最大的恥辱。

• • •

在結束了紐約行、回到加州之後，我父親將那張裱框的家庭照傳給我。現在它看起來不一樣了。我看起來就好像後製進去的黑暗怪人。我的眼神直直望向鏡頭，帶著挑戰和質疑：**我不會假裝什麼事都沒發生——彷彿我可以被殺死、投降而不會有任何後果**。我的眼神裝載著發生過的所有事情。

你拋下事情，不代表你已經遺忘。

• • •

四個月後，我得知了我的診斷結果。如今我的過去開始滿溢氾濫，湧流爆發，彷彿火山噴出的有毒碎屑，淹沒了我此刻的人生，占據我所有的心思。

我寄了一封電子郵件給我父親，主旨是**終於得到正式診斷**。我在信裡附上了維基百科對於複雜性創傷後壓力症候群的網頁連結。

當時，維基百科的網頁是這麼寫的：「複雜性創傷後壓力症候群（也稱為複雜性創傷失調）是一種心理疾患，為無法或難以逃離的長期、重複的人際創傷經驗所導致。」

然後，網頁的下一段如此寫道：「複雜性創傷後壓力症候群是一系列習得的回應，以及無法完成許多重要的發展任務。這是環境使然，而非先天造成。它不像其他容易與之混淆的診斷，它並非與生俱來、不是先天的個性，也不是ＤＮＡ所導致，這是一種缺乏養育所造成的疾病。」

缺乏養育。

在這封信裡，我沒有寫問候語，也沒有寫結尾的應酬語。我只在一大片的空白中貼上這條連結。我所沒有寫的暗示，也是我希望表達的，那就是：**你毀了我的人生**。**你毀了我的人生**。**你毀了我的人生**。

他沒有回覆。由於我已經幫他解決了他與家人的關係問題，他在一個月前就不再打電話給我了。我等了又等，我的電話仍舊沉默無聲。

33

我一直以為，疏離就像一個可以啟動或關閉的開關。但華盛頓大學（University of Washington）傳播學系的助理教授克里斯蒂娜．夏普（Kristina Scharp）並不這麼認為。她是學術界中少數研究「疏離」(estrangement）的專家。「我認為這是關於疏離的其中一個迷思，也就是認為疏離就是完全斷絕關係，或者這就是最終的結果。」她在美國公共廣播電台（NPR）的一段訪談中如此說道。「其實，疏離更像是一道光譜，你可能較疏離或不那麼疏離，而且事實上，人們在找到適合他們的距離之前，通常會多次嘗試疏遠對方。」[1]

我之所以能夠得知夏普的研究，是因為我的朋友凱瑟琳．聖路易斯（Catherine Saint Louis）。凱瑟琳是一名優秀的記者和編輯，她之所以相當有存在感，不單是因為她身高超過一百八十公分，她有很強的說服力——不論在送人食物、分享自己的故事，或是釋放善意時都是如此。我們一開始在推特上彼此聯絡，雖然後來為了要討論自由接案的事務，所以約在布魯克林闊區明亮的中產階級咖啡店碰面，但我們很快就發現這段新的友誼將建立在我們的疏離經驗上。凱瑟琳做過許多與疏離相關的報導，也針對疏離家庭進行大量研究，而她的工作主要是受到她與父親之間關係疏離的啟發。她想要讓我知道的是，即便人們賦予疏離太多汙名，但這其實是相當常見的情況。

「真的嗎？」我當時如此問她，「但除了你和我少數幾個親密的朋友，我從來沒聽人這麼說過。」

「大概有五十個人對我說過一模一樣的話。」她微笑著說。「這也是為什麼我們必須公開談論這個主題。」

凱瑟琳和我分享她和她父親之間難解的關係。他父親是海地移民——一名期望她過得好、在學業和工作上都表現優異，同時也使她畏懼並貶低她的男人。她告訴我，決定不再和父親講話，就像決定不再去碰炙熱的爐子一樣。每一次當她靠近他，總會被燙傷——所以到了某個程度，她必須保護自己的皮膚。

我告訴她，我正在思考要如何拿捏與我父親之間的關係。當我試著從過去滿目瘡痍的殘磚斷瓦中爬出來時，我無法想像自己要如何維繫與他的關係；但與此同時我又感到無比內疚。在我小時候的那些科技博物館和海灘之旅，他跟我說的《西遊記》的故事，以及每天晚上的睡前時間，還有那些我們還相信他愛我的時光，我總共欠了他多少？此外，我還得在衡量時加上身為移民的重責大任。

「移民經驗中八成還有一些什麼。」她回答，「我爸肯定有童年創傷，而且絕對爆表。他所描述的海地是，如果我在學校闖禍了，不只我媽會揍我，而是整個社區！街上的每一個人都會來質問我：『你為什麼做這件事？』」然後她模仿了一個揍人的動作。「他從來沒打過我，但他其實心裡想的是：『我又沒打你。就算真的揍你，也沒什麼大不了的，所以用言語辱罵你又有什麼問題？』」

「沒錯沒錯，」我附和著，同時焦慮地用手指敲著我的大腿，「要釐清自己對此**應該**要有何感受，我到底可以有什麼感受，實在是一件很困難的事。」

「這就是你的文化所教導你的事情，不是只有移民才會這樣——所有的美國人都期望他們的孩子長大以後可以照顧長輩，尤其是女性。你知道嗎？某些科學期刊甚至為阿茲海默與失智症患者的照顧者創了一個詞：**女兒照顧者**。」

「為什麼是女兒？」我問道。然而當她用銳利的眼神看著我時，我的提問瞬間弱了下來。

「你知道為什麼。」

我悲涼一笑。「沒錯。」

「你訪談了六十名和父母疏離的人，」我囁嚅地問道，「我不知道你是否對此做過研究，不過，嗯，就你的經驗——那些選擇疏離的人，他們之後覺得自由嗎？」

「沒有。」凱瑟琳肯定地說。我等著她接下來要說的話，不過她就只說了這兩個字。

「沒有……？」我問道，心頭一沉。「呃，若沒有更自由……那他們……有更快樂嗎？」

凱瑟琳咀嚼著她的餅乾，聳聳肩。「沒有吧。」她說。

她一定是看到我臉上的不悅。「聽著，」她解釋，「我不覺得這能為任何人帶來喜悅，並不是你做了就會快樂。它只是一件**必須做的事**。我認為你只是得搞清楚這對你而言是否必要。我無法告訴你該不該做，我只能說，若你**真的**這麼做了，其實你並不孤單。」

• • •

二〇一八年的夏天，也就是我得知診斷結果的幾個月後，我再次寫了一封電子郵件給我的父親，告訴他我需要空間痊癒，如果他想要和我溝通，我目前只願意在有調停者——最好是諮商師——在場的情況下與他對話。九月的時候，我安排了最後一次與他的會面，地點在奧克蘭的市區。我告訴他我人在當地，想要拿回幾樣我的東西：幾個老舊的日本娃娃，還有我的畢業紀念冊。我沒有說這是最後一次碰面，不過在寫完那封電子郵件以後，我想大概就是這樣了。我父親傳訊息給我，問我想要在哪裡碰面，我隨便說了一個街角。喬伊和我同行，給予我情緒上的支持。

當我們過馬路時，我父親就站在那裡，手裡拿著一個紙袋。他看起來像是一個被掏空了的老人，還帶著老花眼鏡。我為他感到難過，也對此感到罪疚。他嘴上說「哈囉」，但卻對著我皺眉。我回了他一聲「哈囉」並伸手接過紙袋。

「我想要占用你一點時間，若你還願意分點時間給我的話。」他語帶嘲弄、聲音生硬地說。在一條街外有間咖啡店，所以我們去那裡找個位子坐了下來。一到店裡，我便留下喬伊和我爸，先去了一趟洗手間。

喬伊後來告訴我，我父親問他：「你知道她到底在幹嘛嗎？」

「我想她會自己告訴你。」喬伊回答。

「我不知道為什麼現在才發生這種事，這應該在十年前就發生了。」我父親說。他指的或許是疏離吧，他知道我即將要和他斷絕關係了。這不是早就發生了嗎？

當我從洗手間回來時，光看我父親的下巴，我就知道一場爭吵要開始了。他說：「讓我把我想說的說完。」

「當你一開始告訴我時，我覺得自己很糟，」他說，「我心想，噢，**你很糟糕，你太惡劣了**。但我又想，**這實在讓我很受傷**。」

「**你**覺得很受傷。」我諷刺的聲音不假思索地脫口而出。

「我就知道你會這麼說。」他說。「我只是想——我不知道怎麼會演變成今天這種局面。」

「你不知道？」我忍不住打斷他。

「你可以讓我講完嗎？只是，我無法改變過去，我也不知道你要我怎麼做。」

「情況很不妙。」我說。

「好吧，算了。」他說，然後他憤怒地起身離開。「我再也不想管這件事了。」

我攔住他並說：「我希望你尊重我，尊重到願意透過諮商師和我談，因為我們現在的對話馬上又要回到過去上百次的吵架內容了。」

「我已經看了**五次**諮商師了。」他怒不可抑地舉起手，伸出他的五根手指頭。然後他繼續說：「總之，我只是想要告訴你，去過你的美好人生吧，因為我受夠了。而且我甚至不知道你幹嘛這樣，不過我不管了，我受夠了。」

「你不知道為什麼？你是真心不知道原因？」

「用一句話告訴我為什麼，我只想聽到一句話。」

我緩慢地說：「因為**你不愛我**。」

「什麼叫我不愛你？告訴我這是什麼意思。」

「什麼意思？虐待。忽略。而且你利用我……」

「我**利用**你？我利用你什麼？」

「你從去年才開始打電話給我，大談你的憂鬱症，再一次說你有多想死。你有想過我的感受嗎？在所有人當中，你居然為了這件事打給我。還有——」

「你知道嗎，算了。」他打斷我。他不想再聽了。「我以為你是我的朋友，但我想我錯了。」

「我不是你的朋友，」我大吼，「我是你**女兒**。」

這正是問題所在。

咖啡店裡的人紛紛抬起頭來看著我們。「算了，」我父親目光看向別處，無奈地說，「你知道嗎？去你的。去過你的美好人生吧。」

他在離開前轉向喬伊對他說：「當你們有寶寶時，幫我親親他。好嗎？」然後他拍拍喬伊的背。喬伊甩開他並厲聲說：「你他媽的不准碰我。」我拉住喬伊的手臂說：「不要這樣。」然後我父親便離開了。

・・・

我坐在那裡好幾分鐘，默默地望著空氣發呆。我做了無法言喻的事。我漂浮在深淵之上，沒有根，沒有家，因著憤怒和自義而沸騰。我知道咖啡店裡的其他顧客都在盯著我看，但我一點都不覺得羞恥。

「我們走吧。」喬伊溫柔地說，帶我離開了咖啡店。走了一條街，我那口氣終於湧了上來，又熱又急，我在他的臂彎裡崩潰，在百老匯大道上嗚咽著，那種像孩子般大口喘氣的哭泣。「就算到最後——就算是現在——為什麼他非得……為什麼他就是無法給我任何東西？」我問道。而即使到了最後，即使在此刻，我仍知道自己該做什麼。我傳了簡訊給他的妻子：「我覺得我父親今天的狀況很不好。請留意他的狀況，我怕他可能會傷害自己。」

就這樣。我不再保護他，讓他不被自己所傷了。

・・・

凱瑟琳是對的。疏離不是一種自由，疏離不會讓人感到喜悅，疏離也不是一件快樂的事。這只是**必須做的事**，而且甚至是一件讓我不斷自我質疑的事：這讓我變成一個自私的人嗎？我這麼做很殘忍嗎？然後我想到了創作歌手阮草（Thao Nguyen）的歌詞：你創造了一個殘酷的孩子。看看你做的好事。

如今的沉默和多年來我在節日時所忍受的寂寞並沒有太多不同，只是將我們連月來的互不往來延長，而且更加完整。不過，這兩者有一個重要的不同之處：我再也不用努力去爭取他的愛了。我可以專心地接受「我永遠不會擁有他的愛」這件事實。這和內心獲得平靜相去甚遠，但事情就是如此。

34

將我父母從我生命中移除可以保護我，但這無法讓我復原。切割這件事本身並不是一種痊癒，不過它能幫助我做好準備，進行重建。因為現在困難的部分來了：找到人取代他們。

許多人認為，為了從複雜性創傷後壓力症候群中痊癒，我們必須從父母接收到和藹且充滿愛的養育。若我們的父母無法給予，我們則必須找到新的父母來進行這項工作。

有一種治療形式的確會徵召其他人來扮演你父母的角色。在某些團體治療的活動中，病人們會輪流「養育」彼此。你的父母雖然無法向你道歉，但你父母的新替身會代替他們道歉，然後慷慨給予你在孩童時期應得的肯定——他們以你為榮，你生來就是美好且美麗的。對許多人來說，這讓他們能夠做個了結，並且發展出關於自己的新信念。

還有許多其他治療方式將重點放在教導成人**自行**重塑父母形象，EMDR就是其中之一。在我第一次的EMDR治療中，我擁抱了孩童時期的自己，將她從受虐的情境中「拯救」出來，並且告訴她，她值得被愛。但接下來的EMDR治療便沒那麼有效了，我再也沒有像第一次那樣深受震撼。

此外，艾蓮娜的工作表和她沒完沒了的咳嗽，實在讓我很厭煩。我與她持續碰面三個月後，便再也不去找她了。

• • •

如今，我得知診斷結果已有七個月了，季節也從夏日進入了秋天。即使我在春天時便在等候名單上了，但是要透過美國心理治療協會（National Institute for the Psychotherapies）為你配對，找到平價且受過訓練的創傷治療師，就是得花上那麼久。「毛背心先生」有著溫柔的笑容，但這笑容卻被他的眼神抵銷了，在我看來實在可怕。在其他的治療模式中，內在家庭系統（Internal Family Systems，簡稱ＩＦＳ）這種治療會要求病人將心理分成各種不同的次人格——就像一種內在的家庭成員。例如，你是個酗酒者。但你可能會認為，酗酒並不代表你這個人，只有你人格中的一部分要你不斷地喝酒。ＩＦＳ治療師將它稱為你的「消防隊員」，因為消防隊員會對觸發點產生反應並試圖滅火——他通常會以不健康的習性如酗酒、暴飲暴食或吸食毒品來安慰你。這種架構讓你將你的消防隊員視為「家庭成員」的一分子，進而原諒他凡事總想用酒解決問題的傾向。畢竟，他只是想要讓你平靜下來，而且有時候你的確可能需要他。不過，你現在也可以讓他休息，請你「家庭」中另一名比較健康的成員來照顧你。我知道許多人覺得ＩＦＳ對他們的痊癒過程中很有幫助，所以我決定試試看。

我新任的心理治療師「毛背心先生」要我用漫畫的形式畫出我所有的次人格。我畫了一個在跳跳繩的女孩：我幼稚有趣的一面。一個有六隻手的北韓交通警察：我的強迫症管理者。手裡拿著肉卷的超完美嬌妻：我的養育者。手持利劍的艾莉亞．史塔克*：我的戰鬥者。以及一攤爛泥漿：我那一大堆需求和傷心。他試著讓我與這些漫畫人物對話，讚揚並感謝它們的服務。但要和它們當朋友，是我無法跨越的障礙。

「你想要對你的泥坑說什麼？」他問我。

「呃……我不知道。抱歉，我……我不喜歡那個泥坑，我希望它最好永遠消失不見。所以……我……希望你有一天會乾掉？」

毛背心先生看起來不太高興。

「不是嗎？你看起來好像不喜歡這個答案。你可以給我一點指示嗎？我**應該**跟它說什麼？」我問道。

他只是勉力一笑並聳聳肩，同時試著保持安靜，希望逐漸尷尬的氣氛會迫使我坐立難安，然後我便不得不用講話來填滿空白。我知道這個技巧，因為我常將這招用在我的訪談對象身上。**嘿，老兄，你可別想用我的招數對付我**。我直直地望著他，和他大眼瞪小眼。他的眼神開始出現那種令人不舒服、母鹿般的驚恐，而他的恐懼讓我想要把他放進我的十字瞄準鏡裡。

「你得相信這個過程，」他終於說話了，「否則這不會有用的。你對這過程的懷疑態度是從哪裡來的？你想要探究你為什麼打從一開始就難以信任別人嗎？」

* 譯注：艾莉亞．史塔克（Arya Stark）是小說《冰與火之歌》中自小反骨、終成鬥士的角色。

「我**知道**我為什麼很難相信別人，我只是不知道我要跟這該死的**泥坑**說什麼。」

如今回想起來，我之所以不想跟泥坑說話，或許是因為我太害怕面對與接納我自己最痛恨的這個部分。或者，或許是我拒絕依賴家人，就算是腦海中想像出來的家人也沒辦法。又或者，有些人就是無法跟假想中的無生命物體說話。無論如何，IFS對我從來不管用。我退出了治療，同時腦海中有個聲音不斷迴響：**這真是蠢極了。你在浪費時間，不然就是你太笨了才搞不懂**。我知道這是我母親的聲音，但我仍然無法讓她閉嘴。

• • •

每隔一段時間，當我覺得自己需要被振奮一下時，我仍會去上一些冥想課程。我曾去過MNDFL這個禪修中心，那是一個很潮、同時又令人心生膽怯的冥想空間，看起來就像一個會出現在《黑鏡》(*Black Mirror*)影集中的地方。它有一個極白的空房間，牆上有一扇圓形落地窗，窗景是一片綠意。它是將身心健康活動貴族化的極致，然而由於它在我的健身應用程式網絡裡，所以我能夠以非常便宜的價格去上它的課程。

某次我去上課，引導冥想的老師是一名長相俊美、看不出國籍的男子，他操著親切、撫慰人心的英國口音——簡直就像是從螢光幕上走出來的人。我將枕頭放在兩腿中間，閉上眼睛聆聽。

「我想要定義愛。」一開始他如此說。相較於我之前所聽過、通常依循既定模式的冥想引導，這倒是很有趣。「你生來就知道何謂愛，你知道愛是什麼感覺。愛就是你想要給另一個人最好的一切，和對方有所連結。愛就是儘管對方有缺點，你仍接納對方。我要你專心聚焦在你所深愛的人，以及愛你的人身上。」

我當然立刻想到喬伊。我滿腔熱情地向他展現我的愛。我想像他的和善，他那令人安心的微笑，他帶給我的無限安穩。我感到自己懷抱著對他的愛，那份愛大到難以掌握，彷彿它就要從我胸口蹦出來了。我們帶著這些愛的感受坐在那裡幾分鐘，每一個人都容光煥發，愉快地哼著歌，興高采烈。

「好，現在，我要你帶著同樣的感受，那溫暖、美好、充滿愛的感受。感覺它就在你的胸口、你的腳上、你的臉上、你的腹部。留意它的觸感、它的形狀、它所帶來的喜樂。現在，我要你將它傾倒在你自己身上，並且明白你所愛的那個人……也必須對你抱持相同的感受。」

這就比較困難了。但喬伊還在家裡等我。他清楚告訴我，他**永遠**都會在家裡等我。所以，這**一定**是真的。我試著感受他必然對我抱持的感覺，試著看到他必然看到的優點，試著看到他如何愛我的缺點。但這個練習讓我感到很吃力，我的眼眶開始泛出淚水。到最後，我不再列出理由了。我就是知道他很愛我，我也知道這是一份多麼重大的禮物。我讓感激之情一波波地流過我。我是多麼幸運，可以如此被愛著。多麼幸運，多麼幸運，多麼幸運。

過了一段時間，我們的老師第三次對我們說話。「現在，拾起那溫暖和美好的愛的感受，將它運用在**你自己**身上。」

一年前，我絕對無法完成這部分的任務，這對我來說太難了。但在EMDR中所學到的功課馬上湧入我的腦海。

在EMDR中，我可以同時召喚出兩個不同版本的我——兒童的我和此刻的我。我可以感覺到小史蒂芬妮和我自己的情緒。我可以用我此刻的智慧來安慰她。我可以同時成為付出愛和接受愛的人。

現在，我運用在EMDR中的類似想像力來練習。我想像出一個最近的我——九個月前的我，這名史蒂芬妮才剛開始努力地面對她的診斷結果。我現在的頭髮是紫色的，但我眼前的想像人物是當時頂著灰藍色頭髮的我，穿著她的大衣。當我看到她，當我將這一份巨大的愛傾倒在她身上時，我其實並不覺得厭惡。我感到同理、同情和悲傷，我主要看到的是，她非常、非常認真工作，她用盡所有力氣想要變得**更好**。

「你好努力，」我對她說，「你很辛苦，但你做得很好。你正在做一切你認為該做的事。」

接著，我開始探索其他版本的我。這就像將一疊牌呈扇形展開，每一張牌都帶著一部分的我……十二歲的我、大學時代的我、二十歲出頭的我。當我快速瀏覽所有的史蒂芬妮時，我不斷重複這句話：「你很辛苦，但你已經好努力了。」

老師打斷了我的獨白。「擁抱她！」他大喊，他的聲音聽起來興高采烈，像起床號似的。「接納她！無論她有什麼缺點，接納她原本的樣子！」

我的臉皺得像一顆葡萄乾，因為這真的相當困難。但我深吸一口氣，用力吞吞口水，縱身一躍。我擁抱了那個二月的我。然後我試著轉而擁抱現在的我，這又更難了。我被我自己的意識所擁抱著。我衝破了一道牆，覺得自己蜷曲在一朵鬱金香中。這就好像射中了靶心，得到了我夢寐以求的獎品。奇異。健康。美好。

在我四周，有幾位冥想者嘆著氣或喘氣不已。這冥想似乎對他們也產生了效果。

愛你自己。啊，就是這樣。這是我有史以來第一次不需借助迷幻劑，無條件地愛自己。

• • •

當我走出冥想空間後，我並沒有覺得平靜，而是懷抱著一股嶄新的決心——彷彿我有責任把自己的情緒照顧得更好。那一天，我將其他的時間花在蒐集我喜歡的東西，這很簡單，因為這就像是蒐集對某一位朋友的讚美，將之集結成冊一樣。

然而，在那個冥想空間所得到最棒的報酬，就是我每次坐下冥想時，都可以見到一張熟悉的臉龐。我會沐浴在陽光下並深呼吸個幾分鐘，然後召喚年齡較大的我，也就是一年後的我。我想像她就坐在我身後，手腳並用地環抱著我。她比我多了幾道皺紋，也多了一點雀斑，穿著寬鬆柔軟的衣服。「嗨。」我說。

「嗨。」她說。

「我今天很傷心。」我向她承認。

「覺得傷心也沒關係。一個星期後，你就不會傷心了。我愛你，你盡力了。」她說道。我知道她說的沒錯。我往後靠著她的肚子，幾乎可以感覺到她支撐著我，一股真實的壓力，告訴我我不孤單。她將我母親的聲音從我腦海中消音，不僅在生理上將她切除，在**心理上**也是。

身為我的第三名父母，她之所以這麼做，是因為這是她的權利。

• • •

自我親職（self-parenting）的練習，教導我慢慢地重建健康的自我對話。但我必須要說：即便我知道我的許多朋友和熟人都從重新養育自己的過程中得到許多幫助，但幾乎每個人都告訴我，這非常累人。重新養育自己需要時間、專注和平靜。你必須在理智上和體力上費力地撇棄那些老舊舒適的神經迴路，另闢蹊徑。而且即便這些努力能夠帶來令人喜悅的獎賞，有時候也伴隨著哀傷。因為向自己表達你應得的仁慈，同時也在提醒你，自己過去並沒有接收過這些善意。

創傷不只是因為被打、被忽略或被羞辱而覺得傷心，這只是其中一個層面。創傷同時也是在哀悼你**本應**擁有的童年，你周遭其他孩子所擁有的那種童年。當你膝蓋磨破皮時，有媽媽抱抱你或親吻你的這件事實；或者在你畢業典禮上，有爸爸出席並送你一束鮮花。創傷是哀悼「身為成人，你**必須**養育你自己」的這件事實。你必須飢腸轆轆地站在廚房裡，欲哭無淚地盯著燒焦的雞肉，但卻無法打電話給媽媽訴苦，聽到她跟你說沒關係，問你要不要過去吃點她做的菜。相反地，你得自力更生，獨力解決生命中痛苦的難題。你能有什麼選擇？沒有人會幫你解決問題。

那種悲傷——失去的悲傷——和計較後的悲傷是不同的滋味。計較後的悲傷是一種本能、憤怒、帶著暴力的悲傷。就某種程度來說，它似乎可以在報仇或得到公平對待後被治癒。

但失去童年的悲傷是一種嚮往，一種永遠無法達成的渴望。它像一種空虛、無法滿足的渴求。終其一生，我都在告訴自己，我**不需要**媽咪或爹地。但如今我開始了解，這種渴望並不幼稚——這是一種普遍的原始需求。我們都想要被照顧，沒關係的。當我冥想時，一個女人出現了，她穿著柔軟寬鬆的衣服——她不算是我的父母，而且她也永遠不會是我的父母。但她將我擁入懷中，在我耳邊輕聲說：「我要愛你。」於是我依偎著她，享受她的愛。

35

為了跟喬伊在一起，感覺自己需要家人——依賴他們、將自己交給他們——是我必須學會的技能。耶誕節快要到了，這代表我和喬伊得跑一趟購物中心（買送他媽媽的毛衣）、Best Buy（買送他爸的無人機）、Forbidden Planet漫畫店（買送他弟弟的漫畫）、CVS藥妝店（買送他祖母的惠特曼巧克力）、Verameat（買送他最小妹妹的首飾），以及Sur La Table（買送他另一個弟弟的廚房用品）。這些只是最基本的禮物，我們沿路還需要去買至少十件禮物給叔叔、阿姨，以及一些重要的人。

我在市區的大街小巷奔走，把辛苦賺來的錢花在送給媽媽的毛衣上，這絕對是一件相當奇怪的事……因為我一直以來都相當痛恨耶誕節。

我爸離家後，我在高三那年首次獨自度過耶誕節。我開車到市中心的耶誕市集，買了一根熱狗。我盯著一對坐在雪花造型摩天輪上的情侶，以及在閃亮的耶誕火車上開懷大笑的孩子們，心想，**你們真是他媽的蠢蛋**。馴鹿超蠢的。在加州這種地方將耶誕節和雪花扯上關係也很蠢。整體來說，資本主義就是**蠢**。在離開的路上，我經過一個小販的攤位，順手偷走了一個大型的充氣耶誕老公公（它黏在一根棍子上，真是莫名其妙），打算接下來一整晚都躲在我的房間裡哭泣。

•••

有幾年，我和朋友的家人一起過耶誕節和光明節，雖然他們都很歡迎我、對我也很和善，但我很難不感到格格不入。我看著慈愛的父母親在廚房裡和孩子錯身而過時，會一把將他們拉過來抱一下。他們會輕聲說：「兒子，我愛你。」或「你什麼時候長這麼大了，寶貝？」他們會在晚餐時回味那些一說再說的家庭故事。吃完飯後，我的朋友們就會和他們的手足在沙發上貼著身子擠成一團。這一切都很美，同時也讓人極度痛苦，因為這不屬於我。

到最後，我再也不和朋友們過節了。我試著假裝耶誕節不存在。我會工作，粉刷房間，看DVD，或者泡個熱水澡。我會招待自己一頓精緻美食，或者帶著起司蛋糕給對街那些中途之家的傢伙，換取一些說說笑笑的時光。然而到最後，我發現自己會在半夜兩點重複聽著俏妞的死亡計程車樂團（Death Cab）的〈有一天，有人會愛你〉（*Someday You Will Be Loved*）。

當我開始接觸迷幻蘑菇後，耶誕節變得好太多了；每個人都在慶祝耶穌，但我才是真正屬靈的人。話雖如此，我總在感恩節過後就開始緊張不安，只要一聽到〈小鼓手男孩〉（*The Little Drummer Boy*）就會馬上轉台。為了避免看到太多耶誕燈飾，我寧願繞遠路。

•••

然而當我開始和喬伊約會時，一切都改變了。因為喬伊真的、真的很愛耶誕節。

那年耶誕假期逐漸到來時，我們才交往幾個月而已。我告訴他：「我對耶誕節這整個複合性產業不感興趣，因為有家人的人才會喜歡這些狗屁。」他聽完之後點點頭，但安靜得令人起疑。當我再度踏進他的公寓時，發現一切都經過精心的布置——爐子上煮著肉，有燈飾、花環，還有一棵還未裝飾的耶誕樹，旁邊則放著一盒他父母的裝飾品。我彷彿走進了某部 Lifetime 頻道會播映的耶誕電影，雖然我通常對這些東西嗤之以鼻，但這次不一樣：我並不是闖入別人的耶誕節，這一切都是單單為我預備的。

幾天後，他買了一杯熱巧克力給我，帶我到附近著名的耶誕燈區參觀。再過一個星期，也就是平安夜，他堅持要我到皇后區和他的家人共度兩天，慶祝耶誕節。當我抵達時，他的家人帶著笑容自我介紹，用擁抱跟我打招呼……然後他爸爸馬上朝著我揮舞一個濕漉漉的鹹水袋。

「你知道要怎麼煮蛤蜊嗎？」

「呃……知道啊？例如用白酒和大蒜？」

「我不知道。反正就是蛤蜊。我買了這些，但我不知道要怎麼處理牠們。」

他把袋子交給我。「來，你來處理牠們。」

這是我度過最瘋狂的耶誕節。沒有安靜溫馨的依偎時間，父母也不會適時從烤箱中端出食物。反倒是喬伊的弟妹們開始大吼大叫，嚷嚷著沒人了解他們，他的父親咆哮著主流媒體有多糟，他的母親因為找不到眼鏡而在家裡東翻西找、東撞西撞，連茄子都被扯進這場混亂和紛擾中，外加家裡的狗還大便在地板上。不，最後一句不是真的。由於廚房正在施工，所以那隻狗大便在充當地板的一大片厚紙板上。與其把狗屎撿起來，他們直接拿了一把X-Acto的刀子沿著大便的四周割出一個正方形，然後便繼續去忙別的了。你完全不會感到尷尬，因為他們根本沒有在管大部分的社交禮節——這些規範都已經被拋諸腦後、甚至九霄雲外去了。

由於家中在施工，我們都坐在地板上圍著客廳的茶几用餐——即使如此，食物的分量和風味卻絲毫不減。他的家人既搞笑又溫暖，每次他們從我身旁經過、急欲清理新的爛攤子時，總會不斷地告訴我，**我的出現使他們多興奮**。

按照他們家的傳統，在平安夜的晚上，他的家人會熬夜為彼此製作禮物。每個人在進入房間之前都得報上姓名，以免不小心看到自己的禮物；然而小失誤和意外是無可避免的，隨之而來的是更多的咆哮。凌晨四點，此起彼落的喊叫聲逐漸平息，每個人都累攤了。到了早晨，只見大家在睡眼惺忪時所包裝的貼心禮物積聚成堆。喬伊送了我一只克拉達戒指*，並且給了我一封精心寫作的情書，述說他對於我們之間綻放的戀情有多麼興奮。他是那麼努力地想要讓耶誕節與眾不同，因為他希望我也能愛上耶誕節——不僅如此，他更希望我愛上耶誕節所代表的意義。他希望我能夠自在地屬於一個家庭。

然而，若不是他的家人竭盡全力地讓我感到自在，他也不會成功。他的兄弟姊妹們送我茶葉、漫畫書和首飾。他的祖母不斷用她的愛爾蘭口音說些只有老婆婆才能說的黃色笑話：「史蒂芬妮，

* 譯注：克拉達戒指（claddagh ring）是一種傳統的愛爾蘭戒指，由一雙手握著愛心、愛心上戴有一個皇冠。

你真好！我確定你們兩個從來沒吵過架。你們會吵架？哎呦，趕快合好，這才是真正有趣的部分啊。」然後她對我眨眨眼，用手肘頂了我一下。喬伊的母親問他我最喜歡吃什麼派，然後特地為我做了一個——是覆盆子西洋梨派。她還送我一大堆的禮物，多到我帶不回家：廚房用具、香水、唇膏、帽子、襪子、毛衣，還有一切她所想得到溫暖又可愛的東西。讓她破費，我覺得好愧疚，這實在**太多了**。但當她看著我們一一拆開禮物時，她的臉整個亮了起來；對她來說，顯然沒有比看人們拆開她精心包裝的禮物更讓她興高采烈的事了。

他們的關愛從耶誕節一路延續。有一天，他的母親問到我的家庭狀況。聽完之後她說：「哎，忘了他們吧。現在我們就是你的家人。你是我們的一分子。」他的兄弟姊妹邀請我參與每一個慶生會，或者一起到KTV唱歌，和我分享他們的祕密。他們將他們的二手家具送我，和我分享他們的播放清單，強迫我看他們愛看的卡通。我們還一起策劃了每年在上州舉辦的夏日狂歡節，在樹林中進行拔河比賽。當我和喬伊的母親分享自己與家人共處的焦慮時，她眼眶泛淚地拉起我的手說：「我向你保證，我絕對不會離開你。」

在我們共度的第二個耶誕節，喬伊的母親送我一大堆我之前認為穿來家族聚會場合可能會太過暴露的衣服（然而，若她希望我展示一下我的臀部且看起來很迷人，也是不錯啦）、馬克杯、家電和適合在我們公寓裡使用的沙拉碗，還有一籮筐的東西，都和其他家人傾巢而出的禮物混在一起了。喬伊繼續進行著他的「你最好愛上耶誕節」運動，送給我他手工製作的木製時鐘。打開時鐘，裡面是我們未來十年的計畫表。

不知怎地，我們竟然度過了得知診斷結果、失業、冥想的一年。如今，這是我們共度的第三個耶誕節了。我滿懷雀躍地期待著他這次又要耍什麼花樣，但在拆開所有的禮物、將包裝紙全塞進一個大袋子後，我仍然沒有收到任何來自他的禮物。就在這時候，他給家中每一個人一個信封，每個信封內都裝了一塊拼圖。

多年前的耶誕節，當喬伊和他的兄弟姊妹都還小的時候，他們的爸爸為他們精心設計了一場尋寶遊戲，讓他們根據線索去找到自己的禮物。自此之後，孩子們便對此相當熱衷，開始為彼此設計尋寶遊戲。今年，喬伊延續了這個傳統。

我們分成兩隊開始尋寶；每一個家庭成員都有為其設計的專屬線索。其中一條線索是，找到《哈利波特》中的意若思鏡，並且看著它的倒影。這又帶出了一條《瑞克和莫蒂》(*Rick and Morty*)的笑話線索，接下來是西洋棋謎題，而後我們得為一連串的音符移調，到頭來才發現它們可以拚出「高麗菜」這個詞，而菜的內部還藏著另一條線索。在這三個小時的尋寶遊戲中，我們得撬開鎖頭、喝烈酒、在聖經中找線索，以及解出數學問題。最後，所有人都搖搖晃晃、跌跌撞撞地聚集在樓梯口。

在他弟弟的房門口，有一幅大型的紐約市地圖，地圖兩邊各釘了幾張索引卡。每一張卡片分別列出了我們交往過程中的重要時刻：他第一次說他愛我，他帶我遊覽紐約市，我的舊公寓。那一刻，我明白了。當我解開謎題，最後一條線索告訴我——而且只告訴我——到和他家位於同一條街上的祖母家。我開始發抖哭泣，甚至找不到我的鞋子在哪裡。於是喬伊的母親溫柔地領我到壁櫥旁，將她的UGG雪靴套在我腳上。我既緊張又興奮，沿路不斷地打嗝。

喬伊在他祖母的客廳裡等著我，牆上掛著許多家庭照片。「每個人都好愛你。」他輕聲地說，而我仍然不斷地過度換氣，眼淚順著我的臉頰流下。「他們愛你絕對有十足的理由。你太棒了，而且沒有人像你一樣，讓我有家的感覺。我想要成為你的家，而且我永遠都要成為你的家。我希望你成為我的家人。你願意嫁給我嗎？」他單膝跪下，打開一個天鵝絨的盒子，裡面是一只我在閨蜜手上看到、夢寐以求的鑽戒。

我驚呼：「噢我的天，喬伊，不行！那是鑽戒！這一定很貴！你應該買蘇聯鑽就好了！」不過，同時我也點頭答應了。

• • •

後來，他全家人都在他們家裡等著我們。他的兄弟姊妹們衷心誠摯地歡迎我。他其中一個弟弟告訴我：「說到照顧我哥哥，我想不到比你更適合的人了，而且你真是成為我們家人和我嫂嫂的最佳人選。」他的母親抱著我，在我肩膀上哭了起來，然後開了一瓶香檳。他的祖母坐在我身旁，就這麼牽著我的手在沙發上睡著了。

對我來說，真正的禮物不是戒指。真正的禮物甚至不是求婚。真正的禮物，是三年來的烤肉派對、密室逃脫、覆盆子西洋梨派、逾越節的喝酒儀式，以及半夜的電影時光。真正的禮物，是當我需要有人幫我搬東西、洗碗盤、決定要買哪套桌遊時，總是找得到人。真正的禮物，是這一小群把我當成家人的可靠夥伴，是歸屬感。**你是我們的一分子**。

接下來的幾天，我睡也睡不著。我太快樂了。簡直不敢置信。**你是怎麼辦到的？你是怎麼說服這群人對你這個瘋女人許下承諾的？**我問我自己。接著，我又感到誠惶誠恐：**終於，有人願意照顧你了**。**有人如此愛你**。**有人想要留在你身邊**。

我在黑暗中轉向喬伊，看著他柔和的臉龐。面對我的騷擾，雖然他睡著了，卻仍將身體轉向我，將我擁入懷中。

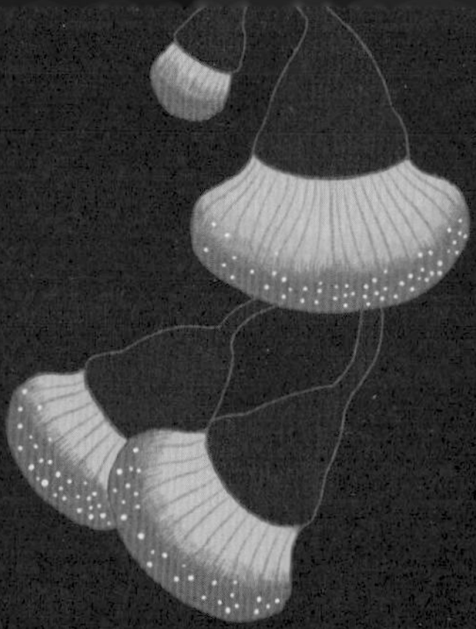

第五部　好人

I Am a Good Person

36

二〇一九年一月，在我得知診斷結果將近一年後，我覺得我終於可以享受我辛勞得來的成果了。我和我愛的男人訂婚了。我的自由接案工作終於開花結果——我現在的工作穩定，而且和我之前的全職工作收入幾乎一樣多。我的自我安撫技巧也成效卓著。大部分的時候，我滿心感恩，而不是一天到晚疑神疑鬼。我周遭的人似乎變得和善許多——我還從咖啡店裡得到了一個免費的司康！人們會在地鐵上和我聊天！我花了一些時間才了解這是怎麼回事——因為我不像以前那樣，總是心懷恐懼地面對世界了。如今我面帶微笑、信任他人、敞開心胸。

我打算以石破天驚的方式為我嶄新的一年拉開序幕：前往猶他州的日舞影展（Sundance Film Festival），在那裡現場直播我其中一則廣播故事。我也會在那裡和我小時候的閨蜜凱西碰面，我們打算享受一下大自然的洗禮——可能會去泡溫泉或滑雪。我希望這趟旅程也代表我未來的一年：以冒險取代恐懼，以友誼代替孤立，以成功取代自我厭惡。

我在達美航空的航廈裡一路狂奔趕搭飛機，突然間，腹部一陣深層的刺痛來得急促又嚇人，讓我倏地停下腳步，行李箱就這麼朝我前方滑去。我當時正值生理期，但這股疼痛不是一般的經痛，反而相當銳利，彷彿有人在我身體裡埋了一個魚鉤，我每走一步就拉扯一下。

在這趟旅程中，這股疼痛斷斷續續地伴隨著我。只要我走路，疼痛就會加劇，但泥漿溫泉倒是讓我舒服不少。回到紐約後，我去看了婦產科醫師。她讓我做了幾項檢查——血液檢查、超音波，以及令人不適的子宮攝影，也就是把攝影鏡頭伸進子宮裡扭來轉去的。然後她一副就事論事地坐在我面前並告訴我：「嗯，看起來你可能有子宮內膜異位。」

「什麼？那是什麼？」

「嗯，基本上，就是你的子宮內膜開始長到子宮的外側，蔓延到你的輸卵管、你的骨盆腔，有時候還會長到你的腸子和下背部。除非我們動手術把你打開一探究竟，否則沒辦法證明你確實有子宮內膜異位的狀況。而且這無藥可治，只能進行疼痛控制，或許可以讓你服用荷爾蒙，讓它不要長得那麼快。到最後，若狀況真的很糟，我們可能得動手術把一些內膜去除，不過我們會盡量避免走到這一步。」

我不假思索地讓腦海中浮現的第一個想法脫口而出：「我有複雜性創傷後壓力症候群，是這個導致的嗎？」

「每十個女性就有一名罹患子宮內膜異位，這很常見，沒什麼稀奇的。你的心理健康問題應該去問你的精神科醫師，不要問我。」

雖然我多少也聽過類似的話：「去告訴你的精神科醫師，你的大腦和你的生理健康沒有關係。」但面對她的直接，我還是不禁抖了一下。而且，雖然我知道這麼做大錯特錯，但我對於自己把看醫生這幾分鐘的寶貴時間拿來向她說明創傷如何影響大腦／身體系統，不免還是覺得有點尷尬。

醫生告訴我，隨著子宮內膜異位越發嚴重，我的生理期也會越來越痛苦。我的生理期已經很難熬了，但主要是心理上的痛苦。多年來，我的經前症候群一直很嚴重，讓我在生理期的前一週陷入憤怒和憂鬱中。結果現在我還得承受情緒和生理上的劇痛？好吧，至少醫生說，她想要讓我完全停經，以減緩症狀。

「要怎麼讓我停經？」

「我們會開避孕藥給你吃。」醫生逕自盯著電腦打字，看都不看我一眼。

「等等——我對避孕藥過敏。我試過幾種避孕藥，但它們都讓我全身長疹子，嚴重到都留疤了。」我回答。

「子宮內避孕器呢？病歷上寫你現在裝的是含銅的避孕器。蜜蕊娜（Mirena）呢？」

「蜜蕊娜會讓我很憂鬱，我才吃兩個月就覺得想自殺，」我平靜地說，「我應該把我的避孕器拿出來嗎？那會有幫助嗎？我的意思是說，它不是會讓生理期惡化嗎？」

「不需要。銅沒有荷爾蒙，所以它不會帶來任何改變。嗯，好——我想我們得強行讓你提早停經。我會開柳菩林（Lupron）給你——它會讓你熱潮紅、情緒波動，反正就是那些症狀——不過它可以讓你停經。」

她的態度實在令人惱火，彷彿這根本沒什麼大不了的。「等等！」我說，同時絞盡腦汁地思考著。我試過幾乎所有的避孕方法，每一種都讓我憂鬱。但提早二十年停經似乎對我的心理健康也不是什麼好事。我覺得這根本是個無解的選擇題：我應該將生理健康還是心理健康擺在首位？但我知道我的生理和心理健康彼此關聯至深，若我的心理健康不佳，我的生理健康也會跟著變差。我應該忍受痛苦堅持不服藥，讓它影響我的心理健康嗎？或者，選擇服藥改善我的生理健康，但破壞我的心理健康？

「我有什麼選擇嗎？我一定得吃什麼藥嗎？沒有其他辦法了嗎？」

「相信我，若你什麼藥都不吃，你的疼痛可能會持續增加，直到你覺得痛苦難耐。」她說完笑了一下，「我有許多病人到最後除了她們的疼痛，什麼事都沒辦法想。那也會讓你痛不欲生。」

「好吧。」我讓步了。「我曾經裝過陰道環（NuvaRing），很多年前了。它也會讓我很憂鬱，但至少是我試過傷害程度最低的方法，所以如果這是我唯一的選擇的話……」

「那就這樣吧。太好了！我幫你開處方箋。」

「我不確定你明不明白，這一點都不好。從現在開始我得傷心過日子了。」在她冷冰冰的灰色診療室裡，我穿著紙做的病人袍不舒服地扭動著。

「如果你覺得憂鬱，我再開樂復得（Zoloft）給你就好了，這樣應該就沒問題了。」醫生回到診間後爽朗地說，然後又踏著輕快的腳步去看她的下一位病人了。

我的雙腿因這個改變人生的消息而微微顫抖，於是我容許自己搭計程車回家。一回到家，我立刻上網查詢「子宮內膜異位」。某項研究指出，在童年時期歷經創傷的女性，罹患子宮內膜異位的機率比平均高出百分之八十。

這還用說嗎？

• • •

我們的社會通常將創傷後壓力症候群視為男性疾病，這真是嚴重的性別歧視，也是一種諷刺。這是勇士病，一種必須在戰爭中、在海外的危險沙漠或叢林中才能掙得的心理疾病。

然而，實際統計數據卻完全相反：女性罹患創傷後壓力症候群的機率是男性的兩倍。百分之十的女性會在人生的某個時間點罹患創傷後壓力症候群，男性卻只有百分之四。不過，即使在#MeToo這種賦予女性創傷正當性的全球運動浪潮之後，人們對治療創傷所付出的努力仍只是半調子，將其視為戰爭光環陰影之下的附加議題。一直以來都是如此。

在《創傷與復原》（*Trauma and Recovery*）一書中，茱蒂絲・赫曼主張，在現代精神分析的發展中，即便女性自始至終皆扮演著重要的角色，但我們的痛苦卻處處被遺棄、被忽略。談話療法背後的零號病人叫做安娜・歐（Anna O），她是精神分析先驅約瑟夫・布洛伊爾（Josef Breuer）的病人，也是幫助我們了解創傷會引起精神疾病的關鍵人物。至於女性「歇斯底里症」源自於童年被性侵的經驗，西格蒙德・佛洛伊德（Sigmund Freud）是第一個提出如此假設的人；然而，當他發現他所執業的維也納高級社區其實充斥著性侵犯和猥褻兒童者時，他便撤回了他的假設。[1]

一百年後的今天，我們的科學團體仍在試圖否認女性和創傷的關係。直到不久前，創傷後壓力症候群的研究者只要拿老鼠做創傷實驗，他們都只使用公鼠。然而，當他們開始針對母老鼠進行創傷研究時，便發現母鼠對電擊的反應非常不同。[2]公鼠被電擊時會僵住不動，但母鼠卻會開始亂衝，企圖逃脫。這種對女性群體缺乏科學研究的狀況其實是很嚴重的問題，因為創傷後壓力症候群在男人和女人身上所呈現出的症狀並不相同。

就症狀來說，罹患創傷後壓力症候群的男性容易出現憤怒、妄想症，以及誇張、令人震驚的反應。女性則容易變得退縮，有情緒障礙和焦慮症。女性通常專注於調整她們的情緒，而男性則將心神放在解決問題上。女性在面對高壓狀況時，經常採取照料和結盟反應，而不是男性的戰鬥或逃跑反應。女性通常會比男性更傾向尋求社交支持，更容易透過精神治療得到幫助，同時也更容易陷入自我責備中。[3]

但沒有人知道罹患創傷後壓力症候群的男性和女性為何如此不同。

喬・安德里亞諾（Joe Andreano）是麻省總醫院（Massachusetts General Hospital）的認知神經科醫師和講師，在他眾多研究與工作中，他曾對女性在月經週期時大腦所歷經的變化進行研究。「在研討會上，有很多女性告訴我，做這種研究是相當有勇氣的行為，」他向我坦承，「因著她們如此看待我的研究，到後來我反而覺得有點被恐嚇。那種感覺就像是……我到底應該害怕什麼？」

我想強調的是，我認為安德里亞諾身為在科學界工作的男性，他在探討這個議題時，將科學的客觀性、對女性經驗的同理，以及直男們在研討會上大開經前症候群玩笑時所展現出的敵意，相當平衡地加以處理。

他們之所以會開這些玩笑，是因為安德里亞諾在他的神經成像研究中發現，在黃體中期（月經週期的後半段，即排卵之後），我們情緒被激發的程度更高，而且情緒與記憶也有更多的連結。這項發現絕對比「這些臭女人八成是經前症候群！」複雜多了。這當中的關聯性代表著，若我們真的不幸到一個程度，在這段期間裡被虐待，這些虐待會在我們的記憶中留下更深的痕跡，成為我們大腦中的編碼。這些記憶也更可能導致負面記憶偏誤，使我們容易回想起這些負面記憶，更甚於正面回憶。說穿了就是——若我們在月經週期的某段時間內歷經創傷，我們便更容易罹患創傷後壓力症候群或憂鬱症。

「不過杏仁核同時也和調節內分泌及控管壓力反應有關，對吧？」安德里亞諾向我解釋，「所以你不只會在行為與記憶上產生這種改變，你的身體荷爾蒙在對壓力產生反應時也會出現這種改變。你的壓力荷爾蒙和性激素彼此關係非常密切，只要其中一者受到刺激，就會影響另一者。我們擾亂了性激素，就等於同時擾亂了壓力荷爾蒙，然後它又回來進一步地擾亂性激素，不斷循環。」

「所以，這變成回饋迴路。」我說，試著整合所聽到的資訊。

「沒錯。」

這就說得通了。女性在月經週期的特定時段內，特別容易因創傷而受到影響，而後這創傷又讓女性特別容易受到性激素不當改變的影響。事實證明，歷經創傷的兒童，月經提早來潮的機率也較高。如同前述，在童年時期歷經創傷的女性，罹患子宮內膜異位的機率比平均高出百分之八十，[4]也更容易長出纖維囊腫[5]，會影響到生育力[6]，而她們同時也是產後憂鬱症[7]和更年期憂鬱症的高危險群。8

命運終於找上我了。我不用等到年紀大了，才會體會到書中那些關於發炎和健康風險的警告。它們已經來了。

• • •

在我確認自己患有子宮內膜異位後，我在電話中向我的朋友珍哭訴。「我才剛快樂起來而已，」我告訴她，「我才剛整頓好我的人生，正在痊癒而已。若我得再裝回陰道環，我知道我一定會憂鬱的。我知道我又會重新回到起點。」

她是我所認識最有同理心的人，她開始在電話裡和我一起哭。「噢，史蒂，」她邊嘆氣邊抽噎，「你那麼努力，學了那麼多。或許事情不會那麼糟。」

但情況真的就是那麼糟。

陰道環真的讓我憂鬱——而且是非常憂鬱。它同時也導致我的外陰疼痛，讓我痛到甚至沒有辦法使用衛生棉條。

我吃立普能（Lexapro）來治療我的憂鬱症，這是我吃過的第三種選擇性血清素回收抑制劑（SSRI）。

這輩子以來，總是有人要我服藥，因為他們認為藥物能夠「治好」我。大學時期，我決定不再吃百憂解了，因為它讓我腦袋混沌、無法集中注意力。有個朋友說，停止服藥代表我「不夠努力」。我沒有真的優先考慮自己的心理健康，所以她再也不願照顧我了。

十年後，另一名一樣受不了我時常抱怨的朋友說，服用SSRI會讓我「不那麼自私」。我當時的諮商師莎曼莎認為，服藥不是個好方法；她說我需要處理我的問題，而不是麻痺它們。但我不想當一個自私的人，所以我忽視她的建議，還是吃了威博雋（Wellbutrin）。結果它讓我的恐慌症變得更嚴重，而且狂躁不已。幸好我有注意到我的靜止心率突然猛升至每分鐘一百二十下，於是我馬上停止服藥了。

在停用威博雋與得知我的診斷結果後，我花了不少時間閱讀SSRI的相關資料，發現對創傷後壓力症候群、憂鬱症與焦慮症來說，SSRI絕對不是什麼一服見效的萬靈丹。我有許多朋友必須要服藥才能睡覺、工作、過完一天。若某些藥對你管用，那就吃吧。加油！然而對千百萬人而言，藥物可能毫無幫助——甚至讓他們的情況變得更糟。在幾近一半的臨床實驗中，結果顯示抗憂鬱藥物的效果並沒有比安慰劑來的好。在功能性核磁共振造影（fMRI）科技的輔助下，腦神經科學家如今明白，關於我們生來就化學物質失衡的假設，是一種雞生蛋的說法——創傷改變了我們大腦的結構、化學物質和荷爾蒙反應。但在許多情況下，我們不能就這麼將相反的化學物質注入大腦，然後期待事情有所改變。我們必須處理潛在的原始成因：創傷。

於是我抱著猶豫的心情吞下了我的第一顆立普能。我和自己約定好，若這藥不管用，我不會怪罪我自己，也不會繼續服用這個不適合我的藥物，以免傷害我的健康。起初，立普能除了讓我有點嗜睡以外，似乎沒什麼太大的副作用。幾週後，我的痛苦顯然緩解了一些——但完全是因為我的睡眠時間很長的關係。我每天晚上會睡十個小時，但白天仍會在桌子前打瞌睡兩回。在服用超低劑量幾個月後，有次我開車進城，在一個漂亮的公園旁停下來，打算花五分鐘享受一下美麗的風景，結果我竟然不小心睡了兩個小時。這種程度的持續嗜睡讓我覺得不安，所以我停藥，開始試著用我學到的各種方法面對我的憂鬱。

但要遵循這些方法，變得不像以前那麼容易了。我的憂鬱症所帶來的壓力不斷增加，導致我的關節發炎，嚴重到一個程度，我再也無法做瑜伽了——不論是修復性瑜伽或其他形式的瑜伽都沒有辦法。甚至連冥想都不再適用了。當我躺下來想要進行身體掃描練習時，我再也無法專注於我手掌中的那股氣，因為我身體其他部位的抽動不斷分散我的注意力。我也試過專為疼痛設計的引導式冥想，但即便如此也沒有幫助。專注於我的身體、專注於它的感受，只會帶來一波波的恐懼、背叛和憤怒。發炎所帶來的恐懼肆意流貫我的身體，讓我害怕即將到來的死亡，覺得自己終究將成為另一個負面童年經驗的統計數字。覺得身體似乎不屬於自己的背叛感，讓我比過往更想解離。還有憤怒——因為這就像是我母親的手違逆了時空定律，伸出來再次傷害了我。被一巴掌打趴在地上或被衣架猛抽的疼痛感——它未曾消失，而是一直深深地埋在我的關節和子宮中。我仍然在受責罰。

無計可施，加上荷爾蒙藥物的摧殘，我的複雜性創傷後壓力症候群又回來了，而且無比強大。我傾盡全力。我真的盡力了。我並不是毫無抵抗地陷入複雜性創傷後壓力症候群的流沙中。

我讀小說家安．拉莫特（Anne Lamott）的書和蘇珊．寇倫（Suzan Colón）的《瑜伽之心》（*Yoga*

Mind），每天都定時收聽伊莎蘭（Esalen）頻道和當地禪修中心的Podcast節目。我試著去接受，即使我的世界正在不斷縮小，只剩下活下去的必要元素，這些要素仍然豐富無比。於是我試著徜徉在這片豐富之中。我試著專注地品嚐我那摻了海菜的燕麥粥。我閱讀美國藏傳佛教的比丘尼佩瑪・丘卓（Pema Chödrön）的著作，其鼓勵我捫心自問：「在歷經這些痛苦後，我是否因此更了解身為一個人的真諦？」我也讀了珍妮・奧德爾（Jenny Odell）的《如何「無所事事」》（*How to Do Nothing*），當中談到寧靜的價值——若真要說，這其實是一種對工作過度的資本主義文化所展現出的強烈反動。同時，我也試著接受即使我有做不到的事也沒關係。我花上許多時間坐在戶外，凝視著鳥兒。

我也繼續諮商治療。呃，一陣子啦。我已經在創傷學校被毛背心先生教了好幾個月了——就是那個要我畫出次人格的傢伙。一開始他便向我保證，我會在六個月內明顯好轉，但我們就快走完六個月的療程了，我卻覺得比以前更糟。有一天，我走進他的辦公室，開始滿腔憤怒地咆哮著自己在身體上的無能為力。

「嗯，聽起來的確很不容易。我聽到的是，你說你已經盡力照顧自己了，但整個狀況實在太不公平，讓你感到很絕望。」他以心理治療師的口吻小心翼翼地說。這真是他媽的快把我搞瘋了。「你想要做點ＥＭＤＲ嗎？還是我們試試某個讓人平靜的技巧？」

「我們到底在幹嘛？」我突然情緒失控地對他大吼，「我已經問你很多次了，但我今天就要答案。我的治療計畫是什麼？他媽的我到底做ＥＭＤＲ、ＩＦＳ或ＣＢＴ要幹嘛？你沒有其他方法可以幫助我面對問題了嗎？像是，我們現在在哪個階段？接下來要怎樣？這什麼時候會見效？我要做什麼功課？到底計畫是什麼？」

「我們來談談為什麼你覺得你會需要一個計畫，」他說，「我覺得你並不是很信任這整個過程。」

「若我能明白更多關於這個過程的資訊，我就能更相信這個過程。」

「我認為這源自於你的信任情結和你對我有多少信任。我們要不要談談，你為何總是覺得自己需要掌控全局呢？」

幸好我還保有一項治療創傷的技巧。如今回想以來，這說不定是最重要的一項技巧：說出「這不是我需要的，掰掰」的能力。

當我因避孕藥而全身長疹子、因蜜蕊娜而得憂鬱症時，不只一名醫生對我說，我瘋了，我的症狀是心理作用。也有醫生告訴過我，我的含銅避孕器不可能影響我的心情、子宮內膜異位或荷爾蒙，因為它不會帶來任何荷爾蒙的副作用。更有醫生在收了我幾百塊美金之後，給我錯誤的診斷或讓我開始懷疑自己是否根本不了解自己的身體。

然而這一次，我再也不會讓醫生否定我的真實感受了。我受夠了。

那次之後，我再也沒有回去看那位心理治療師。我不應該因為想要了解自己的治療資訊和架構而被病理化。這是個合情合理的需求，理應受到尊重。

我也不再去看那名厲聲對我說「你的心理健康問題應該去問你的精神科醫師，不要問我」的婦產科醫師了。

不。人們不能忽視我的聲音。

我換了一名專精於骨盆疼痛的婦產科醫師。她的初診單比其他醫生的還長，因為當中有一整個欄位是關於創傷的問題，以及被虐經驗的調查。她在會診開始不久便問我：「你所遭受的是什麼形式的虐待呢？」

看我一臉吃驚的樣子，她說：「沒關係，若你不想說可以不用說。」

但我只是咧嘴一笑。「不不不！我想說！我很樂意說！我只是很訝異而已！」

艾蜜莉．巴頓（Emily Blanton）醫生一點都不匆忙，她很願意花時間在我身上——她花了一整個小時仔細、慎重地檢查並向我說明情況。當她脫掉手套後，她說：「我的理論是，在過去二十年裡，你因為子宮內膜異位而一直處於慢性發炎的狀態。你骨盆腔裡的某些肌肉可能已經因為多年來的壓力和發炎而受損了，只是你到現在才有所感覺。這就好像你這些年來其實都長期處於肌肉經攣的狀態一樣。」

巴頓醫生讓我繼續留著陰道環，但兩個月後當我再次回到診間，表示仍覺得憂鬱且疼痛時，她馬上迅速果斷地回應了我。她沒有否定我的痛苦，也沒有讓我覺得我**應該**對治療有更好的反應，彷彿這是我的錯似的。「好，你不應該再使用這種治療方式了。」她爽朗地宣布，「你不應該再吃那些會讓你不舒服的藥了。情緒上的痛苦就和生理上的痛苦一樣糟，而我們之所以在這裡，就是為了要讓你好受一點。」

她幫我把陰道環拿出來，讓我進行骨盆底物理治療——每天十五分鐘的伸展運動。

不到一個月，我已經覺得好多了。沒過多久，她便取出了我的含銅避孕器。這舒緩了我的症狀，讓我的疼痛降到一個完全可以控制的程度。還有——自從十年前我裝了避孕器以來——我的經前症候群第一次明顯地改善了。若我沒有勇氣離開那名差勁的婦產科醫師，我現在大概已經停經了。

此外，若我沒有勇氣離開令人尷尬的毛背心先生，我可能永遠都不會遇上後來這名新的心理治療師，讓極度需要康復的我，終於如願以償。

37

「創傷對一個人在本質上所造成的影響，就是讓他們覺得自己不值得被愛。」我耳機裡的聲音如此說。我搭著地鐵，又要去看另一個醫師，但這句話說得太好了，讓我不禁瘋狂地在我的包包裡翻找，挖出筆記本把它寫下來。我正要把筆放下，馬上又聽到另一句絕佳名言，所以我就一直拿著筆，在筆記本上振筆疾書。

我的朋友珍每天時不時就會寄給我一些短詩和連結，這個由西奈山健康照護體系（Mount Sinai Health System）所製作的廣播節目——《韌性之路》（*Road to Resilience*）——就是她寄給我的。「影響深遠的童年創傷」（The Long Arm of Childhood Trauma）這一集的專訪人物是喜劇演員達瑞爾．哈蒙德（Darrell Hammond），他是複雜性創傷後壓力症候群的倖存者，訪問者則是西奈山醫院的臨床心理師咸雅各（Jacob Ham）。能夠見到像哈蒙德這樣的名人公開談論這症狀，使談論變成我們生活的一部分，是一件很棒的事。但真正讓我感到興奮的，是咸雅各博士。他不斷提出我所聽過最棒的創傷真相，尤其是他談到《無敵浩克》（*Incredible Hulk*）的時候。

他解釋，布魯斯．班納（Bruce Banner）是一個受虐兒，因此發展出創傷知情（trauma-informed）的憤怒。後來他因為暴露在伽瑪射線之下，這使得他的憤怒變成一種真正的超能力。

咸雅各博士說，浩克的行為舉止就和被觸發的人一樣。

隨著他的憤怒逐漸高漲，他的智商也會逐步降低。他無法言語，無法形成完整的想法，失去了自我意識。他只在乎自己眼前的事物，以及應該如何保護自己。而且他也不能馬上讓浩克消失——他需要時間冷靜、睡上一覺。

「我喜歡浩克的地方在於……他不是壞人，他其實是全宇宙最厲害的超級英雄之一，對吧？」咸雅各博士在我的耳機裡如此說。當你體內被觸發的浩克要出現時，你的立即反應會是，**噢不，我要大發脾氣了，我又要變身成怪獸了。不，浩克！停下來！走開！**但咸雅各博士卻採取完全相反的做法。他溫柔地對自己的浩克說話。「我會試著說，『浩克，你回來了？你覺得我遇到麻煩了嗎？噢，謝謝你這麼愛我，試著保護我』。」

「和浩克做朋友。」咸雅各博士肯定地說。

當浩克帶著可怕的憤怒現身時，我仍然覺得滿心羞恥，但這種說法讓我感到安慰。憤怒不總是邪惡的。若正確地表達怒氣，甚至能帶來正面的效果。

咸雅各博士接著又說，我們的社會有時候也應該對浩克寬容以待。他主張，我們應該向其他人介紹與說明自己的浩克，跟身邊親近的人說：「有時候他會出來大吼大叫。一但浩克走了，我就回來了。不過請不要把我當成浩克。」[1]

若我生命中的每個人都能對我某些反應的背後原因有多一點的了解，我會覺得安全許多。

我馬上想要將這集節目傳給每一個人，但我阻止了自己。我還有一堆疑問。我怎麼能叫別人容忍我的浩克呢？別人難道不會覺得我很自私嗎？每個人為什麼不直接和浩克朋友絕交就好？我一回到家，馬上在網路上搜尋起咸雅各博士。他是西奈山醫院兒童創傷療癒中心（Center for Child Trauma and Resilience）的主任。我寄了一封電子郵件給他，說明我是正在進行創傷研究的記者，我想要知道針對複雜性創傷後壓力症候群的有效治療……同時，我也有些關於浩克比喻的問題想要請教他。八分鐘後，他回信了，請我下星期去他的辦公室和他見面。

・・・

咸雅各博士在西奈山醫院的小小辦公室，位於空無一物的褐色長廊盡頭。他的辦公室風格完全出自於CB2型錄：現代灰色家具，時髦又令人平靜的灰藍色牆壁，還有木製的裝飾性……小玩意兒，那種我會在店裡拿起來把玩研究，然後因為太昂貴只好聳聳肩把它放回去的小東西。一座放滿創傷相關書籍的書架，上面還有他為兒童病人所預備的零食和遊戲。一張升降書桌。

他迎接我時，溫暖的態度中參雜著一絲猶疑。他面帶微笑、身型修長，戴著眼鏡，有著平滑的韓國人皮膚。他是三十五歲還是五十歲？看不出來。他優雅地在辦公室裡走動，彷彿四周每件物品都是玻璃製品似的。

相較之下，我一屁股坐在他的灰色沙發上，還發出不小的聲音，然後又從我的背包裡翻出錄音筆，馬上進入正題：我超愛你的廣播節目，非常有趣，尤其是浩克那部分！哇！對，請坐在這裡。對，你的嘴巴跟麥克風保持這樣的距離。你早餐吃什麼？你的聲音聽起來很棒！

接著我馬上提出一連串的問題。「我讀了許多關於創傷的書，這當中有許多面對受創兒童的處遇技巧，但對於成人，尤其是罹患複雜性創傷後壓力症候群的成人，似乎沒有太多可靠的做法。像生理回饋、EMDR、CBT、IFS、MBSR或其他一堆字母縮寫的瘋狂療法似乎可以治療單一創傷，但對有複雜性創傷的人而言，這些療法似乎並不那麼有效。所以，面對複雜性創傷後壓力症候群患者，你在臨床上會如何著手呢？你會如何治療他們？」

「我受過五種以實證研究為基礎的創傷治療訓練，分別是創傷聚焦認知行為治療（TFCBT）、依附治療、自律與技能治療、某種稱為「強壯家庭」的治療法，以及親子心理治療。不過我目前使用的是現代關係心理分析療法。我真心認為，透過關係，我才能夠應用不受創傷影響的不同經驗狀態和自我狀態。」他說。

我點點頭，試著作出聰明的回應。「噢……」

我試著想要從他那裡獲得更多資訊，但每一次的解釋總導致另一套令人困惑的解釋。他抽象地敘述各種不同的融合，以及前額葉退化與依附問題的關聯性。他不斷地說，他在「尋找痛點」，我覺得我應該要懂，但還是覺得抓不到要領。我對這些名詞和說法都不陌生，但我為什麼無法理解他呢？承認我的困惑會不會讓我看起來像個失職的記者呢？

「沒錯，但，TFCBT——**它有效嗎**？我的意思是說，你所使用的這些療法，哪一個實際成效最好？答案是什麼？」我問，這問題實在有點蠢。但我最後獲得的，又是根據不同模式而穿插以「有點」、「或許」、「取決於」等詞開頭的這種抽象又不著邊際的答案。

在困惑了四十五分鐘後，我低頭看著我的問題清單，絕望而迷失。或許這場訪談根本就是白費力氣。抱著孤注一擲的心情，我問：「我應該問你什麼問題，好讓複雜性創傷後壓力症候群的患者能夠從你這裡得到一些建議呢？」

咸雅各博士看著我，眼鏡後的眼睛瞇成一條線。當下的緊張氣氛不禁讓我縮了一下。接著他說：「當我們一心想著長遠的目標，卻不得其門而入時，這讓我想要將焦點放在此刻正在發生的事情。所以，現在，這讓我想要了解你絕望的本質。你不斷提出這個大哉問：情況有可能改變嗎？但你為什麼會處在現在這個情況呢？你稍早提到你已經努力十年了，而且你還做了這麼多研究……但這些研究對你並沒有幫助。讓我一直感到好奇的是：**你的**痛苦是什麼？是什麼讓你無法忍受現狀？你還想改變什麼？」

「呃，嗯。我的**痛苦**是什麼？嗯……呃……」我實在很不習慣我的訪問對象突然把麥克風轉向我。我深吸了一口氣。

「我想……我的預設模式就是多疑和恐懼，還有……**令人討厭的狀態**。而這令人討厭的狀態有可能是極度憂鬱，也有可能是以解離的心態生活處事。你知道，它成了我的阻礙，例如我明明知道自己應該要去開會——總之……」我嘆了一口氣，「我腦袋裡的各種懷疑和看法還是會不斷蹦出來，覺得每個人都討厭我。」

「你為什麼會這麼想？」

我試著將對話拉回抽象的概念：那些特許學校、代間創傷、其他事情，其他大於我個人的事情。但一次又一次，他用可怕的專注眼神糾纏著我，將我的問題全數朝我發射：我為什麼會這麼問？我之前試過什麼方法？當我失敗時，我有原諒自己嗎？總之，這不像我之間做過的任何一場訪談，整個過程讓我困惑至極。訪問進行了一個半小時後，我仍然不知道自己是否學到或明白了什麼事，我也不知道我怎麼會吐露那麼多關於自己的事情。

當我收拾東西準備離開時，咸雅各博士猶豫地看了我一眼說：「我想要問你一件事。我不知道這是否符合倫理——我得請我同事去確認一下。但我想知道，你願意讓我治療你嗎？免費。」

「什麼！？」

「我願意免費治療你，交換條件是錄下我們的治療過程。最後，或許你可以將這些錄音加以處理。」他向我解釋，長久以來，他總覺得有聲故事有其獨特的魅力，而且一直很想要試著運用這個工具。他過去曾經在病人的同意下將治療過程錄下來，人們聽了這些錄音覺得很有幫助。他認為我看起來相當渴望也願意痊癒，而且又從事廣播工作，或許我可以用我的工作來教育大眾。不過當然囉，前提是我願意公開我的治療過程。

「我們可以先試四個月看看。若這對你來說行不通，你隨時都可以喊停。你可以退出治療，我不會問你任何問題。不要覺得有壓力、有義務要這麼做。錄下來的音檔，你有百分之百的所有權，你想用哪個部分就用哪個部分。你覺得不想分享的部分，也不需要提及。你有完全的主控權。若到最後，你覺得你不喜歡這些音檔，你也可以什麼都不做。我只是覺得這有可能會成為一個有趣的實驗。」他說。

從他提出邀請的那一刻，我就已經同意了。我需要一名厲害的心理治療師。雖然咸雅各博士絕對是一個怪咖，但打從一開始他就讓我覺得值得信任、和善、迷人，他的確看起來像是個好到不能再好的聽眾。再者，我也不介意公開我的治療過程。其實我曾問過之前的心理治療師，我在治療過程中是否能錄音，因為我覺得這應該會很有趣，但他們總是拒絕我。**有什麼我不該答應的理由嗎？**我想不到任何一個理由。

「當然好！」我最後如此說。「當然！我想試試看。只是我好奇問一下……通常你的治療怎麼收費呢？」

「一小時四百元。」他有點羞怯地說。

「一小時四百元！」我忍不住對他大叫。

「我的主任職務是全職工作，」他解釋，「所以我能夠為病人治療的時間相當有限。」他每週已經花超過四十個小時在為西奈山醫院的青少年設計創傷與藥物濫用方案、為哈林區的黑人男性和城裡LGBTQ+族群規劃創傷中心，以及訓練醫院裡的博士後研究員和工作人員了。

隔天，咸雅各博士回覆我，表示他已經和他的同事和上司談過這件事了。他們說，只要我完全沒有迫於壓力或覺得被操控，覺得必須用這些錄音檔做些讓我不舒服的事，他便可以無償收我為病人。

這真是罕見又令人不敢置信的大好機會。一名貨真價實、大受歡迎的專家，竟然願意為我治療，而且還**免費**。我算了一下——這可是價值六千五百美金的治療啊！我猶豫了。我擔心這當中的倫理，以及我所擁有的極大特權。有多少人能夠在自己的心理健康上砸下那麼多錢？但這些疑問被在我皮膚底下炙燒的痛苦給制止了——我真的很想要減輕我的痛苦。

「一言為定。」我說。

• • •

有些心理治療師認為，你可以在第一次的治療中就學到關於如何痊癒的所有概念和技巧，其餘的時間就只是主題和變奏而已，練習你們第一次談話中的部分概念技巧，重複這些功課直到它們根深蒂固地扎在你的基礎信念中為止。我和咸雅各博士的第一次晤談正是如此，而這和我過去所有的第一次晤談截然不同。（他大部分的病人都叫他雅各，但打從一開始我就開玩笑地稱他「博士」或「咸雅各博士」，所以就這麼延用下來了。）

我已經看過太多心理治療師了——快十個，所以我很清楚第一次的晤談是什麼樣子。你告訴他們你對於治療的期待，然後你再簡略地敘述一下你的人生故事，讓他們同理地點著頭，同時明白你有多破碎。最後，你談一點此刻你所面臨的挑戰，然後把真正重要的部分留待下次再說。

第一次治療的一開始，咸雅各博士似乎就這麼照著程序走。他問我心中是否有設想好的流程。我有。我當然有。我做足了功課，準備了一整份的治療目標。

「就我的整體需求而言，我認為我的診斷讓我更加自我厭惡、缺乏安全感，而且更不善交際，因為我害怕自己會將這些感覺加諸於別人身上。」我按照之前所排練的內容告訴他。「我想要改變我與診斷結果的關係，也改變透過它看待自己的眼光。」

「我可以問你嗎？你覺得診斷結果如何以有害的方式影響你的人際關係？」

「我就是會時時刻刻**注意**到某些事情，一切不好的行為。例如，我很容易把人區分為『安全』或『不安全』兩種類別，當我不喜歡某人時，我會將他們視為不安全的人，而且無法與他們相處。還有，不論什麼時候，只要有人不開心，我也很難接納他們的負面情緒，我總是想要幫忙和解決問題。有些人曾對我說，我很容易把一切事情都視為和我有關。我很負面，而且我總是在抱怨自己的生活。還有，我總是覺得自己處於危機之中，因為我還不是很會自我安撫。」

咸雅各博士從頭到尾邊聽邊點頭。他見過這樣的情況。「這聽起來很熟悉，就像——範本或典型症狀。但我還不是很肯定，因為我不知道你打算——」

「這就是我要說的！這就是為什麼在得知診斷的狀況下，我的人際關係會那麼糟。我讀到的每一本書都說，有複雜性創傷後壓力症候群的人都很難相處。這讓我很難受。我等於被歸類為次等人。我在得知診斷之前就清楚知道我有缺點了，但我想我還不至於將自己視為無可救藥的劣等人類。」

「所以診斷讓你理解自己為什麼會出現某些行為，但也似乎對你判了刑，讓你覺得自己無能為力。」

「它讓我更多意識到自己需要改變的地方，以及我正在不斷複製的負面模式。但我需要改的東西實在太多了，這讓我覺得很沉重。那感覺就好像，我甚至無法好好跟朋友說話，因為當中有太多不對勁的地方了。我想，我一直以來都很害怕別人明白表示他們不愛我，但如今就連科學都證實了我就是這麼不可愛的人。所以我想，若我要脫離這個狀態，最重要的就是認知重建。」

「對，」咸雅各博士幾乎是帶著讚嘆的微笑說，「**太棒了**。我想說的是，我認為你的進步其實蠻有盼望的。說說你所做的一些改變吧。」

「嗯，大概一個月前，有一次我和我姑姑的對話讓我覺得蠻驕傲的。」我開始說。

一個月前，我和喬伊前往新加坡和馬來西亞拜訪我的家人，把這趟旅程當作我們的婚前蜜月旅行。有一天，我們開車經過郵局，我姑姑將一個包裹交給喬伊，請他到郵局把它寄出去。喬伊一下車，我姑姑馬上轉向我。「女孩啊，你一定要知道，不論你婆家的人對你有多好，他們都不是你**真正的**家人，你千萬不能相信他們。你在他們面前可不能像在我們面前一樣，而且你絕對不要在他們面前跟喬伊吵架，他們永遠會站在喬伊那一邊，而不是你這邊。」這段話又衍伸為更冗長的說教，包括我必須原諒我父親，我們都必須原諒來自家人的怠慢與忽視，因為他們才是我們唯一且真正的家人。

喬伊才去了十分鐘。然而當他上車的時候，我正在憤怒地啜泣，用手摀著臉縮成一團對我姑姑大吼：「你根本不懂那是什麼感覺！」

「發生了什麼事？」喬伊愣在原地，眼神在我們兩人身上來回移動。不過沒有人理他。

我姑姑嘖嘖嘴說：「哇，你還是對你爸那麼生氣啊？都已經那麼久了！你知道，你應該好好把你的痛苦拿來做點有意義的事，例如成為一個更好、更堅強的人。」

「你知道嗎，我想史蒂芬妮已經這麼做了。她很努力地要成為一個更堅強的人。」喬伊試探性地從後座推推我，因為我已經哭到完全無法回應。

「噢，好，好，」我姑姑說，「哎呀，好啦小女孩，對不起啦。來，不要哭了，我們去吃雞肉飯。」

我告訴咸雅各博士，在我開始修復我的創傷之前，我姑姑的話肯定會把那天給毀了。我會繼續哭一個小時，然後心懷怨懟，最後再因為自己心懷怨懟而自我憎惡。接下來的旅程，我隨時都可能因為一點小事而爆發。但是，我反而數著車窗外的顏色，調整我的呼吸，讓自己放手。幾分鐘內，我已經恢復正常，說說笑笑，快快樂樂的。

「我認為，這**還可以……**」咸雅各博士的語氣有點存疑。

就是從這時候開始，我們的第一次晤談開始變得不太尋常。

「告訴我，你會不會覺得我接下來要說的話很奇怪，」他提出問題，「你當然可以一開始就做接地練習，不過這還不夠。如果你就只是『好，不要管它，放下它』，你其實只調整了自己，而沒有重新連結。我想請你解釋一下為什麼你姑姑會說出這樣的話，同時也去釐清為什麼這些話會讓你這麼困擾。」

其他的心理治療師一定會稱讚我，並且支持我的進步，但咸雅各博士馬上就挑戰我了。這讓我感到困惑，而且坦白說，這還讓我很不高興。

「我知道這些話為什麼讓我感到困擾。」我不耐煩地回覆他。

「好，說來聽聽吧。」

我告訴他，這是我姑姑的投射心理。因為在我姑姑那個時代，中國的婆婆是惡名昭彰的夢魘，但她從來沒見過我婆婆，她為人超級和善。我列出我們過去的衝突，以及它們如何導致這次的對話，還有她為我父母辯護等問題。但咸雅各博士只是不斷逼問我：「然後呢？那又如何？真正的痛點是什麼？」

最後我終於狠狠地說：「那個痛點就是，我這輩子最想要的就是一個家，我一直想要知道被無條件地愛著是什麼感覺。進入這個家，讓我有這種感覺。但她卻說，不行，你還是得不到，你不能相信他們，你永遠無法相信任何人。所以，你知道的。就是這種渴求，結果她居然說這是狗屁。」我說著說著不禁紅了眼眶。

原本身體向前傾的咸雅各博士，終於靠回椅背上，臉上帶著微笑，彷彿得到了他想要的答案。我不禁對他有點憤怒。好啊，他覺得他好像有了什麼他媽的突破，但這對我來說並不是什麼新聞，我根本沒有從中獲得什麼。於是我試著改變話題，討論一些比較相關的事情——我的感情或家族歷史。但幾分鐘後，咸雅各博士打斷了我。

「我得說，我只是想要強調，當我問你姑姑踩到了哪個痛處，你說你只是想要被愛。這部分很感人。」

「喔，好。」我暴躁地說，「所以，你是說我解離——」

「噢，不是。其實我只是在記錄和與你分享……嗯……我試著……噢天啊，我很抱歉。」他停下來，對於要如何繼續似乎感到困惑。「只是，有時候當你變得過度警覺，而且以為你知道我在說什麼時，你會試著插話。」

「抱歉，」我悄聲說，聲音幾不可聞。**噢不！我有嗎？我真是個糟糕的聽眾。又是複雜性創傷後壓力症候群的另一個特點**。

「但有些時候你又非常袒露，我不知道……應該說，切中要害嗎？當你談到你想要被愛時，那種感覺很好，讓我都想哭了，而且心中產生共鳴。你有感覺到自己時而這樣，時而那樣嗎？」

「過度警覺？」我問道。「我很抱歉。我甚至完全沒有察覺。」

「你剛剛又說抱歉了。」他嘆了一口氣。「噢天啊，這正是你剛才說的，你的複雜性創傷後壓力症候群如何毀了你的人際關係。」

「你看得出是怎麼回事嗎？」我遲疑地問，「我很奇怪嗎？」

「我不是這個意思。」

「噢。好，嗯……我有時候會太過敏感。」

「沒關係。我有時候可能太直接了。」沉默了很長一段時間後，「你覺得今天的治療如何？」

「還好。蠻正常的，我想。不過，嗯……稍早，當你說調整自己是不夠的，我當時的反應是，你說不夠是什麼意思？他媽的我還得做什麼？但我又很想知道該怎麼做。我是抱持著有點挑戰的心情說的，但我既想知道又防衛心很強。我腦海中同時出現這兩種心態。」

「沒錯，非常有道理。」咸雅各博士停頓下來。我坐在那裡，不太確定現在是什麼狀況。他終於開口了：「我希望我可以更有效地和你溝通。」

「我想，很多人來找你，就是希望你這樣跟他們溝通不是嗎？」我說。

突然間，咸雅各博士從位子上再次往前一彈，鏡片後方的眼睛睜得老大。「那真是有趣的一刻！我們可以分析個徹底嗎？」

我看著他，彷彿他剛從鼻孔裡挖出一大坨鼻屎。「呃……好啊？」

「你又搶先一步說話了！你剛剛插了一句話。一句安慰人的話，對吧？你為什麼這麼做？你有注意到嗎？你在想什麼？」

我因著他荒謬地過度分析忍不住咯咯笑了起來。「因為你說你希望能夠更有效地溝通……而我不想要你難過！」

「所以你開始當起我的父母了！但你說的方式比較像是，**那也沒辦法啊，因為人們來這裡就是想要被安慰**。」

「我不是這個意思吧？嗯……」我又笑了。「我說話的方式的確有點古怪，尤其是面對我還不是很熟的人？」

「這不算古怪，這是就事論事！」咸雅各博士說。

好，我完全迷失了。我用什麼語氣說話很重要嗎？「所以……用這種語氣說話會讓人不舒服是嗎？」

「天啊！不不不，我沒有在評斷它！這會終止我們探索的過程！」他驚呼，「我只是在試著指出一些讓你思考的事情。思考當你在說話時，你有什麼感受。因為我不認為那只是單純的安慰而已。」

他媽的什麼鬼？**我有什麼感受**？我根本不知道在那一瞬間，我他媽的有什麼感受。他看起來有點沮喪，所以我試著說點好話。我們應該談的是**我的**創傷後壓力症候群，所以我說這話其實有點奇怪，但是，隨便啦。我仔細想了想。「我認為，我雖然是在試著安慰你，不過其實我也在讓我自己放心，因為好好溝通一直是我在思考的事情？還有，我之所以用那種口氣說，是因為我覺得……累了？」

「啊！正是這個！」咸雅各博士急忙激動地說，幾乎要從椅子上跳起來了。「你累了！要一直撐著所以很厭倦！」

「嗯，關於更有效的溝通，我還有很多要改進的。」此刻正是個活生生的例子。

「你有什麼感覺？對一句話抽絲剝繭？」

「老天，若我把我所說的話都這樣抽絲剝繭……我永遠都分析不完。但這麼做的目的是什麼？指出我要改進的地方嗎？」

「不！天啊！絕對不是！」咸雅各博士嫌惡地把臉皺成一團，搖搖頭。「我很訝異！你**又**覺得我在評斷你了！」

「抱歉。」我又反射性地說出口。

「你剛剛又再次插話問我，我是不是不應該這麼做？」

我聳聳肩。但我真的覺得他在評斷我啊。還是別的？他這樣很怪？我不知道他到底在幹嘛。

我到底要怎麼回應？我實在很茫然，所以我試著找到立足點。「你為什麼特別挑這句話來抽絲剝繭？這句我試著安慰你的話。」

「因為在剛剛這段過程中，我們碰上了錯置的狀況。我們的溝通產生短暫的斷裂，只要有斷裂，那就表示這背後有些什麼。所以我們要繼續練習保持好奇和探索，而不是馬上下定論。也是透過這樣的過程，你才會開始對自己好一點。這樣你理解嗎？」

「嗯……聽起來有道理。」我說。總之，好像有道理。不是短暫斷裂那部分，而是最後那部分：對我自己好一點。「我對於自己為什麼有那些反應，絕對是超級好奇的。但我的心態不是，**噢，原來這就是我這麼做的原因啊！**而是，**靠！這就是你為什麼會這樣，你這個他媽的蠢蛋**。」

咸雅各博士再次向我點點頭，他帶著笑意的眼睛彷彿在說，**對，正是如此**。他又再次用令我緊張的眼神盯著我。「這很有趣，因為大部分的人在得到創傷後壓力症候群的診斷後，比較容易覺得被釋放、被寬恕，因為相較於像躁鬱症和憂鬱症這種由疾病引起的症狀，只有創傷後壓力症候群會告訴你，這不是你的錯。它提供你一個理由。但你……」

我聳聳肩。「我想我大概很抗拒找藉口吧。」

過了一會兒，我們的對話逐漸減少，進入一段很長的沉默。我打破沉默。「所以，博士，我現在要怎麼做？」

「嗯，我聽到的是，你想要無條件的愛，但同時又不打迷糊仗。你希望我關心你，督促你變得更好並指出你要改進的地方嗎？你希望我又嚴厲又溫柔嗎？」

我還沒直接地把它說出來，然而，沒錯——這**正是**我想要的。不過當他直白地講出來後，這聽起來像是個不可能的任務。當中有太多矛盾點，實在難以面面俱到。我在他的沙發上盡可能地蜷起身子縮成一團。「這會不會太黏人了？」我小小聲地問。

「不，不。事實上，這正是你所需要的。」他肯定地說。

嗯，這聽起來很不錯。聽起來真的**非常不錯**。但咸雅各博士有辦法做到嗎？

38

離開咸雅各博士的辦公室以後，我實在不知道該如何形容過去這一個半小時。不過這次和其他的治療不一樣，我現在倒是可以做點什麼。我馬上在他辦公室附近的街角找了一間咖啡店，將我們的對話錄音傳至電腦，然後放進自動語音辨識軟體。不出幾分鐘，我就得到了剛才這段療程的完整逐字稿。我將它備份至Google文件，然後分享給咸雅各博士，並且開始閱讀這份稿子。

令我訝異的是，面對面時令我困惑不已的對話，化為文字後反而開始讓我理解了。在治療過程中，咸雅各博士每次打斷我，要我解釋為何我剛剛說了那些話時，我總覺得他突如其來的打岔根本毫無頭緒和道理。然而，當我讀著我們的對話，我才發現他每一次打斷我，都是因為我說了某些貶低自己的話、突然改變他在談的話題，以及有一兩次是因為我偏離了主題。我讀著讀著，螢幕上突然跳出一則注解。咸雅各博士正在幫逐字稿下注解！「很棒的結論。」他在我一開始表達自身渴望的地方如此評論。他標記了我接下來所說的某句話，然後補充說明：「這是你第一次搶先插話。」在兩處我自我懷疑的地方，他註記：「這是恐懼感作祟的屁話！」

我寫了電子郵件給他。「我也可以加注解嗎？」他不到一分鐘就回信了。「當然！」

藉由彼此合作，我們更完整地描繪出剛才所發生的一切。他在頁邊空白處解釋他為何要打斷我的話，以及他為何會說出那些評語。我標出那些被他惹怒的時刻，他大笑承認，並為自己的咄咄逼人道歉。我也指出在某些時刻，我承認自己內心深處可能還有些沒有說出口的話。我也注意到自己在不明白他所說的話時，常會偏離對話內容或轉移話題。而且當我覺得困惑時，我通常也不會請他澄清，反而是反射性地認為他在批評我。我會突然打斷他，為我的不當行為道歉。我說了一堆詆毀自己的話，而且還多次口不擇言、語無倫次。我發現，有一度我開始莫名地叨唸著喬伊的工作。於是我寫下注解：「他媽的我在講什麼啊？我在幹嘛！？」咸雅各博士回覆：「沒錯！這就是解離後的結果。」

哈！很有意思。為什麼我解離了？我將滑鼠往上滑。

就在我講出這些無意義的話之前，我正在談自己如何被虐待，嘰哩呱啦地講著我媽把刀架在我脖子上等等。噢。我一定是在談論創傷時，把自己的意識給阻絕在外了。然後我話鋒一轉就迷失了，進入了一個不知道自己在說什麼的狀態。多迷人啊！

我**愛死**這種形式的治療了。若咸雅各博士在那時候指出我的問題，我一定會充滿防衛或困惑不已。但在Google文件上編輯這段內容，讓我能夠以舒適的距離看待這段對話。它賦予我們的互動客觀性——將事實攤在陽光下公諸於世，所以當中沒有「他說，她說」。它讓我不會憂鬱地執著於自己的缺點，而是將我的治療變成一個有趣的研究計畫。當我和現在一樣，與優秀的編輯一起在Google文件上寫下注解和修改我的草稿時，我通常不會覺得對方在針對我，我們只是在彼此合作，讓我的作品變得更好。現在也是——我們正在藉由這段對話對我的創傷**加以編輯**，這讓我的記者魂興奮不已。

我甚至一點都不在意咸雅各博士總喜歡針對某件小事打破砂鍋問到底，例如我講話的語調或稍微偏離主題等。大概有百分之七十五的機率，他所提出的問題**的確**值得探究。雖然他確實也常失了準頭——例如某次他在治療時突然叫了一聲：「你泛淚了！你為什麼哭？」我回答：「老兄……我只是打了個哈欠。」不過我也逐漸明白，你不可能仔細檢視逐字稿卻不過度分析當中的意涵。

大學時代，我幾乎每一篇報告都拿A——尤其是書籍主題比較或文化分析的報告。但每次當我必須深度檢視一首詩或一整部作品中的某個段落時——也就是我得詮釋作者的意圖，分析其為何選擇使用某個字或語法模式時——我總是拿到令人失望的成績。當我分析約瑟夫・海勒（Joseph Heller）在《第二十二條軍規》（*Catch-22*）中講述官僚制度的荒謬或戰爭的痛苦時，我認為個別的字句並沒有固有的意義；它們只是用來表達更宏觀、一般概念的工具。但我的指導老師從來不是這樣看的。**你應該要分析這段文字，而不是整本書**——他們的評語如此說，而我會在拿到成績之後去找他們，主張你不能將一段文字抽離整本書的架構，因為如此一來這段文字就失去它的意義了。但他們不為所動，不願更改我的成績。

然而，咸雅各博士就像吃了類固醇的文學狂：他仔細閱讀**生命**。當我告訴他這件事時，他又整個人亢奮起來。「這就像是我在讀康明思（e.e. cummings）的詩，他有一首詩一開始就是一個右括號。這讓我想到什麼！它讓我覺得，好，不論你之前在想什麼、怎麼生活，都到此為止了。右括號。現在你已經進入這首詩的世界了！」

我對著他哈哈大笑。「沒錯。不過讀著那首詩……我實在想不到這點。」

沒想到，當你拒絕仔細閱讀時，你會錯失一堆事情。我花了那麼多時間將我的缺點病理化，從宏觀、主題式且難以處理的角度來看待它們——**我是個糟糕的聽眾**——於是我就只是膽怯、害怕地坐在那裡，看不見為何自己在不同時刻中無法好好聽人說話。現在，這些對話就這麼呈現在我眼前，我終於可以真的看清楚了。在第十二頁，我用負面的結論打斷了咸雅各博士，而不是請他澄清。在第四頁，我所使用的字句可以再開放一點，而不是充滿防衛。在第二十五頁，我講話的語調讓對話無法持續。不知為何，Google文件的形式讓我比較容易承受自己所犯的錯。

藉由注解來探索我的創傷，給了我一直想從上一個心理治療師那裡得到的方向，也就是我所需要的方向。咸雅各博士說，需要方向是沒問題的。而且我們共同合作的精神讓我有一種控制感。

我過去所看過的心理治療師許多時候常會表現出一種全知全視的奧茲巫師形象。「你認為你為什麼會這麼覺得？」他們會這樣問我。然而，只要我想要看看他們的布幕後有著什麼，檢視他們工作的過程，他們就會拒絕我。相較之下，咸雅各博士反倒是樂不可支地帶我參觀他的機房。「我在此處觀察你的臉部表情，結果發現我看不出個所以然。」他在某處如此註記。在另一個地方，他和我分享了一個他自己的小故事，他註記：「我分享了關於自己的事，為了向你強調成長所面臨的痛苦。」

咸雅各博士在治療過程中也承認了自己的脆弱之處，但他的脆弱並不會減損他的能力或可靠度，結果反倒使我更信任他了。我可以泰然地面對他糾正我的行為，在他太咄咄逼人的時候，我也不會怯於反彈並讓他知道。

• • •

在我第二次的治療中，我提到他和我之前看的心理治療師完全不一樣。「這是因為我討厭當那種心理治療師的病人，」他坦言，「那讓我覺得很恐懼，我甚至不覺得安全。你得知道，病人和心理治療師之間的權力不對等是如此地大，所以如果你真的希望治療有成效，你必須不斷地交出你的權力。這表示你要謙卑、你會犯錯、你有時候會顯得笨拙，而且你得習慣這樣的狀態。」

就是那份笨拙，讓我覺得自己就算笨拙也沒那麼嚴重。我們第一次碰面時，每次我搞不清楚狀況時，我就只會回答嗯哼、好。我想要看起來很聰明、很能幹，表現出一副我明白他在說什麼的樣子。然而現在我知道，這一點都不能幫助我。所以我在第二次治療時問了十倍的問題，只要遇到不確定的事情就不斷地詢問咸雅各博士。我請他定義他喜歡用在我身上的所有專業名詞。我問他為什麼做出這些決定。然後我問他，那天和我姑姑在車子裡的情況，我到底應該怎麼做。為什麼數顏色對他來說只是**還可以**，卻**還不夠好**。

咸雅各博士坦言，他當時是用「混帳態度」來看待我和我姑姑的故事，他可能太快就過度批判了。但他說：「在我心中，對你最有幫助是與另一個人重新連結。自我調整是一種非常孤立的行為，只能讓你生存。就好像是，『我不想學著如何與你連結，但至少我可以調整被你激發的憤怒程度』。而我不希望你只是在角落自我調整。羞恥感讓你想要躲起來、隱藏自己，但如果你有能力問出『你是誰？你希望我為你做什麼？我需要你做什麼？』這些問題呢？」

如果我沒有被觸發的話，我會跟我姑姑說什麼呢？如果我有時間和心力去問出這些問題呢？或許我會說：「我知道在你的經驗裡，你的婆家讓你很辛苦，對此我很遺憾。但我愛我的婆家，而且在美國，他們**就是**我唯一的家人。所以當你說他們不是我真正的家人時——這讓我很受傷。事實上，我需要你支持我和他們的良好關係。」她有辦法好好回應我嗎？她會叫我不要再說了嗎？這會強化我們之間的連結嗎？還是說，我們會把這視為想要拋諸腦後的尷尬發怒時刻呢？我當初應該向她表明我的想法嗎？

「如果這樣有用，那你就會得到老套的圓滿大結局，你們會重新和彼此連結，然後互相擁抱。」咸雅各博士說。「或者，你可以向她表明你的需求，但她無法用你想要的方式回應你，然後你可以對她生氣、對她失望，並且接受這個狀態，因為你知道她為什麼會有這種行為反應。同時你也原諒自己對她有那種反應，並且意識到『我希望從她那裡得到不只這些』。」

「所以我與**自己**重新連結，」我慢慢地說。「這也算嗎？」

「算。」

咸雅各博士的整套理論是這樣的：由於複雜性創傷重複出現的本質，所以在根本上，它其實是一種關係上的創傷。換句話說，這創傷是由於和別人——那些應該要給予關愛、值得信賴，卻做出傷害行為的人——關係不佳所導致的。這代表著，對有著複雜性創傷的人來說，要和任何人建立關係都會變得更艱難，因為他們會直覺地認為人都是不可信的。你要從關係中的創傷復原，唯一的辦法就是練習和他人跳著關係之舞。光靠閱讀心理勵志書或獨自冥想是不夠的。我們必須走出去，練習維持與人的關係，鞏固我們原本破碎的信念，好讓我們能夠相信這世界可以是安全的。

「關係就好像體育活動。它是一種肌肉記憶，而且它完全是一種行動。你不可能光靠紙上談兵就學會如何打網球，這當中絕對需要對方的參與，雙向互動的人際交流！」他認為，他的辦公室就是一個練習雙向互動的安全之處。學習如何傾聽、如何說話、如何說出我的需要。

Google文件則讓體育活動的比喻進入了另一個層次。咸雅各博士非常喜歡打壁球，而且他有很強的好勝心。其他選手只會連續打幾個小時的球，他則是把自己的比賽錄下來。他會在房間的角落架一台小攝影機，在比賽後觀看錄影內容，看看他在哪些地方犯了錯誤，可以如何調整動作。這讓他能夠快速地進步。重聽我的治療內容，表示他將同樣的技巧應用在其中。

「你所做的事情其實很需要勇氣，」他說，「不是每個人都能夠看著影片中的自己，很多人很容易覺得尷尬。」

我可以理解為什麼這種形式的治療讓其他人覺得不自在。畢竟，當我開始錄製廣播節目時，我花了好幾個月才適應自己的聲音。在當時，我所有的呼吸聲和發音都讓我渾身不舒服。然而由於我的工作，我對這樣著治療形式並不會太陌生。在第二次治療的尾聲，我告訴咸雅各博士：「我感覺很好！我覺得樂觀！」我已經好幾個月沒有這種感覺了。雖然只過了兩個星期，但我覺得我學到了實用的技巧，可以應用在生活中的對話裡。我能夠以一些真實、具體的方式，好好地去愛我周圍的人。

幾天後，我和凱西講電話，聊到我們這幾週的近況。她談到她的同事很煩，不過說著說著就離題了。「啊，算了，」她說，「這沒什麼。總之，你的工作怎麼樣？」我當下立即的反應是不管它，然後繼續講我的。但我停了下來。我新學到的敏銳覺察技巧，讓我從她逐漸減弱的聲音中嗅到一絲線索，心想我應該追問她所說的話。我的第二個念頭則是和她一起抱怨這個我根本不認識的煩人同事，甚至說她壞話好安慰凱西。不過我卻問：「不，等等。你剛剛說你同事怎樣？你有什麼感受？」在如此空間和機會下，她分享了一些在工作上的脆弱心情，例如她的恐懼。若我只是繼續別的話題或插話，我便不可能聽到這樣的內容。在這之後，我覺得我與她更親近了，她也有同感。這麼多個月來，這是我第一次在結束對話時覺得自己是有能力的，覺得自己是個好人。

或許這真的行得通。

39

去咸雅各博士的辦公室，就像上健身房一樣：那是一個鍛鍊你的心智、使其更強壯的訓練場。這讓我想起另一個為年輕族群所設的訓練場。幾年前，為了幫《美國生活》尋找潛在故事，我拜訪了一個名為「莫特黑溫學院」（Mott Haven Academy）的地方，它是位於布朗克斯（Bronx）的一所特許學校，當中大部分的學生都是寄養兒童。這所學校讓我在那裡待上一整天、觀察它的學生，而我馬上就注意到它和一般學校非常不一樣。

• • •

操場上，我周遭許多學生正在踢足球、盪鞦韆、在攀爬架上吶喊，以及瘋狂地彼此追逐。這一切當然看起來都很正常，但就是哪個地方怪怪的。我花了點時間才意識到：**落單的人在哪裡**？大部分的操場上，都會有一兩個古怪的孩子在角落閒晃，安靜地畫畫、看書，或者獨自跳跳繩，但這裡的每個人似乎都是大群體的一分子。真的，每一個人——除了一個八歲大的男孩獨自站著，目露凶光。我仔細地觀察他，他的內心彷彿有著什麼東西在不斷翻騰，使其越來越黑暗，然後他終於橫越操場，撿起地上一根約一百二十公分長的樹枝，朝著一群正在玩鬼抓人的孩子猛丟過去。他沒有丟到任何人。他們用狐疑的眼神看了他一眼，便繼續到遠一點的地方玩了。

一名場邊的導護老師走近他。這男孩所做的事，顯然是一項暴力行為，很有可能會傷到其他人，所以我以為她會要他去罰站，或者請他去辦公室。然而，她卻蹲下來對他說：「你看起來很不開心，怎麼了嗎？」

「我最要好的朋友今天都和其他人玩。」他頭低低地說，看起來快哭了。「我很生氣，因為我們本來**每天**都一起玩。」

導護老師把他最要好的朋友叫了過來。「嘿，尼科！」尼科小跑步過來。

「傑若米說他很擔心，因為你今天都和別的孩子一起玩。傑若米，你是不是擔心尼科不想再當你的朋友了？」傑若米再次避免眼神接觸，好不容易才點點頭。

「噢，我當然還是喜歡你啊，」尼科用**想也知道**的肯定聲音並微笑地說，「我今天只是想要試點不一樣的。」

「即使是好朋友，有時候還是會跟別的朋友玩，對吧？這不代表你們就因此不喜歡對方了。」導護老師說。

「對啊，傑若米，你是我的朋友！」尼科大方肯定地說。

傑若米終於抬起頭來了。「尼科，我也喜歡你。」操場導護老師離開了。不出一分鐘，傑若米已經變了一個人。他跑向正在玩足球的孩子們。午休時間快結束時，他興高采烈地在操場上踢著球，再次加入了群體。

談到創傷，很少人比寄養體系中求生存的孩子歷經過更多創傷了。寄養體系中有百分之五十一的孩子ACE分數高於四，非寄養體系的孩子只有百分之十三。[1] 寄養兒童在童年期間被安置在十幾個不同的寄養家庭，並不是甚麼罕見的事，而這也讓他們從沒體驗過真正的家庭穩定感。某項研究發現，寄養兒童被性侵的機率是平均的十倍。[2] 想當然爾，這些痛苦的童年經驗將在他們長大後為他們帶來切身之痛。曾待過五個以上寄養家庭的孩子當中，有百分之九十會進入刑事司法體系。[3]

這些數據使得莫特黑溫和其他學校有不同的辦學重點。與其強調課業至上，莫特黑溫的首要之務是在學校中打造出一個**社群**——一個讓孩子們覺得安全的地方，一個穩定、有愛、像家一樣的環境，因為他們在家中可能從未體驗過。所以在學校經營上，非傳統的懲處制度扮演了非常重要的角色。

在他們的教室裡，孩子若無精打采、用鉛筆敲桌面，甚至上課到一半站起來在教室裡走動，都不會受到處罰。事實上，只要他們有在聽課或參與習作，孩子們可以站著或換位子坐。若他們真的無法上課，教室裡有可供孩子躲起來的安靜空間——用毯子搭蓋而成的小小堡壘或豆袋椅，他們可以離開課堂，花點時間安撫自己。學校也在一週中特意安排好幾個時段，讓學生們分享在學校或生活中讓他們深感困擾的事情。大部分的孩子一週至少會和諮商師碰面一次。

當孩子有一些不當行為——也就是孩子，尤其是受創的孩子通常會出現的行為時——管理者會將焦點放在修復和維持關係，而不是懲罰。

當操場的導護老師找上傑若米時，她知道他的發洩行為並不是因為他想要使壞。她看出他有些情緒。當她詢問他時，她知道他只是想要被看見、希望有人向他保證他是被愛的。果不其然，一但他覺得安全了，他的痛苦也被驅散了。她之所以把傑若米的朋友叫過來，也是要讓傑若米有機會修復關係上的裂痕——她**同時**也教導尼科要如何減輕朋友的恐懼。「嗯，我們絕對不會讓衝突就這麼**算了**，」這名導護老師說，「這和其他學校很不一樣，因為我們會調停每一場爭執和衝突。我們不希望怨恨繼續滋生，我們希望每個人都能覺得安全。」

「我們沒有這個群體、那個群體，我們就是一個群體。」一個女孩如此說，我就稱她薇蘿吧。「在這個學校裡，每個人都有問題，不過每個人的心中都有善良的一面。有時候他們會很刻薄，但就算他們很壞，他們也有……**很好**的時候。**很好很好**。」

薇蘿是歌手妮娜．西蒙（Nina Simone）和卡蒂．B（Cardi B）的粉絲。她喜歡說一些老掉牙的笑話，而後自己再淘氣地咯咯笑，就像小孩版的老爸。和她聊天，你絕對看不出她的過往；她告訴我，在她來到莫特黑瀘之前，她已經因為情緒管理問題而被好幾個學校掃地出門了——她會攻擊老師，在教室裡砸椅子。她當初對莫特黑瀘並沒有太多期待，認為這學校就像之前的學校一樣，受歡迎的女孩們會嘲笑她的一頭亂髮。但她告訴我，在這裡，衝突結束後，她不會因此覺得自己很醜陋。

她和我分享幾週前她和朋友發生口角的故事。薇蘿說另一個女孩是瘋子，於是這名朋友告訴她，這麼說很不禮貌，並且接下來一整天都沒有理她。隔天，薇蘿問她：「你還在生我的氣嗎？」她的朋友——熟練地用學校所教導的安慰語言——對她說：「沒有，我沒有在生氣。我已經想開了，因為我是你的朋友。」

這些在學校的友誼改變了薇蘿。她的成績進步了，她開始對過去痛恨的科目感興趣。在此之前，她覺得自己是個懶惰的文盲。只過了一個月，如今的她已經建構出全新的自我形象：她善於寫作，有能力督促自己邁向新高峰，而且她很有耐心。有一天，她覺得全班都忽視她的笑話和滑稽舉動，於是她走向教室角落的豆袋椅獨自安靜個幾分鐘。「我心想，**薇蘿！孩子就是這樣**。**我不知道你為什麼現在要生氣**。**沒事的**。」她有能力安撫自己，並不全然是因為老師和諮商師教她這麼做，而是她就這麼憑著直覺學起來了。大腦的恐懼反射是相當真實的，但有另一股相對的力量，和它一樣古老且強大。有一個關鍵因素，能夠使我們的身體和大腦變得善良。

「這個學校讓我覺得，我處在一個有人真的愛我的地方。」

當我看到傑若米和尼科和好時，我得強忍住自己的淚水。我覺得他們好可愛……但同時，我也對他們的技能讚嘆不已。我想要像他們那樣熟練。我想要一所給成人的莫特黑溫學校。我要怎樣才能學會這些技能呢？誰能夠教我呢？

・・・

「你今天想要聊什麼？」我一屁股坐在咸雅各博士的沙發上後，他如此問我。

我的聲音聽起來平淡且疲憊。「我過去這週末過得很糟，因為我們又吵了一架，蠢死了。」我和喬伊在晚上出門後，搭著地鐵正要回家。我們在講話，和對方分享自己白天做了什麼，喬伊突然縮了一下，將身體重心轉移至橘色的椅子上。「你還好嗎？」

「我沒事。」他一副不打緊的樣子。

「你很痛嗎？你昨晚睡多久？」我繼續追問，「吼，我昨晚不是叫你早點睡嗎？」

喬伊生氣地喵了我一眼——眼神充滿了疲憊和怒火。

我用同樣的表情回敬他，而且還強化了好幾倍。「幹嘛？」我問，「你幹嘛非得給我那種臉色？」

他臉色一沉，轉身背對我，不再回話。

當喬伊多年前向我保證，他可以「應付」我的創傷和相關問題時，當時我以為這代表他可以對此泰然以對。我對他的期待太高了。他是個好人，但他絕對不是聖人或救世主，這不該是他的責任。這些年來，我們的小缺點變得沒那麼奇特了，反倒越來越使人不快。他勉強容忍我的許多缺點，但他絕對有其極限。他也有他的脾氣，例如他突如其來的暴怒，總讓我陷入負面情緒的漩渦。就像這天在地鐵上所發生的事。

「那個眼神對你產生什麼影響？」咸雅各博士問。

「我恨那種眼神。現在只要他對我生氣，我就對他越來越生氣，因為我會覺得，哼，我現在是只要一開口就會不小心毀了我所有的關係是吧。」

「噢天啊。」咸雅各博士皺了皺眉頭。

當我們到站時，我搶先在他之前憤怒地大步下車。喬伊趕上我，準備要開罵了。「我覺得我那樣不客氣地看你來回敬你的話剛剛好，你剛剛說話很沒禮貌。」

「是**你**把我的話解讀為很沒禮貌？我又沒有要惹你的意思。」

「就是很沒禮貌。怎樣？我得小心翼翼的才不會因為生氣而惹到你，你就不能承認自己犯的錯嗎？」

「噢天啊。」我咕噥著，不過我決定不要再吵了。

隔天，我和喬伊經過我們社區裡一個小公園。他想要去街角買杯咖啡，但我告訴他，我覺得這不是什麼好主意。他又用同樣的臉色看了我一眼，彷彿在齜牙咧嘴地對我說：**你又來了**，**又是這無禮的舉動**。

「搞什麼？」我問，「昨天你莫名其妙在那邊對我生氣，今天又來了。你搞什麼鬼？你到底有什麼問題？」

「哼，如果我一天到晚不斷在那邊監督你，問你『你的陰道還好嗎？』你會作何感受？」

「我根本不會覺得怎樣！他媽的我會直接告訴你我的陰道怎樣！我還會告訴你我的大便怎樣！你想知道什麼？它的黏稠度？它的顏色？」

他翻了一個白眼便走開了。

我的思緒不停翻騰。**我現在是什麼感受？我要怎麼溝通？**「你對我很苛刻，你不在乎我的感受。」我朝著他大吼。

他自以為是地笑了一下，然後也回敬我一聲：「哈！」

混帳。「我究竟對你做了什麼？」我大喊，「告訴我，我究竟做了什麼讓你要這樣對我？**他媽的我到底做了什麼？**」我跌坐在人行道上，用雙手摀著臉，暴風雨要來了。**噢，太好了，現在我在公眾場合大哭。我最好他媽的什麼都不要說，否則每個人都會恨我。我最好從現在開始就當一個啞巴雕像。**

「拜託，」他最後終於說話了，「嘿，現在是怎麼回事？」但是雕像是不會有反應的，所以我什麼都沒說。

他站在那裡看著我幾分鐘，最後問道：「你現在在想什麼？」

「我不想告訴你，太混亂了。」我勉強擠出一句話。

「那你恨我嗎？」

「不恨。」

「那你會不會不想結婚了？」

「不會。」

「那你覺得我很邪惡？」

「不是！不是！」我大哭。「我只是痛恨我自己，我希望我死掉！」

當我跟咸雅各博士說到這部分時，他發出一陣爆笑。「我的天啊！」他說，而且他甚至沒打算忍住笑意。「抱歉，我實在忍不住。」

這真的很尷尬，不過由於我經常因為自己不合宜的白目笑聲被罵，所以我能了解。「沒關係，我也一天到晚因為某些暗黑的事情而笑。」

「不是，只是……你這個『我想死』的傻結論，實在是太瘋狂了。面對這種愚蠢的創傷反應，你也只能大笑了。」

「我想是吧，」我疲倦地笑了一下，「對我來說，這並不愚蠢。」

「噢，那當然。」他一下子嚴肅了起來。「這絕對極其痛苦。要讓你覺得想死，代表這已經超過你所能夠承受的了。但你把這情況視為另一個實例，證明你根本就是狗屁，是宇宙中最不善社交、最有害的人，**這**實在太可笑了。」

「嗯。」

我們沉默地坐在那裡大約一分鐘後，咸雅各博士終於開口問道：「是什麼驅動你？是什麼讓你覺得你需要問他的身體狀況？」

「我對控制的需求，」我說，然後嘆了一口氣，「顯然跟當起父母有關。」

大部分的心理治療師會馬上抓住機會檢視一番，挖出我的家族歷史大肆分析。但咸雅各博士想要專注於當時的情況。「好，」他繼續問下去，「但是你為什麼覺得你得控制這部分？」

「因為……從他開始教書之後，他就沒有好好吃東西和好好睡覺。他晚上只睡四小時，因為他得早起改報告和備課。他一天工作十七小時，如果他工作少一點，上頭的人就會認為他不關心他的學生。而且，他有自體免疫疾病，只要他壓力很大、睡眠不足，就會整個發作，讓他病得很重。他最近又開始不舒服了，所以我得不斷告訴他放下工作、好好吃飯、照顧自己。」

「你在擔心他的安全，」咸雅各博士明白了，而他的眼睛再次睜得老大，「還有你怕失去他。」

「嗯。」我低聲說。

咸雅各博士思考了一下，令我大吃一驚的是，他突然大叫出聲。「我一定會非常生氣！若他不好好照顧自己的健康，身為愛他的人，你絕對有權利唸他。他竟敢這樣。」

「噢。所以，我是……對的？」

他搖搖頭。「不是，我並不是說你應該繼續唸他。我的意思是，你的嘮叨是出於好意，所以你不應該說『我嘮叨真是白痴』。」

「那麼……如果嘮叨和我的恐懼是合理的，但我該怎麼做，他才不會生氣？」

「你可以跟他分享你的想法，例如『我不想要唸你，對不起。但你不能死在我手上，我無法看著你這麼不照顧自己。所以，請你為我照顧好你自己』。」

「噢，好。我會試試看。」這似乎是個好的處方箋，但我還是沒有感到比較好。要我在被觸發且幾近瘋狂的狀態下說出這種話，聽起來像是不可能的任務。而且老實說，喬伊可能也會因為這段話而不爽。

我從咸雅各博士的沙發上抓了一顆枕頭抱在胸前。「如果我們總是為這種蠢事吵架，如果我一天到晚都會被他的表情觸發，或許我們一開始就不應該結婚。」

「你實在很蠢。」咸雅各博士說，然後又笑了。

「什麼！？你……你不准說我蠢。我不笨。」

「你**這麼想**實在很笨，」他說，他那笑嘻嘻的樣子實在非常激怒人。「重點不在於吵架，在於**修復**。」

修復。

傑若米，你仍然是我的朋友。薇蘿，我已經想開了，因為我是你的朋友。

• • •

咸雅各博士告訴我，在成人的世界裡，修復的過程比較複雜，也更著重於相互關係，但帶來的滿足感絕對不會更少。

「你要知道，對受創的人來說，他們只知道破裂，」咸雅各博士解釋，「他們永遠得來到施虐者面前道歉，他們自己的需求永遠不重要，這不是互相，而是走在一條單行道上。」

我思考了一下他的話。「你的意思是……不論發生什麼問題，我只會道歉，我只會說『對不起，我很糟』。」

「沒錯。你不知道要如何以雙向修復的方式來道歉。」

我囁嚅地說出我對這段話的理解：「所以，對受創的人來說，這表示他們總是不斷在道歉……

但他們自己的問題卻不被看見也無法修復。或者他們總是不斷在要求對方道歉，卻沒有——」

「真正看見對方。沒錯！」

「所以在他們的修復中，就是缺少了這細微的差異。」我驚訝地說。

「對。寬恕是一種愛的行為，你等於在告訴對方：『你不完美，而我仍然愛你。』、『我們沒有要放棄彼此，我們要一直、一起面對。你傷害我，而且我也傷害了你，我很抱歉，但你仍然是我愛的人。』你會希望你們之間有這種默契。」

「這聽起來真的很棒。我希望我和其他人能夠有雙向的互動，但我實在不知道要怎麼做。」

「這就是你來這裡的原因。」

40

要辨明事實並沒有那麼容易。如果那麼容易的話，這世界一定會更和平。實際上，我們每一個人都帶著一堆觸發點、渴望、情緒和需求——而且我們都用自己的方法隱藏著這些需求。所以，當我們對他人的需求理解錯誤時——衝突便因此產生了。為了將衝突減到最低，祕訣在於弄清事實的某些面向，辨認出我們周遭**究竟發生了什麼事**。套句普遍被認為是作家艾納伊絲・寧（Anaïs Nin）的名言，「我們看到的事物並不是他們本來的樣子，只是我們內心的反射」。

根據咸雅各博士的說法，複雜性創傷後壓力症候群會蒙蔽我們的基本感官直覺。我們是神經質的生物，總是預期危險和衝突，所以我們看到的也是如此。我們常看不見真正發生的事。

因此，咸雅各博士提倡達賴喇嘛所謂的「情緒繳械（emotional disarmament）——帶著不害怕、不憤怒的心態，實際且清楚地看事情」。咸雅各博士說，每一本狹隘、建立在恐懼之上的複雜性創傷後壓力症候群讀物，都蘊藏著更寬廣的事實——一層又一層的事實。當然，要永遠知道整體事實是不可能的，因為我們所愛的人可能連自己都沒有意識到那些事實。重要的是，我們要帶著**好奇心**來看待這些互動，而不是恐懼。他說，我應該用「是什麼傷害了你？」而不是「我傷害你了嗎？」的心態來處理困難的對話。

每一次的治療，咸雅各博士幾乎都會示範給我看，好讓我知道這種好奇是什麼樣子。在與我對話的過程中，他常挺直腰桿、望著天花板問自己：「我在做什麼？」或「現在是怎麼回事？」我會坐在那裡等他釐清狀況，而他會說：「我想我對你發脾氣，是因為你在挑戰我。」或者「我想我在試著理解你，希望能讓你好受一點。」又或者「你剛剛發生了什麼事？你的表達方式為什麼變了？」能夠有人如此敞開且誠實地分享自己心中的一切想法，同時又如此毫不掩飾地渴望知道我腦中的所有思緒，真的讓人覺得輕鬆不少。

• • •

在花了幾週透過Google文件檢視我和咸雅各博士之間的溝通誤會後，我終於開始看到我和其他人在互動中所產生的誤會了。我告訴咸雅各博士，有次我和兩個朋友共進早午餐，但我們的對話從來不在同個頻道上。大部分的時間裡，我覺得自己好像被迫去說某些話或在作秀。「很好，我很高興你注意到了。」咸雅各博士說。

在某場晚餐派對上，我覺得有點不自在，所以我向咸雅各博士詳細描述當時的情況，試著仔細釐清究竟發生了什麼事。我是個招待不周的主人嗎？講話不經大腦又講太多話的人？一個壞人？「等等，你邀請的是兩個男的還是兩個女的？還是一對情侶？」他問。

「一個女的和一個男的。」

「他們都單身嗎？」

「呃……對，但是他們對彼此沒有興趣，應該沒有吧？」

「你邀了兩個單身且不同性別的人？這一定會讓對方覺得你想把他們湊對之類的，會讓氣氛變得很奇怪。」他噗嗤笑了出來。「這簡單，下次邀請多點人就好了。」

我偶爾會有辦法及早意識到問題，然後採取行動。例如有一次，喬伊的弟弟來我們家吃飯，他說他的手最近受傷了。於是我開始談起我大拇指扭傷的經驗，想要表達同理，不過他只哼了幾聲回應我。我想，**嗯，我的回應似乎不太合適。或許我不該將自己的傷與之相提並論，畢竟我的傷勢輕微多了。或許他需要的是有人理解他的痛苦**。隔天，我傳了訊息給他。「很遺憾你的手受傷了，這的確很糟糕。」然後我分享了幾個連結，是我喜歡的大麻二酚止痛藥膏。他回訊謝謝我。我心想，**好，這樣好多了**。

但這種可以採取行動的機會實在不多。有一天，我告訴咸雅各博士，我有個朋友和男友分手了。「我聽她訴苦了四個小時，但我不覺得我有讓她好過些。與其給她建議，或許我只要告訴她：『嗯，你真的很痛苦。』她需要的可能是這個。」

「哈，這是非常直覺性的反應！這句話可能很有幫助。」

「真的嗎。噢，該死。」於是接下來的治療時間，我都處於無限悔恨之中，心想自己當時怎麼沒想到呢？

「你朝著你的屎坑跳進去了。」咸雅各博士提醒我。「你現在被觸發了。不要往裡面跳。」

只要他警告我，我就會反擊：「我沒有要朝我的屎坑跳，我不知道屎坑是什麼，我也沒有被觸發。」然後他會說「好」，直到我發現我的確被觸發了，接著我又會因為不知道自己當時的確被觸發而感到尷尬。到最後，我會坐在那裡邊哭邊搖，直接進入「我要孤獨而死」模式。在這些長達一小時、我忙著詆毀自己的折磨中，咸雅各博士會在某個時刻忍不住哈哈大笑，說我很蠢。不知為何——我想我只能說，這是**亞洲人**獨有的特質！**他們就是這樣**！——我不會覺得這是針對我，所以我會吼回去：「我才不笨，你才笨，笨蛋！」我們會因此同時大笑，然後我便回到準備學習的狀態了。

• • •

某天晚上，我夢到我在上畫畫課。我和兩位女士成了好朋友，我們在一幢海濱別墅的牆壁上畫著夕陽和農場，對彼此也越發熟悉。於是，她們其中一人開始談到自己的離婚經歷。她滔滔不絕地講著，然後我對她說：「沒錯，這真的太糟了。對了，我們應該把這部分畫成藍色嗎？」沒想到我夢中的朋友開始對我尖叫：「我真是受夠你了！你根本不是個好聽眾！我再也不要跟你說話了！」接著，她便怒氣沖沖地離開了。我追著她大叫：「等等！等等！」我一邊啜泣一邊對我自己大喊：**噢**！**不**！**我沒有迎合她**！**我沒有憑直覺感受到她的需求**！

咸雅各博士聽完這個夢之後又哈哈大笑了。「為什麼聽起來這麼真實啊？」

「是不是！」我說，「我的潛意識還真是分毫不差啊。」

• • •

治療進入第六週時，我看了一段影片，它完全改變了治療的基調。

我在Youtube上一集又一集地看著《週六夜現場》的舊影片，結果發現咸雅各博士居然有個頻道。我看著他的頻道內容，不禁咯咯笑了出來。相信傻蛋、最愛用專業術語的咸雅各博士，居然想了一個人類史上最空泛的頻道名稱。我點進一支名為「透過對頻的愛，醫治依附創傷」的影片。[1]

這段影片是一對父女的治療紀錄。咸雅各博士負責協助他們對話。影片沒有畫面，就只有黑底白字的對話字幕。如果要猜的話，我會說那名女兒大約二十多歲，而他的父親則是個紐約大老粗。我馬上就清楚意識到這名女兒和父親的關係不怎麼好，因為她不覺得爸爸關心她（完全能夠理解）。當她的父親生氣時，他會情緒失控且對她大吼大叫，說她是被寵壞的自私鬼，這讓她在有需要時仍害怕接近他。這情況似乎在某名家庭成員過世後，明顯變得更嚴重了。她的父母在這人死後感到極度痛苦，所以沒有人幫助這孩子處理她的感受。自此之後，只要她試著表達她的焦慮或悲傷，她的父母就會駁斥她的情緒，說她在小題大作，甚至暗示他們比她更痛苦。

這名女兒一開始顯得躊躇且沉默寡言，但在咸雅各博士的哄勸下，她的憤怒與傷心彷彿雪崩一樣快速且失控地隨著顫抖的聲音不斷湧出，顯然她已經隱忍多年了。「你之後沒事了，但我可不是。我過得不好，因為我都在承接你的痛苦。我能找誰說？誰在我身邊？沒有人！……而且我從來不覺得自己被悉心照料、被保護，因為我根本都在忙著聽**你**訴苦。這讓人很沮喪，因為我知道你想要保護我……但我需要你保護我的每一個時刻……**他媽的你在哪裡？**」

一開始，這女孩的父親充滿防衛。他不記得自己說過那些話，而且若她不來找他，他怎麼知道她需要他？難道他應該要會讀心術嗎？**啊，真是太熟悉了**。我記得我和我父親至少有過上百次幾乎一模一樣的對話。

但在女孩和咸雅各博士的聯手之下，這名父親最後終於意識到自己搞砸了。他的防禦武裝瓦解了，取而代之的是一腳踏入絕望困境。「我在關係上他媽的爛透了，」他絕望地說，「我總是在不應該的時候大肆發洩，我沒辦法控制自己。一直以來，我真的很想成為好爸爸。」在一陣長長的沉默後，接著是哽咽壓抑的自白：「但我不是。」

這部分我也很熟悉。在和我父親的對話中，要達到這個程度是相當罕見的，但當我真的讓他哭出來時，我會稍微覺得被看見，卻不覺得滿足。因為他的自我憎惡讓我不得不反過來**再次安慰他**和**當他的母親**。這種自我承認是很赤裸且令人不快的，但現在我還看到其他的部分。其他不一樣，而且甚至令人不安的部分。

看著這部影片，我不僅在這女兒身上看到我自己——我也在這名父親身上看到了我自己。**我在關係上他媽的爛透了**。這個男人完全陷在他自我鞭笞、自我憎惡的屎坑裡。他就是我，坐在人行道上哭喊著我想死，而不去處理眼前的問題。我一邊聽，一邊不安地剝著我的死皮。

還好有咸雅各博士在場阻止這種想法，讓這家人可以繼續對話。「你為什麼有這種反應呢？」他以直言不諱的一貫作風打斷那名父親，但他的聲音聽起來很溫柔也很寬厚。「這樣怎麼會是回應她呢？你並沒有在她的頻率上。不要太過頭了。你可以對所發生的事情感到傷心，但不要太過頭，覺得自己是個壞爸爸。」

他的女兒插話了。「要告訴你這些，讓我很害怕，你聽到的是，**我爛透了**，**我很糟糕**。你的想法已經陷入黑暗之中，彷彿你聽到的所有壞事都要歸咎於你，就好像**你很爛**、**你很壞**一樣。而我則覺得……不！該死！不是這樣！」她的拳頭敲在某個東西上。「你**不爛**！你沒有那麼壞。我不想要你覺得受傷，我想要你覺得**有動力**！」

到這時候，我不覺得這名父親有辦法體貼周到地回應她，而且其他人似乎也不怎麼樂觀。這名女兒承認，她甚至無法看著她父親。咸雅各博士顯然也不知道如何在不造成他更多痛苦的情況下，更進一步地引導他。「我認為，你必須讓她的痛苦沉澱，並且冷靜下來留意。我不知道要怎麼辦到……我需要你全神貫注地吸收她的經歷。」他說，但我聽得出來他其實在緊張地亂說一通。每個人似乎都不得不接受這個事實，認為這名女兒的需求今天是無法被滿足了。

然而就在那時候——突然間，出乎我們意料——上帝的手彷彿觸摸了這個男人。他的聲音從猶疑和害怕，突然變得……飽滿。「我只是覺得心中有許多對她的愛，」他說。他的聲音仍在顫抖，但並不是因為他對於自己應該說的話感到害怕。他的聲音之所以顫抖，是因為他找不到合適的字眼來形容他那滿溢的愛。「我在等她看我。」他高興地說。對於她無法正眼看他這件事實，他並不感到怨恨。他笑著，陶醉地享受所愛的女兒就在身邊。他充滿恩典。「我此刻整個人的感覺就是想要抱著你。我在**這裡**，我在這裡陪伴你、想要抱著你，我願意做任何你要我做的事。」

老實說，最關鍵的甚至還不是這名父親所說的話，而是他的語調。這馬上就改變了空氣中冷冽的氛圍。他生了一堆火，於是女兒的憤怒融化了，她讓自己投入他的懷抱。這對父女抱頭痛哭，他們的啜泣聲被彼此的衣服所蒙住了。即便父親只說了幾句話，但傷口已經開始復原了。

「你的回答一點都沒錯。」咸雅各博士驕傲地說。

• • •

我靠回椅背，關掉影片。我心中所想到的畫面，是安妮・蘇利文（Anne Sullivan）將海倫・凱勒（Helen Keller）的手硬拉至水幫浦下，在她的手心拼出水（W-A-T-E-R）這個字。這段影片對我而言也產生了類似的洗禮功效，讓我看見一個驚人的事實：

懲罰沒有用。

我過去被教導的是，懲罰和羞恥是處理搞砸事情時的必要反應。懲罰的好處是，它可以約束我狂野糟糕的本性，它可以讓我因為感到羞恥而變得更好。「正義是一個好政府最穩固的支柱。」畢竟，正義表示人們必須為自己的錯誤付出代價。當某件事情出錯時，一定是哪裡有問題，一定有人要承受譴責，一定會有痛苦。

現在，我知道我錯了。懲罰不會讓事情變得更好，它只會讓事情變得更糟。

這名父親的自我懲罰並不會讓女兒原諒他，也無法消除他所犯下的錯。反而，這讓他孤獨地關在自我憎惡的監獄中，與家人分離。被關在監獄裡的他，聽不見女兒的需求，也無法給予她想要的，只有無止盡的譴責與痛苦，而且這些自我憎惡只會讓他無法補救、無法修復與女兒的關係。

懲罰無法讓薇蘿、傑若米或莫特黑溫的其他孩子回到朋友圈中。懲罰只會使人被排除在外、被切割，它只會摧毀關係和社群。

當我還小時，我母親一天到晚問我：「你比較愛誰？媽咪還是爹地？」我打從很小就知道如何施展外交手腕，於是我會說：「我愛你們一樣多。」即使這回答似乎只會讓他們兩人感到失望，而不是被安慰。

這問題會在開心的時候出現──例如早晨時分，當我們全都擠在我父母床上時；也會在緊張的衝突中被提出來──當他們三更半夜把我從床上拖出來，提早開始討論監護權議題時。直到有一天，我想我大概受夠了吧，或者我只是累了。當我母親問我「你比較愛誰？」時，我回答：「我想大概是媽咪吧，因為她更常處罰我，所以她一定是比較愛我。」

我不敢相信自己花了那麼久的時間才意識到，懲罰不是愛。事實上，它與愛正好相反。饒恕是愛。寬容是愛。

唯有在這名父親從自我懲罰中逃脫後，他才有辦法看見真正發生了什麼事。他拿下了他的黑色眼鏡，真正看見了他的女兒，看見她在明亮耀眼、五光十色的真實之中──一個出色的女孩，他的女孩，一個覺得孤單、需要爸爸養育她的女孩。唯有如此，他才看得到自己其實擁有供給女兒所需的一切能力。讓他得以**真正看見**女兒的，絕對不是羞恥感。

一次又一次，答案都是一樣的，不是嗎？愛，愛，愛。安慰和療癒。

為了要成為一個更好的人，我必須做些完全出於直覺的事情。我必須拒絕「自我懲罰可以解決問題」的這種想法。我必須找到愛。

• • •

隔週，我為某位記者修改稿子，但她非常抗拒。她拒絕接受我做的修改，並且一連寄了三份幾乎一模一樣且不完整的草稿給我。最後，在我督促她再多加一點敘述時，她寫信給我，認為我們的關係實在難以維持——或許她需要被安排給不同的編輯來校稿。我一看到那封信，便完全進入觸發模式。**我的工作能力不好，我搞砸了，噢天啊，我真是一團糟，若我和善一點、體貼一點，她就不會恨我了，天啊**。我的直覺反應就是切斷關係而後逃走：**若她那麼恨我，那我應該不要再和她合作了。好啊。總算解脫了。她就去挑別的編輯吧**。掰掰。

但這次我同時也知道：這種自我懲罰根本在浪費時間，完全無法解決問題。現在**究竟發生了什麼事**？

如今的我有很多技巧可以派上用場。我多方著手，試圖解決這個問題。我吃了點東西，然後花點時間坐下來冥想，讓自己的身體平靜下來。我感覺好多了，但仍然充滿了自我懷疑。於是我找了一個我可以信任、在情緒上能容許我花五分鐘陪我檢視觀點的人——我過去在《未審先判》的老闆馬克——請教他對於這個情況的想法。他肯定地告訴我，我是個極為出色的編輯，不過有許多人很難接受批評。這不是我的問題。

我讓這想法沉澱了一下。我想起複雜性創傷後壓力症候群患者常認為問題在於自己——不是出於自我中心或自戀，而是因為他們想要得到足夠的掌控權，以便解決問題。但若這不是我的問題，那她所面臨的掙扎是什麼？她需要什麼？我可以給她嗎？我試著給自己心理建設。我可能無法滿足她，但沒關係。

我又讀了一次她的信，感受到當中滿滿的焦慮。我能夠同理她的處境——接應不暇，一堆截稿日期追著她跑，還有滿滿的採訪等著她。我和她約了時間通電話，想要進一步了解為何她會有這種反應。我們一通上話，她的話匣子便一發不可收拾——無數個想法、她的抱怨、她的憤怒、她的懷疑——破天荒地，我居然知道她究竟需要什麼。我一直催促她修改稿子，但我並沒有問她**為何**不願修改。這名記者只是需要有人聽她說話。

我讓她不斷地講。她講完之後，顯得有點喘不過氣來。我告訴她：「我了解，我在這裡聽你說。還有什麼事情是我需要知道的嗎？」我可以聽到她大吃一驚。她原本準備好要大吵一架，但現在她知道情況和她預想的不一樣，於是她軟化了。她開始列出自己的恐懼，以及在私生活上所面臨的困境。我又讓她傾訴了十五分鐘，而我在過程中只是不斷重複說：「我了解，我了解。你需要我怎麼做，好讓我們可以完成這件工作？」我們決定調整一下我們的工作流程，盡量面對面校稿，而不是只透過網路。快講完電話時，她為自己的最後通牒感到抱歉，並表示自己已經準備好要重新開始工作了。

這只是一件小事，但卻意義非凡。這是我個人極大的勝利。至少，此刻我透過真實、有效果的修復，保存了一段關係。這次的修復沒有人卑躬屈膝，是和過去有**細微差異**的修復。

在獲得一次成功經驗後，我在分析周遭情況時——對話中的片刻細節和溝通誤解——更有信心了。當人們別過頭去、對請求連結毫無回應，或者改變話題時，我會指出他們的情況。與其讓自己缺乏安全感或心生愧疚，我會不斷告訴自己：**好，保持好奇心**。

好奇，而不是**自我譴責**。這種改變看似小到不能再小，但在態度上極度微小的改變，就可以讓人類的複雜行為世界顯露出來，彷彿原本不為人知的存在層面，就這麼倏地進入你的眼簾。**噢，我們本來正在談B的姊姊，但他突然改變話題了——啊，因為面對自己與姊姊緊張的關係，他覺得愧疚。為什麼A現在覺得那麼不自在？啊，現在我們開始聊到花生醬，她的身體整個放鬆了。噢——我知道了！剛剛談到她的工作，她覺得很焦慮**。

有一天，我的朋友珍告訴我，她在教養小孩上遇到了一些困境，但又突然話鋒一轉，不斷咄咄逼人地問我過得如何——為什麼會這樣？啊……是因為覺得自己太過依賴而缺乏安全感嗎？我要如何處理她的感受呢？我將**情感心智化**，同時採取**後設溝通**——這些是感雅各博士教我的花俏用語，基本上就是把你心裡所想的說出來。「我擔心你之所以把話題轉向我，是因為你不想讓你的問題造成我的負擔。但我只是想說，你的問題不是一個負擔——我很好奇發生了什麼事。我的生活現在超無聊的，我想要花時間了解你的生活！」

「好吧。」珍說，於是她開始分享她所面臨的困境，並且讓我安慰她。能夠讓我所愛的朋友有傾訴的空間，我覺得很榮幸。

即便在我和咸雅各博士的晤談過程中，他那可以看穿我頭顱的雙眼，也開始笑著對我說：「你今天很好奇喔。」他乾脆說我是他最喜歡的病人算了，這真是個閃閃發光的讚美啊。

當然，我並不總是那麼好奇。當我覺得有人對我很無禮時，我沒辦法每次都打起精神練習這支對頻之舞，甚至大部分的時候都力有未逮。然而，我漸漸變得好奇到足以抛出這個神奇的問題：「你需要什麼？」這五個字打開了大門、拆毀了高牆。在相互了解的情況下，我們不再是兩個各自在種種線索中浮動的孤獨個體，而是能夠付出和接受。就像兩個互惠的原子，穿越周遭的混亂互相擁抱。**我傷害了你。你傷害了我。你屬於我**。

• • •

當我們思考究竟發生什麼事時，還有最後一件事必須列入考量：有些事情不見得總是找得到答案。有些事情深藏在表面之下，超出大部分人對於現況的理解。

我在做研究時，認識了埃默里大學的神經心理學家奈格・芳尼（Negar Fani），她研究了創傷後壓力症候群對有色人種的影響。她在研究中掃描了在生活與工作上持續歷經種族微歧視的黑人女性大腦，發現這樣的侮辱改變了她們的大腦結構。[2] 此外，她們的大腦和複雜性創傷後壓力症候群患者的大腦其實歷經了類似的結構改變。該研究的發現是：種族歧視是會造成創傷後壓力症候群的。甚至奈格自己都告訴我，她的研究其實是受到自身經驗的啟發，因為她在學術界長期受到年長白人男同事的冷落與微歧視。

除了這些研究發現，還有一些研究指出，強烈的種族歧視和具威脅性的媒體，都會對人的心理健康造成傷害。當黑人看到手無寸鐵的黑人男性被警察射殺的影片時，皆表示會因此感到焦慮和憂鬱。我相信拉丁族群看到眼神呆滯的孩子在邊界與父母分離的影片時，也會有類似的感受。

這不禁讓我想起自己崩潰的那些時刻。我在工作時崩潰並非偶然，那是一個讓我每天、無時無刻不得不想到白人至上主義和有色人種面臨暴力的環境——同時，我還得面對在人事管理上的偏見和濫用職權。多年後的此刻，我才知道在我辭職的那段期間，許多有色人種記者也因著類似的心理掙扎，不得不離開新聞編輯室。

不只是種族歧視而已。身為被壓迫的少數族群——例如酷兒或身心障礙者——如果你因為自己的身分而覺得不安全，這是會導致複雜性創傷後壓力症候群的。貧窮也是複雜性創傷後壓力症候群的成因之一。這些因素使人們受創，並且改變他們的大腦，讓他們朝著焦慮和自我憎惡的方向邁進。因為這些大腦結構的改變，受害者會將他們的失敗歸咎於自己。他們告訴自己，他們很笨拙、很懶惰、不善交際或很蠢，然而真正的情況是，他們生活在一個充滿歧視的社會，以至於他們的成功受限於白人至上主義和社會階層。體制本身成了加害者。

當我的主管說我「不一樣」時，我以為他是在說我的「破碎」。如今，我想他應該另有所指。

41

「過去這週末很美好，但我對此覺得很心煩。」我說。咸雅各博士疑惑地看著我，而我嘆了一口氣。

星期六時，我和喬伊的家人們享受了豪華的烤肉派對。隔天，我和造訪紐約的朋友們去吃晚餐，接著在曼哈頓的街上漫步直到半夜。接連兩天，我都笑得合不攏嘴。然而到了星期一，在所有同伴和一切的喧囂都平息後，我覺得很孤單。我心想，**一定又是我那愚蠢的複雜性創傷後壓力症候群在作祟**。**不論有多少美好的事物發生在我身邊，它總是想要搞破壞，讓我覺得孤單**。

這真的很丟臉，我說。「我的意思是，在被這麼多可愛的人包圍大半天後，還有誰會覺得孤單啊？」

「每個人。」咸雅各博士回答。

「等等——這不會很瘋狂嗎？」

「不，事情本來就是如此。你的身體比你還進入狀況。」

「這……真的嗎？覺得孤單不會很奇怪嗎？」

「不會，尤其是生活很美好的時候。你整個週末都在大啖美食，然後剎那間你整天只能吃餅乾和白開水。你會覺得，什麼嘛？我難道不能想念那些好東西嗎？你必須停止論斷你的身體和它的自然感受。」

另一天，我談到當我登入推特後有多憂鬱。看到我其他同事的事業進展，讓我覺得很沒安全感。我寫了一些不相干的推文，又擔心對方可能會被冒犯，所以便馬上刪文了。我抱怨著，我的複雜性創傷後壓力症候群也太誇張了吧，竟然連推特都能觸發我。

「社群媒體本來就令人倍感壓力，每個人都這麼覺得。」咸雅各博士說。

「他們真的這麼認為嗎？」

「沒錯，他們真的這麼認為。若你在推特上發一些不負責任的文，確實會帶來某些後果。你的確有理由感到害怕。」

還有幾次的治療，是我為了芝麻蒜皮的事情而自覺悲慘無比。我甚至不想提起自己的感受，因為我覺得它們很蠢又微不足道，根本不值得拿出來說。我怎麼可以因為讀了一篇憂鬱的部落格舊文，或者因為沒申請到獎助金就在那邊傷心呢？

不過咸雅各博士還是看穿了我。在那些日子裡，他知道我在躲著他。即便我有試著專注於當下，但我知道我並沒有完全誠實。而他會察覺哪裡不對勁而不斷地逼問我，直到我對他大吼：「我沒事。你又不知道所有的事情，你又不是靈媒。」

有一次，當我心情不錯的時候，咸雅各博士試著要我召喚小史蒂芬妮並照顧她。

「太好了，」我面無表情地說，「我會告訴她，這不是她的錯，她無法控制每件事情，沒關係，有人愛她這些狗屁。太好了。」

他看著我，對於我的怒氣感到很意外。「等等，發生了什麼事？」

發生的事情就是，這些該死的愚蠢技巧花費我那麼多時間和心力，但有時候還是不管用，而且……「我只是覺得累了，」我說，「我只是覺得打從一開始自己就必須做這些事，這讓我很生氣。我已經努力那麼久了，我也來找你好幾個月了——」確切地說，是八週。「所以我到底什麼時候才能復原？」

咸雅各博士轉過身來。「聽著，有個非常老套的活動——實在是老套到我都不好意思說了，但你喜歡手作之類的事情對吧？你想要畫個圈嗎？」他將一本便條紙和一枝筆交給我。

我無力地望了他一眼。通常這種手作或美術活動特別讓我感到厭煩，但我還是答應了他，接過便條紙和筆，畫了一個圓圈，因為至少我沒聽過這練習。「現在要幹嘛？」

「在圓圈裡寫下你可以有的感受，也就是你容許自己有的感受。在圓圈的外面，寫下你不能出現的感受。」

「好吧。」在圓圈裡，我寫下：**快樂**。**有時候憤怒**。在圓圈外，我寫下：**壓力焦慮**。**傷心**。「我不能傷心，」我一邊潦草地寫著一邊說，「我可以很有能力，並且掌控我自己的故事，我不能顯得無助或愚蠢。」

咸雅各博士對我笑著。

我在那裡進行我的圓圈活動，在圓圈外寫著字，然後把紙轉個方向給他看。「你看，你喜歡我畫的圖表嗎？大部分的感覺都在圓圈外。不過你看看：**聰明**！大大的在圓圈中心。這是大部分時候我容許自己抱持的感受。」

他傾身向前瞇著眼睛看著那張紙。「看著它，我腦海中浮現的是一個虎媽。」

我將紙轉過來再看了一次。可惡。我媽，她又出現在紙上了。「我的天，你說的沒錯。」

「現在，這個愚蠢練習的第二部分是——想像你有一個小孩。你會容許這孩子有什麼感受？」

我知道這活動就是照顧小史蒂芬妮的變化版，但我不得不說，他的論點很有說服力。若我現在這樣對待自己，我會不會將同樣的一套加諸於我未來的孩子身上，讓他身心受創？「我的天！」我悲嘆了一聲。「這根本是惡夢！太可怕了！」

「你絕對不會這樣對待你的小孩的。」他堅稱。

「嗯，你會這樣——」我在所有的感受外圍畫了一個超大的圓圈。

「沒錯，你會容許一切。」咸雅各博士在沉默中與我對坐了一會兒。接著他說：「你在復原的過程中一直用虎媽的態度對待自己——你告訴自己，你必須一直都快樂得不得了。若你感到傷心，你就等於是搞砸了。你並沒有真的在痊癒。」

「對。」我低聲說。

「事情不是這麼運作的。」又是一陣沉默。「聽著——我想跟你說說關於心的事情。」

我翻了個白眼輕嗤一聲，打算聽聽另一個假想出來的佛教故事。

「不是，是真的心，心臟的事情。」他說。「一顆健康的心臟不會永遠都以同樣的速度在跳動。

若是如此，那這顆心臟可一點都不健康。最健康的心臟是有適應能力的，而且它們適應得越快越好。當你開始跑步，理想上，你的心跳很快就會加速。然後，當你休息時，它也會很快慢下來。你的情緒也是如此。當相當悲慘的事情發生，若你還很快樂，或者坐在那裡毫無反應，那不是很奇怪嗎？當某件悲劇發生時，你應該要感到痛苦、傷心才對。當某件不公義的事情發生時，你應該要感到這是多麼令人惱怒。在你懷抱這些感受一段適當的時間後——這有可能是一個鐘頭，或者一天、幾個月，取決於事件的嚴重性——然後，你便回到休息的狀態，或者回到開心或任何狀態。痊癒不代表對一切毫無感覺。痊癒代表在合宜的時間點有合宜的情緒，而且仍然有辦法回到自己原本的狀態。這就是人生。」

•••

在我們這個對快樂過度執著的社會環境下，負面情緒勢必會讓人感到害怕。現代精神病學抱持著完美主義將人病理化，使得有些人在當中苦苦掙扎，痛苦不堪。當我一開始讀到複雜性創傷後壓力症候群的相關書籍時，當中有太多著作把我們形容成情緒不穩定、難以自我安撫的人。在過去兩年中，只要我沒有滿心喜樂或充滿感恩，就會多少覺得有點羞愧。

但咸雅各博士告訴我，我們不要一味地忍受或抹滅這些負面情緒。它們是有目的、有益處的。它們讓我們知道自己需要什麼。憤怒能夠引發行動。傷心是面對悲痛時的必要元素。恐懼讓我們保持安全。完全抹滅這些情緒不僅是不可能的事，更是不健康的事。

唯有當這些負面情緒阻礙其他情緒時，負面情緒才會成為有害的。當我們心中充滿了傷心的感覺，喜樂就毫無容身之處。當我們怒氣填胸，就無法溫和待人。真正的心理健康，其實是好壞情緒達到平衡的狀態。正如蘿蕊·葛利布（Lori Gottlieb）在她的著作《也許你該找人聊聊》（*Maybe You Should Talk to Someone*）中所述：「許多人希望在治療中尋求釋然，幫助我不要有所感受。但他們最終會發現，你無法只抹滅一種感受，而不將其餘感受全然抹滅。你想要抹去痛苦？那你也會抹去喜樂。」[1]

• • •

我花了一整週的時間思考這段話。當某個爛駕駛突然切進我們車道，喬伊朝著車窗外大吼，說要把他揍個鼻青臉腫，讓他媽都認不出他來時，我讓我自己緊張和焦慮了一分鐘，因為這是個令人感到壓力的情境。當那個爛駕駛加速離開時，我便讓我的焦慮隨他而去。當我得知家人生病的壞消息時，我讓自己有時間和空間對此感到哀傷。就這麼一次，我沒有因為留空間給自己而心裡難受。我不再帶著罪疚感看電視，我也不再帶著罪疚感吃餅乾。然後，神奇的事情發生了。隔天，我覺得好多了。好太多了。我還是為我的家人感到傷心，但我同時也仍然**保有喜樂**。

這些時刻看似微小、甚至無關緊要，但更大的改變正在發生。我的每一種負面情緒彷彿都變得更輕盈了，我感到痛苦的時間變短了。負面情緒會出現、高漲，過了一段時間，它又消退了。它不再像以前那麼強烈或癱瘓我整個人，而且它隨後就流進大海裡了。每種情緒都覺得……很合宜。到最後，我好像征服了致命的三個P——不再認為負面情緒是個人的、無所不在的和永久的。

隔週，我告訴咸雅各博士：「對我幫助很大的是，你容許我有情緒，同時也告訴我這些情緒都是正常的。因為我已經把我生活中所有部分都視為受創的，到一個程度，我所做的每一件事似乎都很怪異，我將一切都病理化。所以當你幫我區分創傷中哪些部分是正常且人性化的，哪些是真正的問題所在時，這真的很棒。」

「你可以有這些情緒。你知道痛苦和受苦的區別嗎？」

「呃……我不知道。我應該不知道吧？」

「痛苦是當壞事發生時，你感到真實、合宜且確切的傷痛。受苦則是你為傷痛再加料。你為著自己覺得痛苦而覺得痛苦。」

「雙重懲罰。」我試著釐清。

「沒錯。所以擺脫受苦表示你不再為自己的痛苦加料。你因著晚餐派對不如預期而產生合宜的尷尬、不舒服和懊悔。你因著某個朋友過度刻板而適度地覺得厭煩和生氣。你就是接受這一切。然而，如果這種感覺仍然持續——好，為什麼這感覺還在？接著，假設你的直覺中有著無比的智慧，然後你開始聆聽。那是什麼？我此刻的身體有什麼感受？你想要教導我什麼？」

• • •

我不是女孩，我是一把利劍。我過去總是這樣告訴自己。左劈右砍，我拒絕向皮帶、高爾夫球桿或把我拒之門外的守門人屈服。我會存活下來，我會得到我想要的。

然而當一把利劍有個問題，就是你永遠不能放下你的武器。你永遠無法體會到投降的狂喜。

・・・

在某些方面，咸雅各博士儼然成了我母親的對立者——一個充滿關愛的父母角色（他囉唆、偶爾嚴格，而且是亞洲人，這些特質其實對我蠻有幫助的），他總是巧妙地反駁我腦海中我父母的聲音。我母親在我的大腦裡設下了界線，列出可接受的舉止和思維方式，迫使我的意識只能走在狹窄、凶險的廊道上。我左右揮舞利劍砍向牆壁，試圖開闢出一點空隙讓自己能呼吸。

但咸雅各博士摧毀了這些規矩，將這些界線全然移除。**你是被容許的。你可以去做這件事。這不會讓你變成一個壞人。去吧。投降吧**。

當某個朋友不回我訊息時，咸雅各博士允許我覺得惱怒。有一天早上，我看到一個女人試圖在A線列車進站時跳下軌道（另一個女人在最後一刻拉住了她）。我整個人被觸發，淚眼汪汪地打給他，而他允許我放自己一天假，回家看電視。「你今天下班吧，」他說，「回家放鬆一下。」他允許我用甜點犒賞自己。我再也不需要沿路左劈右砍讓自己更好了——**不過，卡路里怎麼辦**？**碳水化合物呢**？**還有，身體發炎怎麼辦**？與其思考這些問題，我選擇降服於自己最基本的直覺。**如果我想吃甜點呢**？**如果此時此刻我覺得這樣對我最好呢**？我吃了餅乾，而且吃了兩塊。我在下午三點爬上床，哭了一個小時。我對此耿耿於懷了一個星期，才讓這情緒離開我。我做了所有不好的事，但我不覺得愧疚。

世界並沒有因此崩塌。事實上，情況正好相反。我仍然充滿生產力，或許甚至比過去更有生產力，因為我的大腦覺得更自由了。我還是很健康。我仍然用心經營我的友誼。沒有人死掉。

那條長廊變寬了。我的生活變得更寬闊了。那個圓圈變大了，它容得下所有情緒了。

・・・

咸雅各博士大概花了十五週的時間——也就是三個多月——改變了我的內在敘事，從一個討人厭、忍受鞭笞的暴君，轉變成（比較）好相處的衝浪小夥子。這改變就像愛情和破產一樣，過程很緩慢，然後突然間就成真了。此刻，我正在做早餐。我起床晚了，不小心錯過了一通電話，現在已經早上十一點了，而且我還有工作要做。但我不疾不徐。我正在煸馬鈴薯、洋蔥和甜椒，同時煎著蛋，把香菜剁碎，打算做個墨西哥捲餅當早餐。我小心地把食材組合在一起，然後撒上科蒂亞起司塊。它們美味極了。我決定等到我想洗碗的時候再洗碗。等我想做某件事的時候，我就會去做了。這世界會繼續運轉。捲餅很好吃，所以我慢條斯理地吃著。然後我突然驚嘆：**噢，哇！或許我的人生終究要迎向光明了**。

42

我告訴喬伊，我希望我們的婚禮不只是聚焦於我和他身上。若我們的婚姻完全只是與我們自己有關，那我們大可直接私奔到拉斯維加斯的教堂，滿足我們所想要的一切。但我們之所以要舉辦真正的婚禮，有生菜沙拉、餐桌布置和賓客，就是要使眾人彼此相繫。我希望我們的儀式充滿了感恩與相聚的感覺。我們兩人都參加過那種結婚儀式本身長達十分鐘，包含一首詩、一些「我願意」的婚禮。但我們希望我們的結婚儀式能成為婚禮的重點，不僅能夠讓人相互交流、令人動容，同時也是為我們的親友、為我們自己量身打造的一場儀式。

在紐約，一場婚禮的平均花費是七萬七千美金。我在二〇一九年整年的收入還不到那麼多錢，所以這對我們來說是不可能的事。我們的預算只有這筆錢的十分之一。我所有朋友的婚禮都有侍者奉上食物，還有婚禮顧問請人擺設椅子、設計餐桌中央的擺飾。我以為我們也需要如法炮製——雇用一個團隊搞定這天的行程。但喬伊取笑我並說：「我們家有十二個人，」他對於我這荒誕的幻想感到不可思議，「我們有一整個團隊！」

「我所謂的**相互交流**不是這樣，」我反擊，「如果你的家人樂於幫忙，而且不會在事後怨恨你或覺得你很小氣，我可沒意見，但我連一個家人都沒有。」我邀請了一名表妹和一名姑姑，但我沒有邀請我父母。這決定令我相當痛苦，但說到底，我希望可以被愛我的人包圍。「我不知道請我的朋友幫忙會不會很尷尬，這看起來好像是一項義務。」

他聳聳肩。「我確定他們會很樂意幫忙的！」他堅稱。「問就對了！」

因此，我們徵召我的朋友和他的家人幫忙摺了一千隻紙鶴，好用來布置婚禮會場。他的弟弟**特別**去學了豎琴，好當我們的現場音樂家。那天終於到來了。典禮開始前幾小時，我們的一小隊人馬便已出現在會場，擺設餐桌和椅子，幫我穿婚紗，將我的捧花束好，跑到商店裡取氣球。從頭到尾，我腎上腺素大爆發，一邊指揮其他人做這做那，同時滿懷罪疚和感恩地在每句話的句尾加上：「做這個，拜託。抱歉！謝謝你！」

然後時間彷彿靜止了下來。我聽見豎琴的音樂聲，於是我獨自走向紅毯，喬伊用擁抱迎接我。我們站在戶外的白色木製拱門下，成串的紙鶴垂掛其上。即便那時已經九月了，但我們實在幸運：那天是個攝氏二十五度、陽光燦爛的好天氣。在我們的花園會場中，盛開的花朵在微風中搖曳，枝芽們彷彿彼此輕聲低語。一隻綠色的毛毛蟲悄悄地爬上麥克風，還有一隻肥嘟嘟的貓挨近喬伊，在他身旁溫柔地磨蹭著。我微微顫抖的手緊握著麥克風，對我們的賓客說：

「愛不是一種有限的資源。愛不是一包奧利奧餅乾，讓你得精打細算地分給他人。實際上，當你付出愛時，你將得到更多愛，然後又有更多更多的愛。

「你們當中有許多人知道，在我成長的過程中，大部分的時候是得不到愛的，我基本上在十五年前就成了孤兒。有時候，這聽起來的確很令人傷心，但大部分的時候，其實沒有那麼糟。

因為我並不孤單，就像今天站在這裡的我並不孤單一樣。

「我想對我的朋友們說：即便在我最孤單、最痛苦的時刻，是你們的愛穿越了黑暗，使我得以活下去。是你們的愛鼓舞了我。當我接受你們的愛，我就變得更好。你們的愛讓我得以慢慢地變得更善良、更溫柔，然後，正如愛的特性，它倍增且綻放，並且教導我如何愛我自己、愛其他人，以及如何去愛這個好男人……給他滿滿的愛，所有他應得的愛。所以，我真心地感謝你們，今天在這裡見證自己的手作成品。是你們讓我們得以站在這裡。謝謝你們。

「還有，我想對喬伊的家人，也就是我今天要加入的家庭說：謝謝你們，讓我明白什麼叫做真切、確實相愛的家庭。即便當中有混亂、有人在大吼大叫、還有狗在地板上大便，但你們一家是如此寬容、忠誠且真正為彼此奉獻。不論你們有什麼怪癖，你們每一個人的本質都是如此善良。打從一開始，你們就展開雙臂歡迎我加入你們充滿愛的混亂之中。你們說，『你現在是我們的一分子了』。奶奶，您的母親當年收養了一個沒有母親的小嬰兒，並且將他視如己出。你也像對待親兄弟一樣地愛他。三代之後，你的家庭沒有忘記這門功課，因為愛會產生愛。和你們閒話家常和彼此原諒，和你們兄弟姊妹一起玩遊戲、開懷大笑，以及拿起電話說出『嗨，媽』這幾個字，我無法用言語表達這些對我而言有多麼重要。今天，以及每一天，謝謝你們都在我身邊。為了回報你們的愛，我將盡我所能將你們慷慨、包容的家庭傳統代代傳承下去。」

我將視線移開稿子，抬頭一看，好多人在吸著鼻子。達斯汀淚流滿面，而凱西和珍的臉則紅撲撲的，和她們粉紅色的洋裝一樣。喬伊也泛著淚光，然後他請每個人將手伸至自己的座位下方。

當我表示我想要一個同時看重親朋好友的婚禮時，喬伊不僅同意，甚至建議我們可以針對每一位與會者寫一封信，表達我們是多麼高興有他們陪伴在我們的生命中。此刻，每個人都找到了黏在座位下方的信件，紛紛低聲表示驚訝。

有人大聲問道：「喬伊，我們要現在打開嗎？」

他伸長雙臂並說：「打開吧！」

我當初對於喬伊的想法感到興奮不已。不過在實際執行時，許多信其實並不好寫，因為每一封信都有其獨特的挑戰。有些友誼就像是脆弱的玻璃球——它們比較新，而且若我壓得太過用力，它可能就裂了。有些友誼則深厚到難以化為言語——我九歲時就認識凱西和達斯汀了。有些友誼在我大學時期或二十出頭時對我意義重大，但自此之後，它們便稍微淡出我的生活了。還有一些人，例如我在《未審先判》的上司馬克——我很愛他，但我們的關係通常圍繞著一些溫和的垃圾話。他總是揶揄我小氣。有一次他受傷了，我打電話慰問他，但大部分的時間都在逼問他受傷的原因：溜直排輪時跌倒。我取笑他：「現在不是九〇年代了，老頭！」他則馬上反擊：「哈哈哈很好笑，混帳東西。」我要怎麼告訴這臭傢伙我有多感謝他，卻不至於聽起來多愁善感又無聊呢？

到最後，我決定傾盡全力來寫這些信——將我最真摯、最純粹、最誠實的愛填滿整封信。我展現出我多愁善感的一面。你絕對沒有辜負我為你取的綽號：馬克叔叔，我寫道。謝謝你總是包容我和我的神經質，總是擔心我，總是想著如何保護我，即便我幾乎可說是配不上，但你仍以愛和善意對待我。能夠擁有像你這樣的叔叔，我真的太幸運了。

我們讓每個人有幾分鐘的時間閱讀這些信，我也趁著這短暫的片刻凝視這一片人山人海。他們低著頭，微笑、大笑、哭泣。好吧，不只是哭泣——而是**哭得很醜**的那種哭泣。達斯汀不斷揉著一張濕濡的面紙，幾乎沒辦法坐直，只能靠著他先生的肩膀。我表妹給了他一張新的面紙，接著也抽了一張給自己並開始擤鼻涕。坐在他們旁邊的大姑媽，露出多年來我未曾見過的平和與滿足表情。曼蘇爾和馬克在微笑；諾亞給了我一個最大、最蠢、露出最多牙齒的笑容；珍在吸鼻子；凱西抬起頭，她那滿是淚水的臉龐望向我，我們給彼此一個靦腆、淚眼汪汪的眼神。當我看著我的親朋好友，這輩子第一次看著他們齊聚一堂，我心想：**天啊，這些都是好得要命的人**。每一個人都代表了無數慈愛與善意的行動、半夜的電話、烤好的糕點、沁涼的啤酒和溫暖的擁抱。在這些笑容的背後，是一輩子的喜樂。那個空洞一口氣被填滿了，而且還滿溢氾濫。

我很高興我寫了信給他們。我想要寫更多的信給他們。我想要用成千上萬種方法、不間斷地、每天每天都告訴他們，我有多愛他們。我想要傳無數封簡訊給他們。我想要緊緊地握著他們的手。我想要一直一直看著他們，直到他們年老髮白、滿臉皺紋，以及我的白內障讓我無法看到他們美麗的臉龐為止。

創傷後壓力症候群總是告訴我，我是孤單的，我是不可愛的，我是有害的。但現在我很清楚地知道：這是一個謊言，是我的創傷後壓力症候群讓我看不清真正的情況。

• • •

真正的情況是：這些人根本不在意我過度講究叉子要怎麼擺。達斯汀根本不在意他在製作餐桌中央的擺飾時，被熱熔膠槍燙傷了手。凱西根本不在意我們在十五歲時，有次我罵她賤女人。這地方沒有愧疚也沒有羞恥，只有最純粹的愛。我在場的朋友們大多不認識彼此，但他們卻在公開場合潸然淚下——因為他們愛我，同時也因為他們感受到我對他們的愛。這簡直就是奇蹟，是恩典的交流。

我戴著太過厚重的假睫毛，在眾人面前哭哭啼啼。我稍早不應該吃披薩的，因為我現在脹氣得厲害，圓鼓鼓的肚子把禮服都撐醜了。那天，我拍了上千張的照片。我在朋友和一些陌生人面前，袒露自己最脆弱的一面。我從來沒有覺得如此被珍視過。我從來沒有覺得如此安全過。我也從來沒有對此刻所發生的事情，覺得如此真實、正確、自信過。

我們交換誓言的時間到了。喬伊都還沒開口，但他看著我那極其溫柔的眼神，已經讓我緊張得落淚。「這是家，」他環顧著紐約市說，「**回家真好！**」每個人都因著他誇張的舉止而笑了，他俏皮的演講贏得了滿堂彩。他的誓言是如此別具匠心且精采動人，內容皆圍繞著我們將建造與修復的家。他既實際又樂觀，對於充滿挑戰但祝福滿滿的未來感到興奮不已。「沒有人像你一樣將我看得如此透徹、同時又如此愛我。」他最後說，「我將對你忠誠。我會認真對待你，也對你誠實，因為被你所認識，使我深深地被感動。我會確保你知道，你是我這一生中最重要的人，而且你是被愛的。我會讓你忘卻這些話，因為每一天我都會為你實踐這些話。」他停頓了一下，聳聳肩。「或許不是每一天啦，大部分的時候，許多時候，我真的會這麼做。」我們都帶著眼淚笑了。

在我的誓詞中，我告訴喬伊，基於我的成長經歷，我有很長一段時間都無法理解何謂無條件的愛。然而如今一切都不一樣了。他持續不斷、堅定不移的愛，以我無法想像的方式在許多方面都治癒了我。透過他，我學到人可以犯錯但仍然值得被愛，你可以爭吵然後合好。透過他的愛，我明白要如何無條件地愛我自己。

大姑媽和喬伊的祖母分別給了我們一只戒指，讓我們為對方戴上，在從她們手中接過戒指之前，我們緊緊地擁抱了她們。接著，我們對彼此說了「我願意」，親吻對方，並在我們所愛之人的掌聲中走向會場的閣樓。在那裡，我們緊握彼此的手並哭了一會兒，同時花點時間在驚奇中沉澱心情。看著我們一起創造出的這個時刻，我知道，我找到能夠與我共度一生的最佳人選了。

隨後，食物上場了。我們擺出了來自Jaya 888——我在中國城裡最喜歡的馬來西亞餐廳——的奶油咖哩泡芙、椒鹽排骨和辣味炒麵。我的小叔在致詞中提到他們全家對於我的加入有多麼欣喜若狂。喬伊其中一名弟弟在致詞結束後把我拉到一旁說：「你知道嗎？你真是太適合這種大家庭了。你本來就是一個超棒的朋友，有你當我的大嫂我真的很開心。」

整個晚上，人們不斷上前來告訴我，這儀式對他們深具意義，完全值得他們遠道而來參加；此外，他們在典禮過後都覺得心境被改變了，或者至少被愛的力量所鼓舞。他們告訴我，能夠打造出如此美麗的典禮，我應該深深感到驕傲。而且他們不斷和我分享那些**我**在他們生命中的小故事，以及這些故事帶給**他們**的意義。例如我如何在那些艱難的時刻扶持他們，或者教導他們如何去愛。當凱西必須到加州的另一端讀高中時，在那人生地不熟的新環境裡，我每天都寫一封信給她。當達斯汀的祖母過世時，我每天晚上都在線上陪他熬夜聊天。同為西化的馬來西亞人，我和大姑媽則花了很長一段時間彼此道歉和解。對許多人來說，在他們最黑暗的人生時光中，我成為他們的陪伴。在他們需要被看見的時候，我成了看見他們的家人。

當馬克在致詞時，他告訴大家，有時候他對我滿懷柔情，就像我是他女兒一樣，而且他在寫講稿時哭了好幾次。他說，幾年前，他有段時間過得很辛苦，而我每個星期都會打電話給他，看看他好不好。我還記得那些對話，大部分是我在向他抱怨自己的工作、用我慘烈的約會故事娛樂他，以及嘮嘮叨叨地要他多休息、好好吃飯。當時，大部分的時候他都在敷衍我。然而今天，在眾人面前，他告訴我那些電話對他意義重大，並且幫助他得以面對心中的恐懼。

• • •

這一切讓我不禁推測：或許一直以來，我並沒有想像中那麼破碎。或許我一直都是個人類——儘管有缺陷，但仍然不斷成長，散發光芒。這麼久以來，我接收到許多的愛，但我也付出愛。雖然我渾然不覺，但我其實正在這世上散播著美好，它們彷彿各種形狀尺寸的巧克力，在我到處走動時不小心從皮包裡掉了出來。或許真正破碎的，是我看待自己的方式——嚴厲且不公正，狹隘且吹毛求疵。或許真實的景況是，儘管帶著所有缺陷，我仍然他媽的棒極了，而且我會繼續這麼棒。一個可靠、總是回你電話、為你下廚，而且悍然維護你名譽的朋友。一個忠誠的姊妹和女兒，我感謝家人並凡事以他們為重，沒受過什麼創傷的人是永遠無法理解的。一個努力工作、能幹，同時為辦公室帶來輕鬆和幽默氛圍的員工。我是一個慷慨付出愛的人，一個樂於傳簡訊、打電話、讚賞別人的人，因為我親身體驗到愛的力量是多麼強大。

• • •

當我寫下「愛會產生愛」時，它比較像是我蒐集其他人的故事後所得到的假設。然而，這彷彿是某種中國的魔法，我的話似乎成為現實了。我不只覺得我和我今生的摯愛結婚了——這當然是事實——我同時也覺得我和一群人結婚了。我彷彿以某種方式將自己與他們永遠緊緊相繫，每一次當我們對彼此許下承諾，我們之間如真金般不怕火煉的連結就不斷倍增——愛，以及更多更多的愛，直到它成為一片汪洋、一片原野、一整個世界，超越一切傷痛、恐懼、分歧、偏見或瑣碎的缺陷。愛的力量不會受限於時間、死亡，或者人類有限的理解。

這會是個圓滿的終點。終究，這是一個快樂的結局，當中涵蓋了我人生中最美好的一天。然而到頭來，讓我逐漸徹底接受自己複雜性創傷後壓力症候群的，不是只有愛。還有悲劇。

43

看也知道，世界正在走向滅亡。

超市裡的麵包一條都不剩，百老匯大道上人山人海的種族清算遊行者，一路蔓延至市中心閃亮的玻璃辦公大樓區，仇恨犯罪層出不窮，手持槍械的暴徒在國會大廈橫行——噢對了，還有成千上萬人死於這狡猾可惡的病毒，肺部一點一滴地被吞噬殆盡。

時間彷彿又回到了二〇一七年，不過比當時更糟糕。無窮無盡的新聞循環播報，使播報員累到在直播時產生幻覺，對著鏡頭大搖其頭，張口結舌地說：「這一切實在太可怕了。」

不過這一次，我沒事。事實上，我很好。

我依然充滿生產力。我授課、寫作；在朋友面臨危機時，將自己的畫作送給他們當作鼓勵；花上好幾個小時安撫在加州因森林大火不得不撤離家園的朋友們。

網路上，每個人都崩潰了。我的朋友們在網路上發文，說他們連看書的專注力都沒有，更不用說是工作了。他們整天都躺在床上啜泣。我用Zoom和他們視訊，他們看起來眼睛紅腫，而且還躺在床上。我傳簡訊安慰他們，給他們憐憫的「讚」。然後我拍拍喬伊的頭，上床睡覺。

一開始，我對於自己沒事覺得很過意不去。我之所以過得不錯，只是因為我可以在家工作嗎？還是因為我享有特權或麻木不仁？還是因為我解離了？

不過話說回來……就在一週前，我出門散步，看見提款機前拉了一道膠帶，上面寫著「危機解除前暫停使用」；我也站在殯儀館的大門旁，看著他們又朝裡面送進一具屍體。我無助地站在那裡，在口罩下癟著嘴，肩膀不斷顫抖。然而我隨後回家，煮了一鍋賞心悅目的馬鈴薯韮蔥湯，而且它在加了一匙優格之後真的美味極了。

我一直到幾週後才明白。啊，我之所以沒有抓狂，是因為此刻正適合我。

咸雅各博士告訴我，只有在和平時代，創傷後壓力症候群才會被視為一種心理疾病。創傷後壓力症候群的意義，就是讓你在任何時候都預備好面對死亡。我父母讓我養成了這個習性，隨時隨地都準備好面對邪惡世界的凶險。

然而長大成人的我，已經脫離那樣的世界了。我活在一個鬆軟的棉花糖世界裡，這裡的超市有十七種刺山柑可供選擇；若你想要放鬆一下，幾個小時內就有人可以幫你把純植物配方的依蘭依蘭沐浴球送到家。我的恐懼在這種地方毫無用武之地，反而成了一種偏執。直到疫情來臨。

當冷凍貨車裝滿了屍體停在太平間外，亞洲女性被攻擊、被強酸灼傷、被槍殺時，我的創傷後壓力症候群從一種障礙變成了一種超能力。因為客觀而論，創傷後壓力症候群是一種調適能力，是我們身體在經過演化後幫助我們存活下來的機制。

突然間，我不再過度警戒了，我就只是警戒而已。我定量使用我們的罐頭食物，自己種植蔬菜，並且一絲不苟地在浴缸裡消毒剛買回來的食品雜貨。我這麼做一點都不古怪，反而讓自己成了一個盡責的人。

• • •

「有時候，這是一個詛咒，有時候，這是一種祝福。」匹茲堡大學精神病與神經科醫師格雷格・西格爾博士（Greg J. Siegle）如此說。他研究複雜性創傷後壓力症候群患者的大腦，而且他告訴我，我的假設是正確的——複雜性創傷後壓力症候群在許多方面都能被視為一種真正有價值的**長處**。「我把它們稱之為超能力，」他告訴我，「所以許多我們所謂的變態心理學，實際上是多種技巧和能力，只是扭曲了。」

根據我的研究，大部分的資料都指出創傷後壓力症候群患者的前額葉皮質是萎縮的——不斷歷經觸發事件，通常會使我們大腦的邏輯中心停止運轉，使我們變得不理性且無法處理複雜的思考過程。但西格爾告訴我，他認為這項研究結果是有缺陷的。他發現，對許多複雜性創傷後壓力症候群的患者來說，他們的狀況恰好相反。在極度高壓和受創的時刻，我們的前額葉皮質其實**相當活躍**。

一般狀況下，若你面臨某種威脅，你的身體會立即有所反應。你的心臟開始大力輸送血液，你頸後的汗毛會豎起來。這一切都是為了要讓你的腿有足夠的血液，可以拔退就跑、逃之夭夭。除此之外，你會感覺到你的心跳加速，發現自己嚇壞了。而這會讓你更加焦慮，心跳得更快。但西格爾告訴我：「就我們所觀察到的複雜性創傷後壓力症候群患者，在真正充滿壓力的情境下，你其實擁有因應技巧，使前額葉皮質關閉一些進化而來的驚嚇機制，好讓你得以進行高強度的前額葉活動。也就是說，我們的身體停止本能反應。」

換句話說，在某些壓力爆表的時刻，我們擁有超凡的解離能力。我們的心臟不會跳得那麼快，我們的大腦切斷自身與身體的連結，所以我們不會落入因為焦慮而感到焦慮的回饋迴路。我們的前額葉皮質反倒閃閃發光——我們變得**超級理性**。超級專注。冷靜。西格爾如此解釋：「如果你沒有逃走的選項，那你就必須精明狡猾地採取其他方法。所以這就像是：現在是使出渾身解數的時候了，因為我們要度過這個難關。」

複雜性創傷後壓力症候群患者在看到家裡的蟑螂時，驚嚇反應可能會特別誇張，或者會因為某人的表情而一秒暴怒。但在真正的危險發生時——當某人手持真正的彎刀怒氣沖沖地朝我們衝來、準備大開殺戒時——其他人會抱頭鼠竄，但我們會與之正面交鋒。許多時候，我們才是真正搞定事情的人。

大學時期，當我在校刊社時，某一次我們所拉的廣告不夠支付印刷費。學生媒體負責人將主編、廣告銷售負責人和我叫到辦公室，結果她徹底失去理智，對我們大吼大叫，說我們無能又不負責任，以後絕對不可能從事這方面的工作。負責廣告銷售的傢伙完全噤聲，而主編則在啜泣。但我冷靜直白地對她說，她的憤怒一點幫助都沒有。我告訴她，我們是學生，而我們在職業生涯的這個時期犯下這種錯誤，其實是合理的。我告訴她，我們很抱歉，但我們需要她的支持才能解決問題。不知怎地，學生媒體負責人便開始向我們道歉，而且她也承認是**她**太過分了。這件事之後，我的編輯一邊擦著她哭紅的雙眼，一邊讚嘆地對我說：「你怎麼辦到的？在所有人之中，怎麼偏偏只有**你**有辦法？」在當時，我們都不明白這是怎麼回事。現在我懂了。

現在我知道，為什麼我會因為喬伊將鍋子丟在水槽裡而失控發飆，但若他對家人大聲咆哮，有時候我反而能夠進行調停。

現在我知道，為什麼當世界分崩離析的此刻，我可以平靜地將碎片一塊塊黏回去。

當西格爾要為這個現象——情緒不總是符合情境的解離狀態——命名時，他稱之為「情感靈敏度鈍化與不一致症候群」。它的簡稱？**狠角色**。

「你知道嗎？一直以來，我腦海中描繪的畫面是，一個毫無自信的小女孩在受虐後來到診所，不過臨床醫生只是跟她說，『嗯，或許你是個**狠角色**喔』。這就是我想表達的概念。」

「該死，」我說，「若我當初在得到診斷結果後馬上就能跟你聊聊，應該會很有幫助。哎，好吧。」然後我大笑，我的狠角色性格不經意地融入對話裡了。

• • •

隨著我逐漸不再以病理學的角度看待自己，同時了解並施展我的超能力，我開始看見，我的複雜性創傷後壓力症候群的確伴隨著不少超厲害的好處。

二〇二〇年的夏天，萊西開始和一個天菜級的傢伙約會。不幸的是，就像大部分天菜級的傢伙一樣，他也堅稱自己是個超級大忙人。他常取消約會卻不重新安排新的時間見面，常常說好要打給她卻爽約。他總是怪罪於自己忙碌的行程，但他的言而無信已經把她快搞瘋了。

「這正常嗎？」她每隔幾天就會傳訊息給我，「我不想要顯得很黏人或很奇怪，但我沒辦法睡覺，我整個人都很焦慮也很易怒，成天都在想這件事。」

「完全正常！你當然會這麼覺得。大部分的人都會因此不好受，但你的複雜性創傷後壓力症候群會讓你特別重視穩定和可靠！」我回答。「有這些需求是很正常的，它們並沒有失控。它們是你的一部分，而且讓對方知道你的需求也是很合理的。若他能夠有所調整，滿足你的需求，那表示他是個正派的傢伙！若他因此抓狂，甩了他也好。」

結果證明，他的確是個特級精選渣男。到了天氣轉涼時，萊西已經在Tinder上和其他讓她比較有安全感的男人約會了。也是這時，她以她特有的方式語音留言給我——當她太忙或想講的話太多卻不想打字時，她總會熱烈真誠地錄音給我。

「你知道吧，當我為了那傢伙超級焦慮的時候？」她說，而她的聲音輕快且急促，因為她正沿著某個海灘走路，使得音檔中也不斷傳來海風刮削麥克風的聲音。「我試著向我所有『正常』、沒有複雜性創傷後壓力症候群的朋友求助，而他們千篇一律地問我，『為什麼你要執著於這傢伙？』但你馬上看到我之所以有這些情緒，問題並不是真的在於這傢伙。你督促我在與他的互動中展現出真實的一面。我從來沒有從任何人身上得到像你一樣的洞見，甚至連諮商師也看不出來！而且，你從來不會讓我覺得自己很羞愧，當時真的讓我覺得鬆了一口氣，到現在依然如此。我現在真的可以約會而且享受在其中了！胡，你是我的救星！」

太棒了！我對抗複雜性創傷後壓力症候群的經歷，讓我變得更有同理心。這些經歷讓我更能領會人們的需要，同時以我獨特的技巧安慰他們。

就算是我複雜性創傷後壓力症候群的負面部分，也帶著一絲希望。當喬伊生氣或心煩意亂的時候，我的確難以體貼他的痛苦，而且從來不曾讓他安安靜靜地生氣。我會不停地糾纏或煩著他，直到他告訴我究竟發生了什麼事為止。有一次，他實在受夠我像隻松鼠仔細分析堅果似地不斷揪著他，所以不禁對我大吼。「你難道就不能說『我了解，那真的糟透了』嗎？不要試著解決我所有的問題！不是所有事情都需要解決好嗎！」

然而過了幾天，在他覺得好多了以後，他通常會感謝我。「因為你糾纏我，然後我告訴你一些我不願告訴其他人的事，於是我們談到了我的感受，到最後那讓我變得好多了。」他告訴我：「沒有人像你一樣，讓我覺得那麼被關心。」

我不是「儘管」我有複雜性創傷後壓力症候群，卻仍然被愛——在某種程度上而言，我其實是「因為」有複雜性創傷後壓力症候群而被愛。

• • •

在這全球疫情大流行的時刻，我不是唯一因此大顯神威的人。

我在那年夏天透過 Zoom 教授了一門廣播課程，我的一個學生訪問了一名嚴重潔癖與強迫症女性患者。長久以來，這名女子只能待在家裡，不斷用漂白水洗手，直到它們流血為止。她的朋友和家人曾經說她瘋了，但當疫情蔓延時，她接到了幾通來自親友的道歉電話，為著過去的批評向她道歉。「我們現在明白了。」他們說。她對此的反應是，她想要**離開**家。看見每個人和她一樣對病菌抱持執念，讓她想要用手去觸碰東西，想要去親吻其他人。

我的某個女性友人和她父母的關係一向緊張，多年來他們一直難以理解她的複雜性創傷後壓力症候群。但在隔離期間，他們談到自己覺得無助、憂鬱和驚慌。「沒錯，」蘇珊告訴他們，「這就是我長久以來所經歷的感受。」然後他們似乎懂了。

「雖然他們並沒有完全明瞭，但他們已經能夠明白了。而這是我幾十年來一直難以向他們傳達的經歷，」我朋友對我說，「我不期待每個人都能明白，但能夠將我過去的經歷清楚表達出來，並且被了解，這減少了許多羞恥感。」

這也道出了為何我覺得自己在疫情之中意氣風發的最後一個原因。這讓我想起咸雅各博士對於痛苦和受苦的定義——也就是感到合理的痛苦，相對於因這痛苦所帶來的羞恥感而受苦。當我在新聞上看到護士們崩潰哭泣時，我和他們一起哭泣，我所感受到的是合理的痛苦，但我不再覺得受苦了。

那讓我感到自由。那讓我覺得痊癒。

•••

疫情一開始流行起來的時候，在超市裡，我用深色太陽眼鏡和圍巾遮著我的臉。我很害怕超市裡沒有蛋或義大利麵。但我還有其他感覺，一種熟悉感，彷彿我似乎經歷過這種情況。老實說，我的確經歷過。

當我的祖母孕育著包含我父親基因的卵子時，那顆卵子也包含了他未來後代的基因碼。就微觀的角度來看，當我祖母在日本人占領的時代前往商店卻買不到米的時候，我已經在那裡了。當她縫紉那些日本國旗時，我也在那裡。

我從不覺得我可以拿自己的經驗與我祖先所經歷的重大歷史悲劇相比：貧窮、性別歧視和種族歧視，更不用說那些大型的戰爭、以炸彈與斷壁殘垣點綴的深棕色畫面了。我永遠不可能像姨媽一樣，以無比的堅韌存活下來。我是家族中享盡特權又纖弱的么女，有著纖纖玉手和不穩定的個性。不過，如今的我也從歷史中存活下來了，不是嗎？我靠著恩典和自己的力量挺過來了，而且我不只是求生存而已。

我奮戰。

• • •

中國有句諺語如此說：「這世界，三分之一在於天，三分之一在環境，三分之一在你的手中。」我靠著爭戰的力量、運氣、天賦、父母、壞老闆，以及好的男朋友們才走到如今這一步。但我也運用了我所擁有的一切，以及方程式中那屬於我的三分之一，在無數決定中選擇治癒我家族世代以來流傳下來的傷痛。

我挑出小石子、拔出雜草，盡我所能地打造出一塊更優質的土壤，給那些在我之後的人。

在尤潔妮亞．雷伊（Eugenia Leigh）的詩〈黃金〉（Gold）中，她寫道：「告訴我／／我的孩子不會因為我／而成為倖存者。／告訴我／／我所繼承的暴力不會波及／我的兒子。是的，那些試圖殺了我的大軍／／或許永遠破壞了我的大腦，但要知道：／在我母親的母語中，／折斷和碎裂／和黃金是同一個字。」[1]

在未來的某一天，我會讓我的孩子看看她曾祖母的玉石項鍊，那隻鑲著紅寶石眼睛的黃金小兔子。我會告訴她，這將屬於她。我會告訴她所有關於我們家族如何生存下來的故事，關於戰爭、賭場。最後，我甚至會告訴她高爾夫球桿的故事。我會告訴她，當天塌下來的時候，她應該要把它拿來當毯子蓋。

然後我會給她那個閃閃發亮的東西，那個我們當中沒有人擁有的東西，那個只有傾注我所有韌性才能給予她的東西，那個一切痛苦所帶給我的東西。我會緊緊抱著她，告訴她我愛她勝過全世界。不論她有什麼需求，她永遠都可以來找我，若是需要解決的問題，我會解決；若是需要被傾聽，我會傾聽。只要我還活著，我永遠都不會離開她。

．．．

二〇二二年的二月，距離我得知診斷結果已經過了四年。我不會說我已經從複雜性創傷後壓力症候群中痊癒了，我甚至不覺得我的症狀緩解了。

我所學到的是，複雜性創傷後壓力症候群這頭怪獸是隻老謀深算的變形者。就在我認為自己可以看清這個食屍鬼的真面目時，牠便化為一縷青煙，從我潛意識中的縫隙悄悄竄進來。我知道牠會以其他形式再次浮現，有可能是一個月後、一週後，或者兩個小時後。因為人在一生中絕對會不斷地面臨失落，那麼既然我的創傷總是依約和傷心一同浮現，我的複雜性創傷後壓力症候群也會持續下去。我的舌尖上永遠會覆著一層憤怒。不論到哪裡，我的胸口上總是掛著軍牌項鍊。在一群陌生人中，我總會露出猶疑的微笑，雙腳永遠準備好要拔腿狂奔。在過去幾年中，我的關節不斷地發炎腫脹。我無法將我血液中的暴戾之氣排除。

每一次那頭怪獸回來時，我的應戰方式總是得有所調整。現在每場戰役的時間縮短了，而且許多時候，過去的老技巧仍然管用。數顏色、保持好奇心、和童年時候的自己對話，這些招式可以給予怪獸重擊，把牠趕回牠的巢穴。有時候我得用新武器對付它——新型式的IFS或CBT，新的禱文，新的界線。有時候這頭怪獸會狠狠咬下我一塊肉，在我想要阻止之前，牠會痛擊某段關係。有時候我會掉進我所熟悉的災難或解離坑洞，而且有時我得在過去從未出現、氣味嗆人的沼澤中費力前進。每一次的經歷，都是一趟連結過去、此刻和未來的獨特旅程，需要新爆發的勇氣和新的諮商療程。

然而，現在和過去有兩個最重要的相異之處：我有盼望，我有行動力。我知道我的感受如何，不論我此刻有多沮喪，那都是暫時的。我知道，不論這頭怪獸有多麼難以駕馭，我仍然是牠的主人，在每一場戰役之後，我都能夠昂然挺立、插下大旗：我還活著，我驕傲，我滿心喜悅。

所以，這是痊癒，然後是**豐富而充實**——和晦澀的恐懼完全相反。我充滿了憤怒、痛苦、平安、愛、令人討厭的尖刺，以及細緻的美麗。我一生的挑戰，將會是在它們當中取得平衡，讓它們都在圓圈之內。痊癒絕不是終點，痊癒絕不是完美，而是在不斷的失落中贏得勝利。

我現在接受了這場畢生的戰鬥和它的限制。即便我必須背負沉重的哀痛，我也因此變得強壯。如今，我的腿和肩膀修長且滿是肌肉，這負荷比以往輕多了。我不再畏縮，不再像過街老鼠一樣活在這世上。現在，我背起背包。在等待那頭怪獸現身時，我翩然起舞。

致謝詞

首先，我要感謝那些在我人生中對我付出愛的人。你們讓我知道如何去愛、如何信任，同時也教導我如何被愛、被信任，不斷地傾聽與原諒我。當我在你們的房間和昏暗的酒吧裡談到我的創傷時，你們是溫柔、慷慨的元老級聽眾。書中所有的痊癒，都建構在你們所建立的基礎上。我此刻與過去的朋友們，你們知道我說的就是你們，我愛你們。

感謝我的經紀人珍・戴斯特爾（Jane Dystel）讓我能夠自由寫作。我萬分感謝巴蘭汀圖書（Ballantine Books）、蘭登書屋（Random House），以及我的編輯莎拉・魏斯（Sara Weiss）。

謝謝凱特・周（Kat Chow）在書籍出版流程中一步步協助我，你是我寫這本書的精神嚮導。感謝本書的初期顧問蕾貝卡・斯克魯特（Rebecca Skloot）、蘇珊・查爾金（Susan Zalkind）和以撒・費茲傑羅（Isaac Fitzgerald）。感謝本書的初期讀者：珍・李（Jen Lee）、漢娜・裴（Hannah Bae）、娜達・阿沙曼納許（Neda Afsarmanesh）、尼娜・立普金（Nina Zipkin）、艾力克斯・拉夫林（Alex Laughlin）和凱洛琳・孫（Carolyn Sun）。感謝讀過本書並給予建議的人：梅安・萊恩

（Mae Ryan）、克莉絲汀·赫曼（Christine Herman）、丹尼爾·阿拉爾孔（Daniel Alarcón）、卡洛琳·克勞斯—埃勒斯（Caroline Clauss-Ehlers）、馬修·泰福（Matthew Tedford）和克里斯·布朗（Kristen Brown）。感謝希亞·S·阿麗亞（Syar S. Alia）絕佳的編輯。感謝莎拉·多爾曼（Sarah Dohrmann）和她的寫作工作坊「深入船骸」（Diving into the Wreck），孕育了書中我最喜歡的幾個章節。

感謝約瑟夫·佛里德曼（Joseph Fridman）在書中科學資料上的諸多協助。感謝所有的科學家、精神科醫師和心理師，包括博帕爾·彭（Bophal Phen）、達林·雷夏特（Daryn Reicherter）、嘉德納·海爾斯（Gardner Health）、奈格·芳尼（Negar Fani）、溫蒂·丹德里亞（Wendy D'Andrea）、格雷格·西格爾（Greg Siegle）、喬·安德里亞諾（Joe Andreano）、貝卡·山斯基（Becca Shansky）、瑞克·德布林（Rick Doblin）、凱西·湯瑪斯（Cassie Thomas）、奇·阮（Chi Nguyen）、凱特琳·加里森（Kathleen Garrison）、西蒙·丘弗里尼（Simone Ciufolini）、琳達·格里菲斯（Linda Griffith）、貝絲·塞梅爾（Beth Semel）和麗莎·費德曼·巴瑞特（Lisa Feldman Barrett），謝謝你們如此慷慨地付出時間。感謝莫特黑溫學院讓我闖入他們的學校。感謝許多在童年受創與罹患複雜性創傷後壓力症候群的人和我分享他們的故事——謝謝你們的信任，願意敞開心胸。來西，謝謝你。

感謝咸雅各（Jacob Ham）和艾蜜莉·巴頓（Emily Blanton）對我無微不至的照顧。

感謝「蘿莎琳卡特精神健康新聞工作研究獎金」（Rosalynn Carter Fellowship for Mental Health Journalism）整個工作團隊的支持和聯繫。

感謝《美國生活》在二〇一五年播出「最愛」（The Favorite）這集節目。感謝那些當時保護我的同事們。感謝《未審先判》（*Snap Judgment*）大力支持我的廣播才能，鼓勵我持續發展。尤其感謝馬克．瑞斯提克（Mark Ristich）幾乎是超乎尋常的鼎力相助——你的投資得到回報了。感謝我高中的新聞寫作老師，肯．克勞瑟（Ken Crowther），你讓我有了屬於自己的故事。

凱瑟琳，我認識最久的朋友，謝謝你讓我看見家庭的應有樣貌。達斯汀，謝謝你以你的智慧給我肯定。當我們十五歲時，我對於自己的直言不諱感到不安，但你說：「你能夠想像一個沒人說實話的世界嗎？」謝謝你。珍，我好感謝你在這過程中給予我的正面鼓勵。

大姑媽和嬸嬸，謝謝你們相信我、原諒我、肯定我，並且將我的歷史告訴我。姨媽，謝謝你持續不斷地引導我。

奶奶和瑪格麗特，謝謝你們告訴我，我很可愛。瑪格麗特，我想念你。迪可（DiCo）、吉米（Jimmy）和凱蒂，謝謝你們接納我並把我當成家人，你們都是我的啦啦隊和同黨，謝謝你們。

感謝紐約公共圖書館總館（New York Public Library Main Branch）和貝德—斯泰伊區（Bed-Stuy）的 Milk and Pull 咖啡店，我的研究和寫作大多在這裡完成。

最後，喬伊——謝謝你在我寫書的過程中，從頭到尾照顧著我。謝謝你總是敞開心胸，樂於傾聽我的每一次治療、每一次冥想、每一次的不滿。謝謝你洗碗和洗衣服。謝謝你的信心、你在情感上的付出，以及你深思熟慮的評論。謝謝你的愛。若不是你，我無法走到今天。

Revealed (Boston: Houghton Mifflin Harcourt, 2019).（繁體中文譯本《也許你該找人聊聊：一個諮商心理師與她的心理師，以及我們的生活》，於2020年由行路出版。）

第43章

1. Eugenia Leigh, "Gold," *Pleiades: Literature in Context*, Summer 2020.

4. Holly R. Harris et al., "Early Life Abuse and Risk of Endometriosis," Human Reproduction 33, no. 9 (September 2018): 1657–68, doi.org/ 10.1093/humrep/dey248.
5. Donna Baird and Lauren Wise, "Childhood Abuse and Fibroids," *Epidemiology* 22, no. 1 (January 2011): 15–17, doi.org/10.1097/EDE.0b013e3181fe1fbe.
6. "How Childhood Stress Can Affect Female Fertility," *ScienceDaily*, Taylor & Francis, September 10, 2015, sciencedaily.com/releases/2015/09/150910091448.htm.
7. Karmel W. Choi et al., "Maternal Childhood Trauma, Postpartum Depression, and Infant Outcomes: Avoidant Affective Processing as a Potential Mechanism," *Journal of Affective Disorders* 211 (March 2017): 107–15, doi.org/10.1016/j.jad.2017.01.004.
8. "Trauma and Stress in Teen Years Increases Risk of Depression during Menopause, Penn Study Shows," *Penn Medicine News*, Marcgh 29, 2017, pennmedicine.org/news/news-releases/2017/march/trauma-and-stress-in-teen-years-increases-risk-of-depression-during-menopause.

第37章

1. Jon Earle, "The Long Arm of Childhood Trauma," in *Road to Resilience*, podcast, mountsinai.org/about/newsroom/podcasts/road-resilience/childhood-trauma.

第39章

1. "In Loving Arms: The Protective Role of Grandparents and Other Relatives in Raising Children Exposed to Trauma," Generations United, 2017, gu.org/app/uploads/2018/05/Grandfamilies-Report-SOGF-2017.pdf.
2. Gail Tittle, Philip Garnier, and John Poertner, "Child Maltreatment in Foster Care: A Study of Retrospective Reporting" (Urbana: Children and Family Research Center, University of Illinois, Urbana-Champaign, 2001), cfrc.illinois.edu/pubs/rp_20010501_ChildMaltreatmentInFosterCareAStudyOfRetrospectiveReporting.pdf
3. Christian M. Connell et al., "Changes in Placement among Children in Foster Care: A Longitudinal Study of Child and Case Influences," *Social Service Review* 80, no. 3 (September 2006): 398–418, doi.org/10.10 86/505554.

第40章

1. Jacob Ham, "Healing Attachment Trauma through Attuned Love," August 18, 2018年, YouTube video, youtube.com/watch?v=gGoZAtb9I3M.
2. Negar Fani et al., "Association of Racial Discrimination with Neural Response to Threat in Black Women in the US Exposed to Trauma," *JAMA Psychiatry* 78, no. 9 (July 2021): 1005–12, doi.org/10.1001/ jamapsychiatry.2021.1480.

第41章

1. Lori Gottlieb, *Maybe You Should Talk to Someone: A Therapist, Her Therapist, and Our Lives*

April 12, 2006, npr.org/templates/story/story.php?storyId=5337215.

6. Lisa Hix, "Dreams of the Forbidden City: When Chinatown Night-clubs Beckoned Hollywood," *Collectors Weekly*, January 31, 2014, collectorsweekly.com/articles/when-chinatown-nightclubs-beckoned-hollywood/.

第31章

1. Brian G. Dias and Kerry J. Ressler, "Parental Olfactory Experience Influences Behavior and Neural Structure in Subsequent Generations," *Nature Neuroscience* 17 (2014): 89–96, doi.org/10.1038/nn.3594.
2. Isabelle C. Weiss et al., "Inheritable Effect of Unpredictable Maternal Separation on Behavioral Responses in Mice," Frontiers in Behavioral Neuroscience 5, no. 3 (February 2011), doi.org/10.3389/fnbeh.2011.00003.
3. Rachel Yehuda et al., "Holocaust Exposure Induced Intergenerational Effects on FKBP5 Methylation," *Biological Psychiatry* 80, no. 5 (September 2016): 372–80, doi.org/10.1016/j.biopsych.2015.08.005.
4. Michael J. Meaney and Moshe Szyf, "Environmental Programming of Stress Responses through DNA Methylation: Life at the Interface between a Dynamic Environment and a Fixed Genome," *Dialogues in Clinical Neuroscience* 7, no. 2 (June 2005): 103–23, doi.org/10.31887/ DCNS.2005.7.2/mmeaney.
5. Lars Olov Bygren et al., "Change in Paternal Grandmothers' Early Food Supply Influenced Cardiovascular Mortality of the Female Grand-children," *BMC Genetics* 15, no. 12 (February 2014), doi.org/10.1186/1471-2156-15-12.
6. Encyclopedia Britannica Online, s.v. "Malaysia," accessed October 20, 2021, britannica.com/place/Malaysia/Settlement-patterns#ref1007463.
7. Syed Muhd Khairudin Aljunied, *Radicals: Resistance and Protest in Colonial Malaya* (DeKalb: Northern Illinois University Press, 2015).

第33章

1. Kristina Scharp, "How to Navigate the Holidays When You're Estranged from Your Family," interview by Robin Young, *Here & Now*, WBUR, November 19, 2018, wbur.org/hereandnow/2018/11/19/ holidays-family-estrangement.

第36章

1. Judith Herman, Trauma and Recovery: The Aftermath of Violence—from Domestic Abuse to Political Terror (New York: Basic Books, 1997). 本書繁體中文譯本《從創傷到復原：性侵與家暴倖存者的絕望與重生》，於2018年由左岸文化出版。）
2. Tina M. Gruene et al., "Sexually Divergent Expression of Active and Passive Conditioned Fear Responses in Rats," *eLife* (November 2015), doi.org/10.7554/eLife.11352.001.
3. 此處指的是順性別男性和女性；目前關於跨性別、非二元性別與雙性者，並無足夠研究顯示他們位於光譜的哪個位置。

3. Megan Lee, "Calming Your Nerves and Your Heart through Meditation," Science in the News (blog), Harvard University Graduate School of Arts and Sciences, December 15, 2009, sitn.hms.harvard.edu/flash/2009/issue61/.
4. "Grounding 101: Featuring 101 Grounding Techniques!," Beauty After Bruises, December 23, 2016, beautyafterbruises.org/blog/grounding101.

第24章

1. Elizabeth F. Loftus and Jacqueline E. Pickrell, "The Formation of False Memories," *Psychiatric Annals* 25, no. 12 (December 1995): 720–25, doi.org/10.3928/0048-5713-19951201-07.
2. Erika Hayasaki, "How Many of Your Memories Are Fake?," *The Atlantic*, November 18, 2013, theatlantic.com/health/archive/2013/11/how-many-of-your-memories-are-fake/281558/.
3. Greg Miller, "How Our Brains Make Memories," *Smithsonian Magazine*, May 2010, smithsonianmag.com/science-nature/how-our-brains-make-memories-14466850/.
4. The World Factbook, s.v. "Vietnam," accessed September 23, 2021, cia.gov/the-world-factbook/countries/vietnam/.

第25章

1. Judith Herman, *Trauma and Recovery: The Aftermath of Violence—from Domestic Abuse to Political Terror* (New York: Basic Books, 1997).（本書繁體中文最新版譯本《創傷與復原：性侵、家暴和政治暴力倖存者的絕望及重生》，於2023年由左岸文化出版。）

第27章

1. C Pam Zhang, "When Your Inheritance Is to Look Away," *The New Yorker*, April 7, 2020, newyorker.com/culture/personal-history/when-your-inheritance-is-to-look-away.

第30章

1. Paul Gilroy, *Against Race: Imagining Political Culture beyond the Color Line* (Cambridge, Mass.: Belknap Press, 2000), 114.
2. Viet Thanh Nguyen, *Nothing Ever Dies: Vietnam and the Memory of War* (Cambridge, Mass.: Harvard University Press, 2016), 41.（本書繁體中文譯本《一切未曾逝去：越南與戰爭記憶》，於2022年由馬可孛羅出版。）
3. Kelly Wallace, "Forgotten Los Angeles History: The Chinese Massacre of 1871, Los Angeles Public Library Blog, May 19, 2017, lapl.org/collections-resources/blogs/lapl/chinese-massacre-1871.
4. Katie Dowd, "140 Years Ago, San Francisco Was Set Ablaze during the City's Deadliest Race Riots," *SFGATE*, July 23, 2017, sfgate.com/bayarea/article/1877-san-francisco-anti-chinese-race-riots-11302710.php.
5. Richard Gonzales, "Rebuilding Chinatown after the 1906 Quake," Morning Edition, NPR,

doi.org/10.1016/j.amepre.2009.06.021.

6. Robert F. Anda et al., "Inside the Adverse Childhood Experience Score: Strengths, Limitations, and Misapplications," *American Journal of Preventive Medicine* 59, no. 2 (August 2020): 293–95, doi.org/10.1016/j.amepre.2020.01.009.
7. Anda et al., "Inside the Adverse Childhood Experience Score."
8. Martin H. Teicher et al., "The Effects of Childhood Maltreatment on Brain Structure, Function and Connectivity," *Nature Reviews Neuroscience* 17 (September 2016): 652–66, doi.org/10.1038/nrn.2016.111.
9. David Kestenbaum et al., "Where There Is a Will," *This American Life*, May 26, 2021, thisamericanlife.org/662/where-there-is-a-will.

第15章

1. Gretchen Schmelzer, *Journey through Trauma: A Trail Guide to the 5-Phase Cycle of Healing Repeated Trauma* (New York: Avery, 2018).
2. Heather Kugelmass, " 'Sorry, I'm Not Accepting New Patients': An Audit Study of Access to Mental Health Care," *Journal of Health and Social Behavior* 57, no. 2 (June 2016): 168–83, doi.org/10.1177/0022146516647098.
3. William Schofield, *Psychotherapy: The Purchase of Friendship* (New York: Routledge, 1986).
4. Sari Harrar, "Inside America's Psychiatrist Shortage (Special Report)," *Psycom*, June 2, 2021, psycom.net/inside-americas-psychiatrist-shortage.
5. Alice LoCicero, "Can't Find a Psychologist Who Accepts Insurance? Here's Why," *Psychology Today*, May 2, 2019, psychologytoday.com/us/ blog/paradigm-shift/201905/cant-find-psychologist-who-accepts-insurance-heres-why.
6. Frank M. Corrigan and Alastair M. Hull, "Neglect of the Complex: Why Psychotherapy for Post-Traumatic Clinical Presentations Is Often Ineffective," *BJPsych Bulletin* 39, no. 2 (April 2015): 86–89, doi.org/10.1192/pb.bp.114.046995.

第16章

1. EMDR Institute, "History of EMDR," accessed October 24, 2021, emdr.com/history_of_emdr/.
2. "Complex PTSD and Dissociations," Study.com, October 20, 2015, study.com/academy/lesson/complex-ptsd-dissociation.html.

第20章

1. Wanpen Turakitwanakan et al., "Effects of Mindfulness Meditation on Serum Cortisol of Medical Students," *Journal of the Medical Association of Thailand* 96, no. S1 (January 2013): S90–95, PMID: 23724462.
2. Tammi R. A. Kral et al., "Impact of Short-and Long-Term Mindfulness Meditation Training on Amygdala Reactivity to Emotional Stimuli," *NeuroImage* 181 (November 2018): 301–13, doi.org/10.1016/j.neuroimage.2018.07.013.

注釋

第11章

1. Pete Walker."The 4Fs: A Trauma Typology in Complex PTSD Pete Walker", M.A., MFT, pete-walker.com/fourFsTraumaTypology ComplexPTSD.htm#:~:text=This%20model%20 elaborates%20four %20basic,referred%20to%20as%20the%204Fs.
2. @pascott79, "I had to google that but no . . . . . doesn't look nice from what I've read ," Twitter, March 30, 2018, twitter.com/pascott79/status/979877430612525056.

第12章

1. Seth D. Pollak and Doris J. Kistler, "Early Experience Is Associated with the Development of Categorical Representations for Facial Expressions of Emotion," *Proceedings of the National Academy of Sciences of the United States of America* 99, no. 13 (June 2002)：9072–76, pnas.org/content/99/13/9072.
2. Liz Kowalczyk, "Allegations of Employee Mistreatment Roil Renowned Brookline Trauma Center," *The Boston Globe*, March 7, 2018, bostonglobe.com/metro/2018/03/07/allegations-employee-mistreatment-roil-renowned-trauma-center/sWW13agQDY9B9A1rt9eqnK/story.html.
3. Bessel A. van der Kolk et al., "Disorders of Extreme Stress: The Empirical Foundation of a Complex Adaptation to Trauma," Journal of Traumatic Stress 18, no. 5 (October 2005): 389–99, doi.org/10.1002/jts.20047.

第13章

1. Vincent J. Felitti et al., "Relationship of Childhood Abuse and Household Dysfunction to Many of the Leading Causes of Death in Adults," *American Journal of Preventive Medicine* 14, no. 4 (May 1998): 245–58, doi.org/10.1016/S0749-3797(98)00017-8.
2. Felitti et al., "Relationship of Childhood Abuse."
3. Felitti et al., "Relationship of Childhood Abuse."
4. Monica Aas et al., "Telomere Length Is Associated with Childhood Trauma in Patients with Severe Mental Disorders," Translational Psychiatry 9, no. 97 (2019), doi.org/10.1038/s41398-019-0432-7.
5. David W. Brown et al., "Adverse Childhood Experiences and the Risk of Premature Mortality," *American Journal of Preventative Medicine* 37, no. 5 (November 2009): 389–96,

我的骨頭知曉一切

我的骨頭知曉一切
史蒂芬妮・胡（Stephanie Foo）著／傅恩臨譯
一版／新北市／二十張出版／遠足文化事業
股份有限公司／2023.04
譯自：What My Bones Know: A Memoir of Healing from Complex Trauma
ISBN 978-626-97059-5-5（平裝）
一、胡 (Foo, Stephanie)　二、創傷後障礙症
三、回憶錄　四、美國
785.28
112002366

作者　史蒂芬妮・胡（Stephanie Foo）
譯者　傅恩臨
主編　洪源鴻
責任編輯　柯雅云
行銷企劃總監　蔡慧華
行銷企劃專員　張意婷
封面設計　朱疋
內頁排版　宸遠彩藝
社長　郭重興
發行人　曾大福
出版發行　二十張出版／遠足文化事業股份有限公司
地址　新北市新店區民權路 108-2 號 9 樓
電話　〇二～二二一八～一四一七
傳真　〇二～八六六七～一〇六五
客服專線　〇八〇〇～二二一～〇二九
信箱　akker2022@gmail.com
臉書　facebook.com/akker.fans
法律顧問　華洋法律事務所／蘇文生律師
印刷　前進彩藝有限公司
定價　四八〇元整
出版日期　二〇二三年四月（初版一刷）
ISBN　978-626-97059-5-5（平裝）
978-626-97059-6-2（ePub）
978-626-97059-7-9（PDF）